元宇宙导论

李正茂　李安民　梁伟　刘军　杨扬◎著

中信出版集团｜北京

图书在版编目（CIP）数据

元宇宙导论 / 李正茂等著. -- 北京：中信出版社，2023.4
ISBN 978-7-5217-5379-0

Ⅰ.①元… Ⅱ.①李… Ⅲ.①信息经济 Ⅳ.①F49

中国国家版本馆 CIP 数据核字（2023）第 033657 号

元宇宙导论
著者： 李正茂 李安民 梁伟 刘军 杨扬
出版发行：中信出版集团股份有限公司
（北京市朝阳区东三环北路 27 号嘉铭中心 邮编 100020）
承印者： 天津丰富彩艺印刷有限公司

开本：787mm×1092mm 1/16 印张：23.5 字数：320 千字
版次：2023 年 4 月第 1 版 印次：2023 年 4 月第 1 次印刷
书号：ISBN 978-7-5217-5379-0
定价：89.00 元

版权所有·侵权必究
如有印刷、装订问题，本公司负责调换。
服务热线：400-600-8099
投稿邮箱：author@citicpub.com

编委会

主　编　李正茂
副主编　李安民　梁　伟　刘　军　杨　扬
编　委　刘小欧　雷　波　李慧芳　谷海颖
　　　　　代美玲　常　远　张云庚　郑秋宏
　　　　　刘嘉瑞　崔立鹏　胡潇月　卫　敏

目 录

序 言 / 001

第一章 缘 起 / 001
    元宇宙从何而来 / 003
    元宇宙中哲学与科技的思辨 / 009
    元宇宙的驱动力 / 012
    元宇宙概念的爆发 / 016
    本章小结 / 018

第二章 认知与争议 / 021
    充满争议的元宇宙 / 023
    元宇宙的基础认知 / 034
    元宇宙的发展阶段 / 042
    元宇宙的发展挑战 / 046
    本章小结 / 050

第三章 元宇宙技术概论 / 053
    元宇宙 BIGANT 技术体系 / 055
    元宇宙 BASIC 技术支撑体系 / 060

元宇宙十大技术　/ 068

元宇宙，一系列数字化技术的美第奇效应　/ 072

本章小结　/ 081

第四章　元宇宙基础设施　/ 083

智能算力：元宇宙的生产力　/ 085

云网融合：元宇宙的执行力　/ 096

安全底座：元宇宙的保护力　/ 108

本章小结　/ 119

第五章　元宇宙核心能力　/ 121

数字孪生与数字原生　/ 123

数字人　/ 136

下一代人机交互　/ 145

通用人工智能与 AI 建模　/ 153

区块链与新型治理模式　/ 162

本章小结　/ 177

第六章　元宇宙应用视图　/ 179

游戏元宇宙　/ 181

社交元宇宙　/ 191

工业元宇宙　/ 200

商业元宇宙　/ 207

文旅元宇宙　/ 217

军事元宇宙　/ 222

元宇宙城市　/ 226

全行业应用视图　/ 233

本章小结　/ 235

第七章 元宇宙产业生态 / 237

元宇宙产业总体情况及赛道分析 / 239

国外科技巨头的元宇宙布局 / 266

国内互联网企业的追逐赛 / 279

元宇宙产业发展建议 / 291

本章小结 / 295

第八章 元宇宙政策分析 / 297

各国政府对待元宇宙的态度 / 299

中国政府元宇宙发展规划 / 309

中美元宇宙的叙事差异 / 314

元宇宙的发展和治理 / 319

本章小结 / 323

第九章 面向未来 / 325

元宇宙是下一代互联网的主要发展方向 / 328

元宇宙是数字经济的下一波浪潮 / 335

元宇宙的未来预测 / 342

本章小结 / 352

参考文献 / 355

序 言

当前，数字经济加速发展，推动元宇宙成为信息科技产业最热门的概念之一。尽管目前社会各界对于元宇宙的定义与发展前景仍未达成广泛共识，但越来越多的专家学者和业界人士意识到，元宇宙极有可能创造数字经济的新形态，引发新一轮的技术革命，并将引领数字经济发展的下一波浪潮。

人类对虚拟世界的探索由来已久，元宇宙的概念则将虚拟世界更加具象化。"元宇宙"一词诞生于1992年的科幻小说《雪崩》，它描绘了一个庞大的虚拟现实世界。在此之前，我国科学界已经关注到虚拟技术的发展。钱学森先生在1990年的手稿中就提到过"Virtual Reality"（虚拟现实），建议将其翻译为具有中国韵味的"灵境"一词，并强调这一技术将引发震撼世界的变革，成为人类历史上的大事件。30多年后，钱先生关于元宇宙的预言逐步变成了现实。

元宇宙作为科技发展到一定阶段的产物，将打破现有技术体制，引发新一轮的技术革命。从技术发展的角度来看，元宇宙更像一个集合了多种跨学科、跨技术领域的复杂系统，XR（扩展现实）、AI（人工智能）、云计算、区块链、5G（第五代移动通信技术）等技术的不断发展正推动元宇宙变成现实，它是信息交互方式的升维，是人类信息技术与交互方式演变的必然结果，具有多技术集成与融合、数字化身、沉浸体验、用户共创、虚实联动、经济系统、高度文明性七大主要特征，充分展现了数字化技术融合之美。如果将元宇宙比作人类，那么物联网、显示交互、三维建模和实时渲染等是元宇宙的外在表现技术，人工智能、区块链以及网络和运算等技术是支撑元宇宙动起来的内在关键技术，其中网络技术和运算技术更是支撑元宇宙的内在骨骼。更关键的是，元宇宙的发展需要进一步孕育若干项重大技术创新，形成核心能力。数字孪生与数字原生、数字人、下一代人机交互、通用人工智能与 AI 建模、区块链五大新一代信息技术正在逐步被运用到元宇宙世界当中：数字孪生与数字原生将创造"以假乱真"的元宇宙世界；数字人将成为元宇宙用户的虚拟化身，实现元宇宙世界的沉浸式探索；下一代人机交互将打造通往元宇宙的"仙境之桥"；通用人工智能与 AI 建模将加速优化元宇宙虚拟世界的建设；区块链也将推动形成元宇宙的新型治理模式，筑牢元宇宙运行基石。

我们说，元宇宙是数字经济的新形态，因为它兼顾了包含政治、经济、文化、科技等元素在内的社会文明重塑，以及视觉、听觉、嗅觉、味觉、触觉及意识上的沉浸式体验，不仅是现实世界的一一映射，更是对现有世界的突破，创造了新的数字社会。党的二十大报告指出，要深入实施科教兴国战略、人才强国战略、创新驱动发展战略，开辟发展新领域新赛道，不断塑造发展新动能新优势。同时提出要加快建设数字中国，加快发展数字经济，促进数字经济和实体经济深度融合。元宇宙作为具备社会体系和经济体系的虚拟世界，是我国数字经济发展的新领域新赛道，集中体现了通过科技创新来为我国经济发展塑造新动能新优势。它不仅能够丰富数字资产、完善数字市场，而且能够促进算力、数字劳动等新兴生产要素的发展，从而对社会经济产生深远影响。元宇宙建设及运行初期所带来的技术革新进步、经济体系形成、社会形态建立等需求，将进一步催生新产业、新业态、新模式，推进数字产业化。同时，元宇宙也将以其去中心化的特点，发挥新型生产工具的作用，极大地推动各产业构建信息基础设施、加快数字化转型，推动各行业产业链生态链升级。当其进入稳定运行的成熟阶段，将会重塑实体产业的运行模式和经营新形态，形成基于元宇宙的产业新形态，构建虚实相生的经济新形态，为数字经济发展带来层次上的跃升。因此，本书认为，元宇宙是数字经济的下一波浪潮，是继农业经济、工业经济、数字经济后的新兴经济形态，它将在虚拟世界中突破诸多限制，以全新的生产、消费、发展逻辑焕发出巨大的生命力，创造难以估量的价值。

比如，在文化艺术领域，元宇宙将持续推动变革与突破，开辟崭新的天地，甚至有可能在元宇宙的终极形态实现人类的又一次文艺复兴。毋庸置疑，元宇宙将会极大地扩充艺术与文明的传播途径，带来更丰富的艺术表现手段，催生更多的艺术创作新范式。在不受现实世界各种自然规则限制的条件下，元宇宙世界里的数字建筑设计、艺术品创作乃至各种科学问题的瓶颈和限制将会消失，由此带来的文化艺术升级、技术进步以及哲学思想演进，有望让人类收获无限可能。

元宇宙的发展离不开云网融合的信息基础设施。绿色安全、泛在异构的算力体系，是支撑元宇宙建设和运行的关键底座。无论是建设元宇宙所需的数据重建、数据生成，还是运行元宇宙所依靠的海量并发、身份认证，都会产生海量的多模态多维度数据，对算力提出了很高的要求。随着元宇宙的技术成熟度提升与应用场景拓展，算力资源的需求将进一步增加，算力规模将呈现爆发式增长态势，未来以算力为核心的数字基础设施将逐步走向多样性、以智能算力和前沿算力为主流、云网一体及绿色安全。智能算力将成为元宇宙的生产力，云网融合将构建元宇宙的执行力，海量数据协同将形成元宇宙的推动力，安全底座将增强元宇宙的保护力。

当前阶段，推动构建多场景应用平台，尽快将元宇宙概念"变现"是元宇宙产业可持续健康发展的关键。一方面，需要从游戏元宇宙产业切入，拓展游戏、社交、工业、商业、文旅、军事、元宇宙城市等初代元宇宙应用，总结应用规律，切实解决发展中的瓶颈问题。另一方面，要深化产业链合作，完善基础设施、虚拟世界建设及内容生产、生态应用、人机交互、价值体系等产业生态，积极探索全新的商业模式，以优质产品和服务赋能元宇宙产业发展。在此过程中，还要密切关注各国政府对发展元宇宙的政策，了解地方政府相关发展规划，积极应对元宇宙发展治理中所面临的挑战。我们相信，在不久的将来，我们必将迎来元宇宙作为互联网的终极形态，推动数字经济发展的下一波浪潮，创造人类社会的美好明天。

本书以导论方式研究元宇宙，系统性地介绍了元宇宙的起源定义、技术演进、核心能力、应用案例、产业链条，进行了政策分析、未来预测，向读者呈现了全方位的、正本清源的元宇宙知识体系。本书写作团队经过长期的研究和实践，在对元宇宙的重要内容进行阐述时，非常专业地援引了大量的书籍、论文、报告等，使用了详尽的图表和具有时效性的数据，形成了独到观点，希望能够给予读者清晰明确的指引。本书对于助力数字经济发展、推动元宇宙产业发展具有十分重要的指导意义，也有助于广大读者理解元宇宙的深刻内涵和外延，更好地把握算力时代、数字化智能时代的发展方向，更务实地抢抓元宇宙和数字经济带来的发展新机遇。

让我们热情拥抱元宇宙吧！

第一章
缘　起

元宇宙是人类前沿科技领域的一个新生事物，是近年来信息科技产业热门概念之一。2021年3月，"元宇宙"一词的谷歌搜索热度创出历史新高，元宇宙热潮在全球产业界迭起，但关于元宇宙的设想、理念以及相关技术支撑并不是在2021年横空出世的，而是20世纪以来随着人类想象、技术的发展以及社会的变迁慢慢产生和发展起来的。马修·鲍尔在介绍元宇宙的发展历程时指出，元宇宙是一个已经存在了30年之久的概念，其背后涉及的技术矩阵甚至已经悄然发展了一个世纪。那么元宇宙是如何在历史长河中发光，并在2021年突然爆发的呢？本章将为读者介绍元宇宙的思想孕育、概念起源，以及元宇宙爆发的驱动力及相关重大事件，解读元宇宙究竟从何而来。

元宇宙从何而来

元宇宙的孕育

元宇宙的概念，最初来源于对科技未来的构想，比较受认可的早期提出者是美国的著名数学家和计算机专家弗诺·文奇教授。

在1981年发表的小说《真名实姓》中，他设计与构思出了另一个能够直接通过脑机接口进入人脑并可以获得感官体验的计算机虚拟世界，最早描绘出了类似"元宇宙"的场景。在小说中，人类进入元宇宙的方式就是借助脑关电极，大脑意识和脑关电极传递过来的环境参数互动，在大脑中形成与现实世界毫无二致的真实感受。主人公在虚拟世界（书中叫作"另一层面"）中借助政府资源打败了企图攻击世界的"邮件人"，并修正了差点导致世界毁灭的罪魁祸首——一段出了bug（程序错误）的源代码。在虚拟世界中，真实世界的人、物、组织等投影成各种化身形象，并在网络等基础设施资源的支持下可以做到神一般的全能全知，也面临着众多的道德选择。

元宇宙（Metaverse）一词诞生自美国著名的科幻大师尼尔·斯蒂芬森1992年所创作完成的长篇科幻小说《雪崩》（*Snow Crash*），"Metaverse"是"Meta"和"Verse"两个词的组合，其中，Verse是宇宙（Universe）的缩写，Meta的含义即"超越"（Transcending）或"改造"（Transforming）。二者合起来，意为"超越和改造宇宙"。小说以苏联解体事件为背景，讲述了未来世界的美国，其时中央情报局变成了中央情报公司，国会图书馆成了中央情报公司的数据库。美国大地上到处都是特许邦国，也就是特许经营组织准国家实体，而美国政府只是存在于人口不特别多的那几处准联邦建筑群落里，由准联邦特工持枪把守，随时准备在暗中反击和抵抗来自准联邦和街头暴力组织的各种袭击。但或许就在这个喧嚣、混乱的联邦背景之上，还存在另一个广阔自由的虚拟国度——赛博空间，由电脑和网络组成的虚拟空间。小说的主人公在现实世界中是一个平凡的比萨速递员，但通过脑机接口进入虚拟的网络空间环境后，他变成了首屈一指、擅于使用双刀的网络黑客。

《雪崩》一书中是这样描述元宇宙的："只要戴上耳机和目镜，找到连接终端，就能够以虚拟分身的方式进入由计算机模拟、与真实世界平行的虚拟空间。"我们可以真正体会到，人们可以利用数字化身在这个规模巨大的虚拟现实世界中实现操控，用户之间也可以互动，生活和工作都可以在虚拟世界中进行。从当前来看，小说中描绘的虚拟世界仍然是超前的未来世界，《雪崩》在《真名实姓》内容的基础上描绘出更完整的元宇宙概念。

元宇宙概念的发展

从本源来看，元宇宙并不是一个新鲜事物，它经历了以文学、艺术、科幻和电子游戏等形态为载体的古典元宇宙的发展历程，是人类主观世界的特定理念与自然客观世界的宇宙有机结合的产物。

从游戏发展角度看待元宇宙

我们现在认识和理解的元宇宙，很多理念和雏形都来源于游戏，而元宇宙的终极形态就是一种"无限游戏"，一个打破边界、不断迭代和进化发展的新世界（见图1-1）。

- 1979年，世界上最早的用户交互的实时开放社交虚拟世界——Multi-User Dungeon（多使用者迷宫，简称MUD），也是第一个文字交互界面，是MMORPG（Massive Multiplayer Online Role-Playing Game，大型多人在线角色扮演游戏）的前身，包含角色扮演和在线聊天等社交元素。
- 1986年，世界上第一个2D（二维）图形界面的大型多人在线游戏 Habitat 首次公开使用了化身（Avatar），游戏具有丰富的互动机制，是第一个正式投入市场的MMORPG。
- 1994年，随着 Web World 游戏的技术取得巨大突破，出现了全世界第一个轴测图界面的多人社交游戏，用户可以随时随地通过浏览器进行聊天，甚至改造整个游戏世界。游戏秉持开放的创新理念，给用户提供了丰富有趣的用户内容生成模式，开启了社交游戏领域中一种前所未有的UGC（用户生产内容）新模式。

- 1995年，Worlds Incorporated（世界公司）成立，打造了第一个投入市场的3D（三维）界面MMOG（Massive Multiplayer Online Game，大型多人在线游戏），强调开放性世界而非固定的游戏剧本。

- 1995年，*Active Worlds*上线，这是基于小说《雪崩》创作的游戏。以创造一个元宇宙为目标，游戏提供了丰富的3D开发工具来改造虚拟环境，并兼容其他软件开发的3D模型，广泛用于教育领域，至今仍在运营。

- 2003年，《第二人生》（*Second Life*）发布，它拥有更强的世界编辑功能和发达的虚拟经济系统，用户可以在其中社交、购物、经商，成为第一个现象级的虚拟世界。

- 2004年，戴维·巴斯祖奇和埃里克·卡塞尔创办了DynaBlox，一年后改名为Roblox。它是世界最大的多人在线创作游戏平台。截至2019年，已有超过500万的青少年开发者使用Roblox开发3D、VR（虚拟现实）等数字内容，吸引的月活跃玩家超1亿，Roblox于2021年3月在纽约证券交易所（简称纽交所）上市。

图1-1　从游戏视角看元宇宙的发展

资料来源：作者整理。

人们对于游戏体验的不断追求，也促使游戏技术不断进步。开放多人游戏（Open Multiplayer Game）经历了从文字界面到2D图形界面，再到3D图形界面的演变，并且在游戏中增加了交互与UGC的属性。当3D图形游戏成为游戏标配时，人们开始追求沉浸式的、可交互的、用户可编辑的、永久在线的、实时的、更高级的游戏体验，这也为元宇宙的发展提供了土壤和契机。

从电影发展角度看待元宇宙

元宇宙的概念在《黑客帝国》《头号玩家》《失控玩家》《西部世界》等影视作品中出现，并为人们所广泛熟悉和接受。

《黑客帝国》是较早完整呈现由电子与网络技术构筑的虚拟世界的电影作品，描绘了类似于元宇宙的终极形态。《黑客帝国》系列电影讲述了一个相当宏大的世界观，堪称一部人类文明与技术文明的进化史。电影背景是人类大量使用智能机器人工作，后来机器人产生了自我意识，人机冲突演化为人机战争。人类试图通过遮蔽阳光、切断机器人的电源来战胜机器人。但机器人却将人类做成一节节活体电池，把人类的肉体囚禁在密闭空间中，并构建出一个称为"母体"（Matrix，矩阵）的系统。这个虚拟的矩阵系统控制着连接全世界几乎每个人大脑的虚拟大脑，并为全球每一个已被它控制的普通地球人创造出了另一个"真实"的虚拟现实世界。也就是说，Matrix不仅是一个虚拟现实的程序，类似于近期一直被广泛热议与讨论的异次元宇宙，而且是另一个虚拟现实程序存在的地方。在Matrix空间里，人类的整个身体被放在一个盛满了大量营养液体的透明器皿中，身上则插满了各种插头，用来接收电脑系统中所有感官刺激或视觉刺激等信号。人类将依靠接收的各种刺激信号，生活在一个完全虚拟的幻境系统中。机器人用这种方式占领了人类大脑以外所有的思维空间，将人类的身体当作生物电池来维持自己的正常运行。

《头号玩家》中描绘的元宇宙，则将现实世界与虚拟世界的巨大反差展现得一览无余。电影的背景设定为一个更加贫瘠的未来世界，真实世界的混乱、停滞与虚拟世界的虚幻、美好产生的巨大反差，让身处当下的我们更容易看到现实世界的影子，也带有暗示性地告诉我们未来可能的样子，即提供了"最强劲的精神寄托"（Super Drug）。

中国元宇宙概念的发展

早在30多年前，中国著名科学家钱学森就对虚拟现实与元宇宙有过相似的展望，并为其起了一个颇有意境且有中国韵味的名字——"灵境"。20世纪90年代初，钱学森开始了解到虚拟现实技术，并想到将其应用于人机结合和人脑开发的范畴。现如今，虚拟现实技术已应用于诸多领域，但仍未成熟，对于元宇宙，社会各界也尚未形成清晰、确切的定义。然而，钱学森在当时就已透过虚拟现实技术的产生和发展，预见到人机深度结合将给人类社会带来的深层变革。他在1993年7月3日写给中国工程院院士、计算机专家汪成为的信中表示："我对灵境技术及多媒体的兴趣在于，它能大大拓展人脑的知觉，使人进入前所未有的新天地。新的历史时代要开始了！"

"以前人们直译为'虚拟现实'，太没有中国文化味了，所以我建议用带诗意的'灵境'。""有人中译为'虚拟的现实'，我认为不如用我国自己的词为好。这将大大开拓文艺创作，也必将深刻影响美学、文艺理论工作。"钱学森在书信中将"Virtual Reality"（虚拟现实）翻译为具有中国味儿的"灵境"。（见图1-2）

钱学森生前并未对"灵境"做出明确定义。1996年，汪成为等在其著作《灵境（虚拟现实）技术的理论、实现及应用》中，对虚拟现实技术的理论、发展历程以及典型应用等做了全方位介绍。同时，汪成为给出了"灵境"的完整定义：灵境技术是一门由应用驱动的涉及众多学科的新的实用技术，是集先进的计算机技术、传感与测量技术、仿真技术、微电子技术等于一体的综合集成技术。在钱学森、汪成为等人的推动下，"灵境"一词不仅被沿用至今，它的"触角"也在不断延伸。

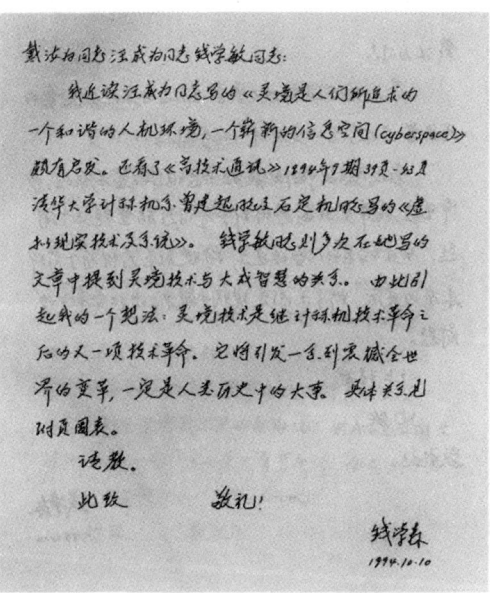

图1-2　钱学森在书信中对"灵境"的描述

资料来源：上海交通大学钱学森图书馆。

元宇宙中哲学与科技的思辨

从古至今，人类从未停止对宇宙和世界的思考，元宇宙从字面来说，就是关于宇宙和世界的问题。对宇宙和世界关系的思考，也是哲学家一直探讨的核心问题。中国古代已有相关定义，宇宙一词，在《庄子》中的描述为："出无本，入无窍。有实而无乎处，有长而无乎本剽。有所出而无窍者有实。有实而无乎处者，宇也；有长而无本剽者，宙也。"《尸子》（尸子本名尸佼，先秦著名思想家，政治家）中称："上下四方曰宇，往古来今曰宙。"其第一句讲明了宇宙的三维性，第二句则是在空间三维的基础上增加了时间维度。《文子·自然》中也曾说："往古来今谓之宙，四方上下谓之宇。"因此，宇宙这个词有所有时间和空间的意思，足以看出我国古代诗人和哲学家对世界认知的智慧。哲学中，元宇宙（Metaverse）一词中"元"（Meta）即代表起源：元者，始也；宇宙，即所有的时间和空间。从某种意义上讲，元宇宙一词包含了世间万物的起源及一切时间、空间，代表对时空进行重塑，创造新的价值，开启新的纪元。

元宇宙包含着现实世界和虚拟世界两个维度，是现实与虚拟的融合，元宇宙中的哲学思考可以理解为现实世界和虚拟世界之间关系的思辨，以及科学技术和生命意识的双向促进。从人类文明和社会历史发展的角度来看，人类所设想的虚拟世界是随着意识进步和技术革命，以及人类和科技的共同进步，向着终极理想世界发展的过程中必然出现的一种空间形态，是为了满足人民日益增长的心理及文化需求必然出现的一种空间形态。在元宇宙中，我们能够以更多元的视角和维度探索世界和认识世界，从而可以更好地建设我们生活的空间。

现代科学认为，物质、能量、信息是客观世界的三大基本要素，也正是这三要素构成了宇宙。控制论奠基人诺伯特·维纳提出"信息就是信息，不是物质，也不是能量"。在20世纪50年代早期，艾什比和维纳就已经指出，人类及其工具间的界限是很随意的。例如，人在操纵飞机的时候，与机器形成了一个整体的系统，这也是《控制论》（Cybernetics）中的基础理论。艾什比随即指出，系统及其环境之间的界限也是很随意的。格雷戈里·贝特森将这一想法发展为"思维内在于这个更大的系统——人类与环境共同组成的系统"。我们可以沿着控制论继续思考人与其生存的物理空间环境的关系，随着人类文明、社会与科技的发展，人类对现实物理空间的开发的难度越来越大，边际效益逐年递减。接下来，将走向何方？

20世纪八九十年代，美国人民在经历"水门事件""储蓄贷款协会危机"等事件后，出于对政府的不信任，构想了一个逃离现实的世界——"赛博空间"（Cyberspace）。赛博空间一词最早创造于加拿大科幻小说作家威廉·吉布森于1982年所作的短篇小说《全息玫瑰碎片》（*Burning Chrome*），是控制论（cybernetics）和空间（space）两个词的组合，并在后来的小说《神经漫游者》（*Neuromancer*）中被普及。在《神经漫游者》一书中，吉布森用其标志性的语气介绍了这一机器内部的全新空间："赛博空间，每天都有遍及全球的几十亿合法操作者在共同感受这个科幻空间，包括正在学习数学概念的孩子……它是人类系统全部计算数据抽象集合之后产生的图形表示，有着人类无法想象的复杂程度。它是排列在无限思维空间中的光线，是密集丛生的数据。"

吉布森的语言赋予了科技神奇的色彩，引发了人们对计算机生成空间的无限向往，并推动科技的潮流朝着以下三个方向思考：一是如何才能打通人类通往赛博空间的通道，二是怎样建设并殖民化这一新的虚拟空间环境，三是人类与自己创造的这一新的空间环境是什么关系。

从技术哲学的角度来看，20世纪下半叶信息革命兴起，随着认知信息等各项新技术轮番出现，人们利用互联网、人工智能、大数据、云计算等新技术开始构建虚拟空间环境，用海量数据刻画人类的另一个空间，并试图将现实物质世界和虚拟世界相连接、映射，促进了人类对于赛博空间的开发。技术全方位且深度地干预了人对世界和自身的理解和构建，技术发展使得虚拟逐渐成为现实的一部分，甚至获得了它自身的独立现实，即虚拟现实，认知与行动主体也从人类拓展到智能体，虚拟现实对于智能体来说就是唯一的现实，而我们也开始承认虚拟为部分现实，真实为部分虚拟。

本质上，元宇宙是平行理论的一个较为复杂的实现，是现实世界与虚拟世界的相互映射融合，数字孪生是数字仿真技术发展的必然阶段，是实现平行系统的基础技术之一。平行理论的基本思想，是利用先进的计算机建模手段，在网络空间中构造一个与现实世界平行的虚拟复杂对象。换言之，人工社会是平行宇宙在计算机中的虚拟实现，它与物理现实世界中的复杂对象平行同映，构成处理和研究问题的平行系统。人工系统所进行的，就是把人们脑海中和现实社会里的"平行意图与行动"迁移并复制到网络空间中，并复制多份存储。通过计算机模拟、数字孪生、虚拟现实等核心技术，推动物理世界实体和资产的数字化；而通过制造、生产、建设等人类活动，推动数字产品的进一步现实化。现实世界与虚拟世界实现了双向交互，现实世界可以映射到虚拟世界，虚拟世界的改变也会带来现实世界的变化。

罗素曾说："自从人类能够自由思考以来，他们的行动在许多方面都有赖于他们对于世界与人生的各种理论。"技术与生命、社会是一种互动共进的关系。一方面，虚拟现实等技术的发展，使得元宇宙可以打破物理空间的限制，甚至通过脑机接口，人类可以在虚拟世界中实现意识永生，在更加深远的探索中实现自我提升与完善，扩充人生体验，促进生命科学的进步与探索。另一方面，新型信息技术可以将人类思维数据化，通过大数据建模计算，模拟人类思维过程，甚至干预人类的思想和行为，对人类思想进行深入、量化、科学的研究。通过虚拟现实、人工智能等集合的元宇宙技术，对人体身心的关系与互动进行创造性探索，从而促进人类意识和生命科学的发展。与此同时，人类意识的进步也会促进虚拟世界不断朝着理想的形态发展，促使元宇宙技术不断革新。

元宇宙的驱动力

毋庸置疑，元宇宙时代已经来临。专家学者预测，元宇宙是工业和互联网的下一次变革方向，是新一代互联网的未来，元宇宙将催生新的生活方式和社交方式，也将诞生新的商业模式。那么从互联网到元宇宙，哪些因素驱动着元宇宙的到来呢？我们可以从供给和需求两个角度进行分析。

从供给的角度讲，随着技术条件日益成熟，5G、AI、云计算、XR等多种技术的兴起需要落地的产品，同时国家和政府的相关产业政策提供了强有力的支持，为推动元宇宙的发展做足了底层基础设施准备。

云网基础设施是支撑元宇宙发展的基础，2019年6月6日，工业和信息化部向中国移动、中国联通、中国电信和中国广播电视网络有限公司颁发5G牌照，标志着5G商用的开始，中国进入5G时代。5G基站在全国范围内大规模落地，截至2020年底，中国已开通5G基站超过71.8万个，5G网络覆盖全国地级以上城市及重点县市。GSA（全球移动供应商协会）的统计数据显示，截至2020年12月，全球5G基站总量超过102万个，5G网络加快建设并逐渐铺开普及。XR技术可以提供沉浸式的体验，也是元宇宙虚拟世界和现实世界的接入口。近年来，XR技术和产品经过多轮升级迭代，生态逐步完善，产业正迈向成熟期。2021年，VR累计出货量突破千万级大关；科技公司纷纷进军AR（增强现实）赛道，AR技术在手机移动端开始初步应用；全息投影技术的应用已为MR（混合现实）技术打开了应用场景。区块链技术也是元宇宙实现的核心要素，自2008年诞生至今，区块链技术在短短十年内取得了长足的发展，2021年中国区块链行业的市场规模达53.6亿元，较2020年增加了21.17亿元，同比增长65.3%。AI可以帮助元宇宙世界进行头像创建、自然语言处理、翻译和世界生成，根据斯坦福大学的不完全统计，2019年全球AI注册专利数量已经达到101 876件，是2000年21 806件的近4.7倍，AI技术将进一步完善并逐步走向产业化（见图1-3）。

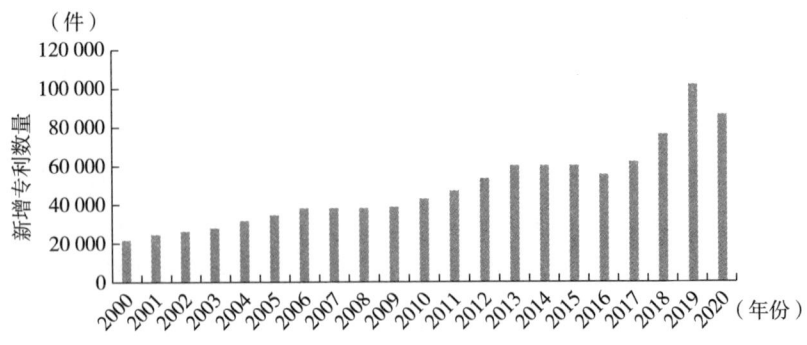

图1-3 2000—2020年AI领域新增专利数量

资料来源：斯坦福大学统计。

产业政策方面，2016年7月，中共中央办公厅、国务院办公厅印发《国家信息化发展战略纲要》，提出适应和引领经济发展新常态，增强发展新动力，需要将信息化贯穿我国现代化进程始终，加快释放信息化发展的巨大潜能。2019年中央政治局第十八次集体学习时，习近平总书记强调，"要把区块链作为核心技术自主创新的重要突破口，明确主攻方向，加大投入力度，着力攻克一批关键核心技术，加快推动区块链技术和产业创新发展"。2019年1月，工信部发布《工业互联网网络建设及推广指南》，提出要在2020年初步建成工业互联网基础设施和技术产业体系；同年11月，工信部印发《"5G+工业互联网"512工程推进方案》，明确到2022年，将突破一批面向工业互联网特定需求的5G关键技术。2021年初，工信部又出台了《工业互联网创新发展行动计划（2021—2023年）》。相关产业支持政策文件的相继发布，为元宇宙的发展营造了良好的政策环境，奠定了坚实的产业基础。

从需求方面来看，消费趋势可以总结为四个方面的变化。一是自2020年以来，新冠肺炎疫情背景下，需求方市场崛起，人们的生活场景更多地从线下转移到线上，加速形成线上办公、学习和娱乐的习惯。这种"被迫"的转变反而让大家对未来元宇宙的雏形有了更多思考、讨论和关注。二是 Z 世代（Generation Z，1995—2009 年出生的人）年轻人成为消费市场的主力军，到 2025 年，千禧一代和 Z 世代这两个群体的人口将超过亚洲所有消费者的半数。互联网和游戏对于 Z 世代就像电视对 X 世代（Generation X，1965—1980 年出生的人）和婴儿潮一代一样，已经深深嵌入一代人的生活中。人们在互联网和游戏中度过时间成为新社交方式，并补充了现实生活中的对话和行为。三是 Z 世代消费者更加重视内容驱动和精神娱乐消费，以往被动填鸭式的营销已经无法满足他们个性化的心理需求，新时代消费者需要创意、想象力以及娱乐性。只有真正洞察消费者特性，与消费者玩在一起的品牌，才能更好地抓住 Z 世代消费者的心。而游戏和更广泛的元宇宙具有更强的参与性，同时也具有娱乐性和内容创造的属性，可以更好地满足需求。四是 Z 世代消费者不满足于一次性人生，寻求更多的人生体验，异世界文娱游戏的火爆可以证实这一点。2020 年，虚拟商品交易市场规模达到了前所未有的 635.8 亿元，虚拟商品正被新生代接受与认可。

　　从客观环境来看，Web1.0（第一代互联网）的 PC（个人计算机）互联网时代，用户基本都是被动地浏览、接收互联网中的内容，到 Web2.0（第二代互联网）移动互联网时代，"永远在线"和"随时随地"两大特点让移动互联网成为人们生活的重要组成部分，用户可以自主创建互联网中的内容。经过多年的发展，移动互联网市场已经相对饱和，且在内容载体、传播方式、交互方式等方面长期缺乏突破，形成内卷化的平台形态，国内外各大互联网公司显现出增长乏力的迹象，进一步发展的增量空间非常有限。目前，三大基础运营商固定互联网宽带接入总数为 5.78 亿户，移动互联网月活跃用户达到 11.9 亿，移动网民人均安装 App（应用程序）数量达到 74 个，用户日均使用时长达 7 小时，月均使用 218.1 小时。在现有的移动互联网世界里，无论是整体的用户数量还是用户时长已经难有量级上的突破。而元宇宙因为可以改变人与外部世界连通和相处的方式，在未来有可能打破这个瓶颈，在用户规模、人均使用时长和 ARPU（每用户平均收入）方面带来量级上的提升。

元宇宙是一种多项信息通信技术的综合集成应用，底层技术的迭代发展引发了互联网的变革，从 PC 互联网时代、移动互联网时代再到元宇宙时代，元宇宙有望解决目前互联网业态的流量见顶与内容单一的问题，同时创造出新的经济增长模式和比移动互联网更加巨大的商业价值，满足人类社会与经济的发展需求。从游戏、社交、办公到一切，元宇宙是在 Web1.0 PC 互联网和 Web2.0 移动互联网之上更高维度的数字化空间，代表着下一代互联网演进的方向。也有人说互联网的尽头是元宇宙，但它的发展还将是一个漫长的过程，集 5G、VR、AR、物联网、云计算、大数据、区块链、人工智能等前沿数字技术之大成，需要算力、算法、硬件技术的支撑（见图 1-4）。

图 1-4　元宇宙代表下一代互联网演进的方向

资料来源：作者整理。

元宇宙概念的爆发

2021 年是不平凡的一年，随着元宇宙概念的提出，国内外企业、各大机构做了一系列重大动作。我国著名经济学家朱嘉明说："2021 年，可以被称为元宇宙元年。元宇宙呈现超出想象的爆发力，其背后是相关元宇宙要素的'群聚效应'（Critical Mass），近似1995年互联网所经历的'群聚效应'。"那么为什么2021年会成为元宇宙的元年？元宇宙概念为何在2021年突然火爆？我们可以梳理一下2021年的元宇宙相关事件。

- 2021年初，Soul App首次提出构建"社交元宇宙"。
- 3月，被称为元宇宙第一股的Roblox正式在纽约证券交易所上市。
- 5月，微软首席执行官萨蒂亚·纳德拉称，公司正致力于打造"企业元宇宙"。
- 6月，支付宝在"蚂蚁链粉丝粒"小程序上限量发售NFT（Non-Fungible Token，非同质化代币）皮肤，与敦煌美术研究院联合推出的付款码NFT皮肤分为两款——"敦煌飞天"和"九色鹿"，各自发行8 000份。
- 7月，日本经济产业省发布了《未来虚拟空间产业可能性与课题调查报告》，对日本虚拟空间产业迫切需要解决的问题进行了归纳和总结，以期在全球虚拟空间产业中占据优势地位。
- 8月，英伟达宣布推出全球首个为元宇宙建立提供基础的模拟和协作平台；字节跳动斥巨资收购VR创业公司Pico。
- 8月，腾讯旗下PCG（平台与内容）事业群推出国内首个NFT交易平台"幻核"App，首期限量发售300枚"有声《十三邀》数字艺术收藏品NFT"。
- 8月，赵国栋等著作的国内首本《元宇宙》出版面世，同年10月以于佳宁、何超所作《元宇宙》为代表的各类出版物抢滩市场，带动国内元宇宙产业蓬勃发展。
- 10月28日，美国社交媒体巨头Facebook（脸书）宣布更名为"元"（Meta），即"元宇宙"（Metaverse）。

第一章　缘起

- 10月，中国首个元宇宙行业组织获批成立——中国移动通信联合会元宇宙产业委员会。"双11"元宇宙日，中国移动通信联合会元宇宙产业委员会挂牌，公布《元宇宙产业宣言》，《华尔街日报》头条报道，引发中概股持续大涨。
- 11月，韩国宣布打造"元宇宙首尔"，依据《元宇宙首尔五年计划》分三个阶段在经济、文化、旅游、教育、信访等市政府所有业务领域打造元宇宙行政服务生态。
- 12月21日，百度发布的首个国产元宇宙产品"希壤"正式开放定向内测，用户凭邀请码可以进入希壤空间进行超前体验。12月27日，百度Create AI开发者大会正式发布元宇宙产品"希壤"，2021年的Create大会在"希壤"App里举办，这是国内首次在元宇宙中举办大会，同时容纳10万人同屏互动。
- 12月，"元宇宙"入选《柯林斯词典》2021年度热词；12月6日，入选"2021年度十大网络用语"；12月8日，入选《咬文嚼字》"2021年度十大流行语"；2022年1月，入选智库公布的"2021年度十大热词"。

元宇宙这一概念出现在29年前，而2021年是元宇宙概念提出后的重要拐点，通过供给侧和需求侧的变化，元宇宙有了从梦想到现实的可能，从而引发了科技圈和资本圈的超高关注，国内外科技巨头和投资机构纷纷跑步入场。作为投资机构，如果能够抓住元宇宙这个移动互联网之后的全新机遇，在产业转型升级的关键窗口期则有望孵化诞生出新巨头，这符合产业发展逻辑。

本章小结

元宇宙是互联网深度发展的一种必然产物，它兼顾了包括现代政治、经济、文化、科技发展等众多元素在内的整个社会及文明的重塑，以及在视觉、听觉、嗅觉、味觉、触觉感官及意识层面上的沉浸式体验，不仅是现实世界的一一映射，更是对现有世界的突破，是进阶版的数字社会，是随着技术进步和人类思维意识的不断提升所出现的社会发展必然产物，是我们下一个生存之地。虽然目前元宇宙还处于探索早期，但可以想见的是，元宇宙将从技术层、社会层、意识层给整个人类世界带来一系列的系统变革，向人类展现出构建与传统物理世界平行的全息数字世界的可能性。

#　第二章
认知与争议

元宇宙的意识形态与哲学思想由来已久，在技术、产业、消费等多种因素的驱动之下，2021年走进现实，成为最受关注的热门领域。虽然国内外各界专家、企业家、学者对元宇宙的未来一片看好，但仍然存在着不少"需要谨慎看待元宇宙"的争议声。因此，如何看待与分析元宇宙的争议焦点，如何从信息层面重新理解元宇宙的概念，并通过特征、发展阶段、挑战等方面的分析从更深层次建立对于元宇宙的认知，是这一章讨论的主要话题。

充满争议的元宇宙

国内外各界如何看待元宇宙

虽然业界目前对元宇宙概念的定义仍存在不同看法，但是并不妨碍其成为2020年以来最火爆的科技热词，并频繁出现在媒体和大众的视野中。据艾媒咨询的调查数据，受访网友均表示听说过元宇宙，而当中大约五成的网民"比较了解"，15.9%的网民"非常了解"（见图2-1）。我们可以发现，中国网民对新事物的接受程度普遍较高，并且都有希望预知新事件和新理论的心态，这促进了元宇宙概念的普及与发展。

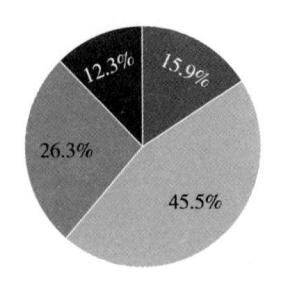

■ 非常了解　■ 比较了解　■ 一般　■ 不是很了解，仅听说

图 2-1　2021 年中国网民关于元宇宙了解程度调查情况

资料来源：艾媒咨询。

同时在艾媒数据中心发布的《2021 年中国网民关于元宇宙行业的投资行情看法调查》报告中，36.7% 的网民对元宇宙行业的投资行情持积极态度，56.4% 的网民持中立态度（见图 2-2）。

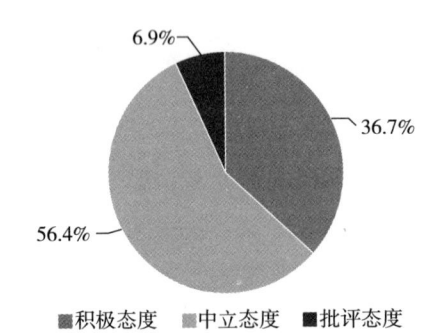

■ 积极态度　■ 中立态度　■ 批评态度

图 2-2　2021 年中国网民关于元宇宙行业的投资行情看法调查情况

资料来源：艾媒数据中心。

尽管《头号玩家》《失控玩家》这种已经火遍全球的影视作品使大众对元宇宙有了初步的直观了解，但如何向大众精准描述元宇宙还是一个很艰难的问题。与此同时，元宇宙的全面落地还需诸多前沿技术的突破，包括但不限于人工智能、数字孪生、区块链、云

计算、增强现实、脑机接口、5G 和 6G（第六代移动通信技术）。但是，大众已经开始对元宇宙生活展开大胆的设想：与好友在数字世界中无界互动，在各种沉浸式虚拟场景中共同玩游戏、做任务，与众多虚拟 IP（知识产权）形象的数字人角色在元宇宙场景中进行亲密接触等。对大众而言，元宇宙仿佛是一个包装精巧的"盲盒"，为人类开启了一扇通往新世界的大门。

自元宇宙概念火爆以来，人们最广泛讨论的焦点话题就是：元宇宙究竟是什么？元宇宙将如何改变我们的生活？元宇宙将如何改变社会、行业的发展进程？对于这些问题，国内外学术界、产业界、游戏行业、文学界、经济界的专家学者和企业家纷纷给出了自己的观点。

学术界观点

曹建国（中国工程院院士，中国仿真学会理事长，中国航空发动机集团有限公司董事长）

"仿真是元宇宙的鼻祖，是元宇宙技术的基础和重要支撑，仿真也是数字孪生的鼻祖，数字孪生就是仿真的一个具体的应用，元宇宙是现实世界的映射，是交互的虚拟世界，是仿真的拓展深化，更追求人的感受，追求视觉、听觉的效果。元宇宙可以提供更智能化的仿真演示和分析手段，为仿真技术的发展提供更强的手段。"

李伯虎（中国工程院院士）

"元宇宙是数字技术群综合运用而形成的虚实场景，从网络发展的角度看，元宇宙将是下一代网络，是一个去中心化的、用户沉浸式参与的、数据资产可用的、虚实融合的三维化网络，是融合了各种新技术群所形成的全新虚实融合的网络应用模型与形式，它的虚拟世界中已经模拟了所有的真实世界要素，并且将与真实世界在人、经济体系、社会系统、自然环境等方面紧密融合，同时允许每个使用者自由进行内容生成与编辑，进而能够超越现实的世界。"

孟庆国（清华大学国家治理研究院执行院长、中国电子数据治理工程研究院院长）

"元宇宙是人造之物，脱离不了现实的空间和社会，离不开现实世界电力、算力的支撑，不可能如科幻小说所描述的那般天马行空。但又不同于传统意义的信息技术或者数字技术，它存在高度的交互性，是一个复杂的社会技术系统，具有虚实结合、人机共生、时空拓展三个特征。"

沈阳（清华大学新闻与传播学院教授、博士生导师）

"元宇宙通过虚拟现实技术和数字孪生扩大空间拓展性，通过AI等信息技术和物联网促进虚拟人、自然人和机器人相互之间的人机融生性，并通过区块链、Web3.0（第三代互联网）、数据藏品技术等促进经济增长。"

徐升国（中国新闻出版研究院出版研究所所长、国民阅读研究与促进中心主任）

"世界包括三个方面：物质世界、能量世界、信息世界。我觉得元宇宙实质上就是一个信息宇宙，而所谓的信息，可以说在我们走进了元宇宙之后，也只是作为真实世界中的一个镜像、一个孪生、一次再造，再向前发展就是数字原生时代、虚拟原生时代了，它已经开始逐渐超越我们的真实世界和物质世界。"

产业界观点

埃隆·马斯克（SpaceX 创始人，特斯拉公司董事长）

"我还不清楚，是否真的有必要相信元宇宙这个概念。我们宁愿在一年中的大多数时候，都戴着 VR/AR 头显，而仅仅是为了在未来主义的虚幻社会里漫步吗？我小的时候，总是被老师教导别坐得离电视那么近，会影响眼睛。而现在，人们却要将电视放到鼻子上（指戴着 VR/AR 头显）。"

谢尔盖·布林（谷歌联合创始人）

"元宇宙是未来几年一定会发生的事情，这本小说（《雪崩》）预见了即将发生的事情。"

埃里克·施密特（谷歌原首席执行官）

"每个正在讨论元宇宙未来的人都在讨论一种比现在更伟大的未来，他们将会更有钱、更英俊、更漂亮、更强壮、更快。他们说再过一些年，人们将会戴着头显设备，在元宇宙中花更多时间。但谁来建立规则？社会将变得越来越电子化，而并非实体化。这对人类而言也未必是最佳的选项。我认为今天的监管机构没有给出正确的答案，甚至没有告诉大家应该如何讨论这个问题。"

马化腾（腾讯董事会主席兼首席执行官）

"一个令人兴奋的机遇正要来临，手机网络经历了十几年蓬勃发展，将要迎来下一波提升，我们称之为'全真网络'。虚拟世界和真实世界之间的窗口都已打通，不管是由虚入实，还是由实入虚，我们都将致力于让消费者获得最真切的感受。"

黄仁勋（英伟达创始人）

"科幻小说中描述的元宇宙已经离我们很近了，我相信我们正处在元宇宙的风口浪尖上。正如你们所知道的，元宇宙是一个连接我们所生活的世界、由多人共享的虚拟世界。它有真实的设计和经济环境，你有一个真实的头像，既可以是真人，也可以是一个角色。

人们也会发现，这个虚拟世界是在物理世界之上的叠加层。你将能够发现这个虚拟世界就在眼前，光线很充足，并且它将属于你。"

周鸿祎（360集团创始人）

"我并不反对所有的元宇宙，我只是很反感打着元宇宙旗号炒作概念的、打着元宇宙概念发行虚拟货币的，以及打着元宇宙旗号来搞虚拟社区的。产业元宇宙将有很大的商用机遇，是未来的蓝海交易市场。但同样，由于产业元宇宙也将存在很多隐患，因此需要用数字化安全能力系统护航产业元宇宙未来的健康蓬勃发展。"

郭台铭（鸿海集团董事长）

"元宇宙概念还需要 5~10 年甚至更长的时间才能落实，相关应用仍有很长的路要走，发展过程中的确有许多研究机会，但'消费者感受'仍有较大的提升空间，单谈应用爆发在目前并不现实。"

游戏行业观点

戴维·巴斯祖奇（Roblox 公司创始人）

"元宇宙是次元宇宙的科幻艺术家和未来主义者已经思考了近 30 年的故事。现在，具备超强计算能力的个人电脑已经更加普遍，网络带宽也逐步增强，实现元宇宙世界的时机开始走向成熟阶段。"

蒂姆·斯威尼（英佩游戏首席执行官）

"元宇宙是一个未来平台，可以形成比现有的任何封闭系统都更有效率的引擎，促进效能提高。很少人能够准确地了解元宇宙究竟是什么。虽然我们对元宇宙做出过许多虚构的描写，但是这种描写仅仅包括元宇宙的一个层面，其中的很多描写可能在社交互联网出现以前就已经存在，而且很多描写也可能只是作者即兴写作的猜测。"

文学界观点

刘慈欣（《三体》作者，著名科幻作家）

"在人们眼前只有两条路。一条向外，通向星辰海洋；一条向内，通向虚拟现实。前一条道路就是'飞船派'，志在探寻浩瀚的星球世界，另一条就是'元宇宙派'。"

韩松（著名科幻作家）

"元宇宙世界是指，我们能通过电子化的手段在数字化的环境中生活。它要求有强烈的沉浸性，进去以后就好像那个虚构起来的东西跟真的一样。在这种程度上，这倒也不是一种新的概念，也不是一种科学范畴，因为人们从小便对沉浸于虚拟体验中产生了好奇心。"

郝景芳（科幻小说《北京折叠》作者，"雨果奖"得主）

"元宇宙是前沿技术实际落地应用的集大成之所在，是数字化和智能化发展的必然趋势。等到我们的孩子长大以后，元宇宙可能是最大的就业生态。"

经济界观点

皮尔斯·基科斯（数字资产市场调研公司 Delphi Digital 合伙人）

"元宇宙是一个持久的、活生生的大数字社会，它为人类创造出了一个自然存在的、社会呈现与共享的意识空间，以及参与产生具有深远社会影响的巨大虚拟文化空间的能力。"

吴晓波（著名财经作家）

"无论是前几年的区块链、比特币，还是现在的元宇宙，其实本质上它就是要'离家出走',是要逃离这个已经被大平台控制的现实世界,然后建立一个新的虚拟世界。所以,我觉得它是一种逃离感所带来的梦想,不过是一个新的名词,叫作元宇宙。"

朱嘉明(经济学家,数字资产研究院学术与技术委员会主席)

"元宇宙为我们进行终极数字化发展提供了新的途径,并与'后人类社会发展'产生全面的交叉,揭示出一种可能与大航海时代、工业革命时代、宇航时代有着同等发展价值的崭新时代。"

王澍敏(亦联资本管理合伙人)

"元宇宙是物理世界在虚拟世界数据化的复刻与升级,如果进行硬性教育,受众范围将始终很窄,教育收费也会更高昂,而在沙盒里搞教育,这是个十分重要的市场,因为在虚拟世界里,很多知识都和真实世界是相通的,它的 UGC 模型可以让使用者更好地去理解编程,使用者群体就会自然地形成去做编程的倾向,这也是可长期发展的领域。"

元宇宙的争议焦点

虽然国内外各界专家对于元宇宙的到来大多充满期待,但任何新技术的出现都会形成谨慎和乐观两种观点,元宇宙也是如此,并不是所有人都是元宇宙的支持者。在这场由元宇宙概念引发的巨大议论旋涡中,产学研各界的观点也可以区分出三个截然不同的派系:乐观派、反对派、中立派。

乐观派

由 Facebook 更名而来的 Meta 无疑是元宇宙乐观派的典型代表。它是第一个决定"All in(全部押进)元宇宙"的玩家。自从将企业名字由"Facebook"改为"Meta",公司的业务重心全部集中到了与元宇宙相关的产业和技术研发当中,并宣称在5年内完全转变为一个元宇宙公司。财报数据显示,仅2021年,Meta就花费了100亿美元来建设元宇宙项目。

新技术发展的初期,进入创新赛道的往往是大量的初创企业,但面对元宇宙概念的火爆,以Meta为代表的众多互联网巨头也相继加入其中,高调宣扬元宇宙的商业及社会价值,并将其视为即将改变人类社会发展轨迹的"下一代互联网"。移动互联网时代寡头林立,多数互联网企业在竞争中进入增长魔咒,业务发展处处受限。如今,元宇宙打开了一扇新世界的大门,各大互联网企业迫切希望以此为契机扭转被动局面,成为下一代互联网发展的引领者。

除了像Meta一样全面布局元宇宙的企业,元宇宙产业的乐观派中还有一类企业从基础设施层面切入,试图从元宇宙产业生态的中下游入手分一杯羹,如英伟达、百度等。英伟达打造了一个虚拟空间创作平台——Omniverse,定位为"工程师的元宇宙",为元宇宙创作者、设计师、研究人员和工程师提供技术平台。百度则通过打造元宇宙平台"希壤",为行业提供一个技术可靠、功能丰富、持续迭代的元宇宙基础设施,实现元宇宙落地效率的提升,助力生态伙伴低成本、便捷地"入驻"元宇宙。

一方面,从传统软硬件厂商、互联网企业与游戏厂家的角度来看,对元宇宙概念保持乐观不无道理。从需求层面来看,元宇宙不仅会继承当前互联网技术的需求市场,还将开拓更加广阔的应用场景,发掘当前互联网要素尚未触达的用户。另一方面,从产业角度来看,元宇宙也将重塑现有互联网相关产业,形成更富生机的上中下游产业生态,对我国未来数字经济发展产生重要推力。

反对派

有人对元宇宙保持积极乐观的态度,就一定会有人表示反对。

反对派中特斯拉、SpaceX 的首席执行官埃隆·马斯克最具代表性，他曾在各种场合中多次旗帜鲜明地表示，现在所有关于元宇宙的讨论都是不成熟的，元宇宙只是一个营销概念。360 集团创始人周鸿祎、携程联合创始人梁建章等企业家及众多行业专家也都质疑过元宇宙。

元宇宙之所以被质疑，主要有两方面的原因。一方面，目前市场上已落地的元宇宙产品及平台体验欠佳，技术实力存在很大的不足。以百度打造的"希壤"为例，许多体验过的玩家表示，产品体验非常糟糕。2022 年 8 月，扎克伯格为了宣传 HorizonWorld 平台，上传了一张自己在游戏中的自拍照，但却因为太丑被吐槽。过度宣扬的元宇宙美好愿景与现有产品糟糕体验之间的巨大落差，难免引人质疑。

另一方面，元宇宙被质疑的问题主要体现在安全风险与法规监管层面，包括过度沉浸、隐私安全、虚假营销、价值泡沫等。元宇宙的虚拟世界既平行于现实世界运行，又能够为用户提供超越现实世界的沉浸式体验的数字空间。在这个数字空间中既会产生与现实世界秩序相互冲突的新问题，也会投射现实世界的老问题，如果治理措施不到位，的确可能出现上述风险。再加上它与部分反乌托邦科幻小说描述的世界较为类似，即技术资本家操控着虚拟世界和真实世界的人类生存，也让人们产生了怀疑。

如果只是把元宇宙这个词当作噱头，过度迎合概念热潮，也会产生背离原有技术发展路径的行为，对产业格局和企业自身发展产生影响。一部分想要从中牟利的企业开始披着元宇宙的外衣进行虚假营销甚至欺诈，似乎一切皆可元宇宙，通过炒作泡沫产生"割韭菜"等问题。从行业层面来看，亟须有关法律对此类行为进行监管并对风险进行提示，躬身入局的产业和资本也应回归理性。

中立派

中立派，顾名思义指的是对元宇宙概念持有观望态度的一批人。中立派主要分为两大阵营，分别是产业界，如腾讯、哔哩哔哩等企业的企业家阵营，以及学术界中对元宇宙抱有中立态度的专家阵营。

中立派的产业界阵营中，腾讯是十分典型的代表，虽然没有高调宣传和表明进军元宇宙的态度，但实际上却在悄悄发力，在元宇宙赛道上进行广泛布局，主要策略在于巩固社交与游戏等传统优势业务，抢占未来元宇宙业务的核心入口，并在"全真互联网"业务上布局发力。2021年，腾讯投资了有"社交元宇宙"之称的Soul，并申请注册多项"和平精英元宇宙""绿洲启元宇宙"商标。2022年6月，腾讯宣布正式成立"扩展现实"（XR-Extended Reality）部门，为腾讯建立包括软件和硬件在内的扩展现实业务，探索元宇宙技术与业务场景需求的结合。腾讯董事会主席兼首席执行官马化腾此前表示，对于现在热门的元宇宙概念，腾讯比较关注"全真互联网"的概念，更多的是从数实融合的角度来看，而非纯虚拟。

中立派的学术界阵营对元宇宙概念的认定，大多是从客观角度出发，解读元宇宙的科技架构、系统构成和特征属性，认为元宇宙是多种新型技术的组合，是利用科技手段进行连接与创造的新型应用领域。但在未来具体垂直场景中如何应用，如何建立新的社会生态等问题上，仍需进一步探索与验证。同时，由于受限于算力、算法、内容等基础设施维度的发展水平，实现元宇宙概念下的"平行世界"为时尚早，因此务必冷静地看待元宇宙概念，深度结合当下科技的现实发展情况来支持元宇宙产业的发展。虽然大多数专家学者对元宇宙是未来发展的必然趋势这一观点持赞成态度，但也有部分较为谨慎的专家学者表示，元宇宙未来发展过程中可能出现多种风险与社会问题，仍需严肃对待。

三个不同派系虽然在观点和理念上有所差异，但从整体来看，元宇宙将成为不可阻挡的趋势这一观点已经成为共识。即使是中立派与反对派，也更多地从技术不成熟、发展阶段尚早、应用场景尚需探索等方面进行否定，并不会否定元宇宙的强大潜力与商业价值（见表2-1）。

表2-1 各派系争议焦点总结

争议派别	乐观派	中立派	反对派
争议焦点	1.元宇宙将刺激用户需求，开拓更加广阔的应用场景 2.元宇宙将重塑互联网产业，形成更富生机的产业生态	1.如何建立新的社会生态，仍需进一步验证 2.算力、算法、内容等基础设施维度的发展水平受限	1.已落地的元宇宙产品与宣扬的美好愿景差距较大 2.过度沉浸、隐私安全、虚假营销、价值泡沫问题如何解决

资料来源：作者整理。

元宇宙的基础认知

元宇宙是信息交互方式的升维

信息的发展史就是人类发展史

我们知道，组成客观世界的三大基本要素是：物质、能量和信息。人类社会从农业时代到工业时代，再发展到信息时代，特别是在今天的信息时代，社会的发展都离不开物质（材料）、能量（能源）和信息资源。但到底什么是信息？至今这个问题仍然没有一个获得广泛认可的答案。在通信领域，信息是指音讯、消息、通信系统传输和处理的对象。对于大众而言，理解信息更加通俗的说法是：信息，泛指人类社会传播的一切内容。美国学者欧廷格说："没有物质什么都不存在，没有能量什么都不发生，没有信息什么都没意义。"1948年，美国工程师、数学家香农发表论文《通信的数学理论》，标志着信息论的产生，而香农本人也成为信息论的奠基人。

信息论的诞生激起了许多专家学者研究信息的浓厚兴趣，他们从各种各样的视角和侧面展开探究，界定了信息的内容。目前，共有上百种关于信息内容的概念或理论。比如，"信息内容是事件相互之间的差别""信息内容是物体与能源在时限与空间分布的不平衡性""信息内容是收信者预先不知的事情"。正是由于对信息内容基本概念的研究众多，当前还未达成共识，但这并不会影响人们对信息内容基本特征的理解。因为信息内容具有很多和物体、能源一样的特性，比如信息内容能够形成、毁灭、使用、管理和计量；数据也具有一些不同的特性，比如数据能够资源共享，可以无限制地相互重复等。

当前，一个关于信息处理的共识性观点认为，信息是认识主体（人、生物、机器）所感受的或所表达的事物运动的状态和运动状态变化的方式。以这个概念为依据，可以将信息内容分为三个主要层面，即结构（Syntactic）信息内容，含义（Semantic）信息内容和语用（Pragmatic）信息内容，它们分别体现了运行状况及变化形式中的外在形态、内涵意义与功能作用。换句话说，如果没有信息，人类将无法感知、理解、反馈任何外界信息。

信息技术在人类发展进程中起到的作用十分重要，信息技术的历史就是人类发展的历史。自20世纪中期以来，信息就已经成为反映人类经济社会发展水平和科学技术进步的重要标准，并深刻影响和决定着我们的日常生活。目前，对人类社会发展发挥重大作用的发明创造，一大半都与信息开发有关，涵盖电报、电话、电影、无线电、大众传媒、电子计算机、移动通信、卫星信息、网络等。信息化的演变历史也就是一个社会科技发展与经济技术进步的历史。

信息技术与交互方式的演变

信息最显著的特点是不能独立存在，它的存在必须依托载体。信息传递内容必须使用声音、图片、文字和符号等信息媒介，同时利用介质作为信息传播过程中承载信息的载体。

起初，人类之间短距离的信息交互主要依靠面对面沟通，长距离只能依靠手抄文件的方式收发信息。第一次信息革命是造纸和印刷技术的出现，结束了人们依靠手抄信件的时代，提升了信息生产的速度和效率，扩大了信息交流的范围。第二次信息革命是电报、电话等通信方式的出现，这是信息交互手段的首次升维。随着信息形式不断丰富，从文本到语音，不仅结束了人们依靠邮筒和驿站传递信息的历史，而且大幅提升了信息传输距离与传递速度。第三次信息革命是电子计算机和现代通信技术的发展带来互联网应用，信息形式从文本到语音再到视频，信息的传递速度、内容丰富度、传输效率与质量均得到大幅提高。

20世纪80年代，在加拿大科幻小说作家威廉·吉布森的科幻作品中首次出现了"赛博空间"一词。赛博空间是计算机生成的维度，它表示"一种再现的或人工的世界，一个由我们的系统所产生的信息和我们反馈到系统中的信息所构成的世界"。赛博空间作为现实空间的延伸，它是计算机与人类知识共同构造的结果，是一种纯粹的信息空间，是对物质化的抽象，甚至虚拟出现实空间不曾有过的可能性。

元宇宙是信息交互方式的升维

从某种意义上说，互联网空间是赛博空间的初级形式，而元宇宙是高级赛博空间，即赛博空间更成熟的一种形式。用户在互联网空间中仅能以多媒体形式浏览与交互数字信息，而在元宇宙中则可以直接在数字世界中通过沉浸式五感交互与人沟通、参与活动、远程工作，体验几乎与在物理世界无异。

说到元宇宙的最初形态，《宝可梦Go》（Pokemon Go）是一个典型案例。这是一个由日本任天堂、Pokemon公司，以及谷歌Niantic Labs有限公司共同制作研发的虚拟现实强化宠物培养与对战类RPG（角色扮演游戏）手机游戏，是一个通过对现实世界中所存在的"宝可梦"展开探索捕获、战斗和互动的网络游戏。玩家可利用智能手机在现实世界里找到精灵，并完成捕获与战斗。玩家可以成为精灵训练师，捕捉到的精灵数量越多就会变得越厉害，并有越大的概率捕捉到更强大、更稀有的精灵。而这款手机游戏最大的看点是利用 AR 和 GPS（全球定位系统）技术，玩家只要拿着手机，跑到街头就能够找到在你周围的精灵，并对它加以捕获、技能提升，甚至加入道馆中参加对战（见图 2-3）。

图 2-3　游戏《宝可梦 Go》宣传图

资料来源：https://www.pokemon.cn/apps/pokemon_go.html（宝可梦中文官方网站）。

街头到处是沉浸在交互空间里拿着手机抓"宝可梦"的人。这是基于手机端的 AR 体验，当换成眼镜这样一种更为轻便的设备时，很多场景和应用会被颠覆，也许会更宏大、更有趣。可以大胆地说，这种游戏玩法和交互方式就是元宇宙发展的雏形，因为元宇宙发展的核心就是人的交互理念的改变，就像从电脑键盘和鼠标式的交互到手机的手势平面交互，元宇宙的交互方式将是空间交互。虽然现在用户还不多，但就像适应手机一样，只要一点点学习时间，大家就会更习惯在这样的系统中做更多的事情。

正如微软首席执行官萨蒂亚·纳德拉表示，"元宇宙不仅会改变我们看待世界的方式，从工厂到会议室，还会改变我们参与世界的方式。元宇宙的新体验，是立体感、沉浸感、虚拟现实感"，元宇宙是新型的"虚拟＋现实"融合形态，是人类历史上信息交互方式的又一次升维，将达到人类对信息资源创造、利用的新高度。回看人类社会的信息交互发展历史，最早的面对面方式在信息丰富度上是完整的，信件、电报、电话等手段延展了传输距离，却牺牲了信息交互的丰富度，互联网的兴起重新扩大了丰富度，元宇宙阶段信息创造和交互的主体由人扩展到智能体，沉浸式五感体验意味着信息交互的极大丰富，传输效率的极大提升，元宇宙是通过技术手段再造真实信息互动的新阶段。

元宇宙的七大主要特征

关于如何定义元宇宙主要特征的问题，来自产业界、学术界的专家均提出了自己的观点。例如，Roblox在其招股说明书中提出了"元宇宙"八大要素，即身份、朋友、沉浸感、低延迟、多样性、随地、经济、文明。马修·鲍尔在其著作《元宇宙改变一切》中提出了定义元宇宙的八个元素，分别是虚拟世界、3D、实时渲染、互操作性、大规模扩展、持续性、同步性、无限用户和个体存在。在综合梳理多方观点的基础上，我们认为元宇宙的主要特征可以概括为七个（见图2-4）。

特征一：多技术集成与融合

元宇宙技术不仅是VR与AR的代名词，而且是一系列新兴技术的集合。业界共识的支撑元宇宙的六大技术支柱为区块链技术（Blockchain）、交互技术（Interactivity）、电子游戏技术（Game）、人工智能技术（AI）、网络及运算技术（Network）、物联网技术（Internet of Things）。该技术框架定义了元宇宙技术是多种通用技术的集成与融合，针对娱乐、商业、教育等特定领域构建时，相关组件与功能可以根据需求进行定制。可以确信的是，元宇宙中各种构想的实现无法通过单一技术完成，只有多种数字智能技术的融合应用才能赋予元宇宙生成运行的可能。这些技术为元宇宙的物理构建和社会化运行提供了支持，比如交互技术和高速通信技术是沉浸感的基础；区块链技术支撑元宇宙社会文明的持续发展，是元宇宙的核心基础设施；物联网技术为元宇宙中万物互联互通提供保障。

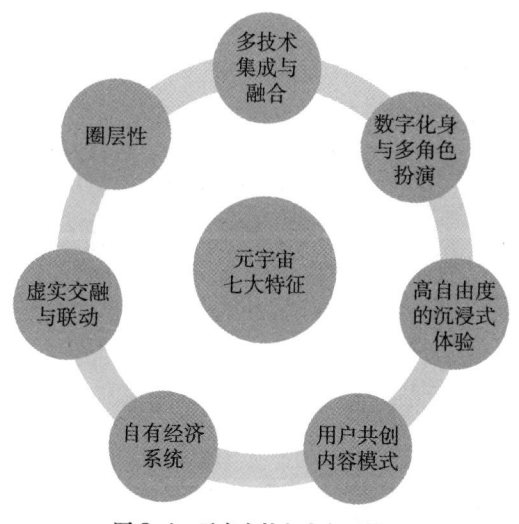

图 2-4　元宇宙的七大主要特征

资料来源：作者整理。

特征二：数字化身与多角色扮演

利用元宇宙中提供的数字化身，用户可以切换不同的身份，沉浸式体验"第二人生"。元宇宙既是现实世界的映射，也是现实世界的拓展，用户不仅可以改变角色外观，用不同身份进行社交，还可以扮演多种角色，体验不同的现实生活。在元宇宙中，每个用户都可以以化身的形式自定义其独特的数字身份，而不是静态图像。数字人身份的呈现以数字化身为载体，数字化身的构建比传统的用户头像更加先进，例如可以通过编辑面部、身体、表情细节来编辑自己的数字化身，即数字人。数字人是用户在虚拟世界中的代理身份，代表了现实世界中的自我，在实时跟踪技术的帮助下，用户甚至可以操纵与控制化身。在这种情况下，用户的数字化身在元宇宙世界中的所有权、交互性、展示和社交化中都发挥着重要作用。

特征三：高自由度的沉浸式体验

随着 VR/AR/XR 设备在拟真度上的突破，元宇宙将为用户提供极高的沉浸式体验。在元宇宙中，以高精度模型实时渲染产生的生动多彩的虚拟场景、道具、人物，借助传感器、VR、AR 或物联网等技术，用户可以通过移动、操纵或点击与创建的虚拟物品或从现实世界投射的物品进行交互，同时触觉、嗅觉、听觉等五感交互传感器能够极大地激发用户的感官刺激，为用户提供身临其境的沉浸感。正如马克·扎克伯格宣布的"具身互联网"一样，元宇宙将使人们拥有真实的、身临其境的和多模式的体验，并在元宇宙世界中获得在现实世界中无法体验到的感受。

特征四：用户共创内容模式

从长远来看，元宇宙作为巨量用户在线沉浸式体验的数字空间，需要庞大的内容供给才能满足用户需求，维持元宇宙内部的整体活力。元宇宙的内容生态想要持续运行，除了 PGC（专业生产内容），还需要有 UGC 进行扩充，甚至将 UGC 作为主流内容供给，才能满足内容的持续供应。大量的 UGC 生产需求，还带动了 AI 内容创作的发展。目前，很多内容公司已经在探索 AI 创作模式，人工智能工具的使用使内容创作更轻松，进而使创作者专注创意和内容质量，未来甚至会进入全 AI 内容创作的 AIGC（AI 生成内容）时代。同时，与传统互联网 Web2.0 模式下内容仅由特定用户生成或编辑相比，以元宇宙为代表的 Web3.0 模式下，元宇宙赋予每个用户编辑或创建具有虚拟性质内容的权利，用户几乎可以创建他们能想象到的一切。此外，用户还可以基于某种共治机制共同创建或修改他人的共享内容。

特征五：自有经济系统

元宇宙中存在着一个独特的经济体系，履约过程不是通过中间机构完成，而是完全通过程序与算法形成信任，价值信息以智能合约的形态在区块链网络中流动。而数字货币则是整个经济体系的通行证，随着区块链的发展而更为完善。同时，随着公链容量的增加，去中心化的概念也将逐步进入大众视线。元宇宙的发展壮大还需要与之相配套的数字金融体系，而资产数字化是形成元宇宙数字金融体系的必要条件。随着元宇宙经济系统进一步完善，并渗透到现实经济社会的各个领域，数字资金不仅对元宇宙的发展壮大具有基础性的资金保障功能，而且对数字经济与实体经济的深度融合起到关键性的连接作用。除此之外，NFT 也被认为是重要的元宇宙基础设施。在元宇宙这样一个逼真的虚拟世界中，数字化身需要用数字创作者设计的数字道具进行装扮，因此 NFT 对于元宇宙中数字经济的可持续发展至关重要。数字道具将在内容创作、交易、流通过程中得到 NFT 的支持，通过区块链加密认证及确权等技术，对数字空间中的音乐、艺术和其他受版权保护的内容进行保护。

特征六：虚实交融与联动

虚实融合是元宇宙的基本特征，这种虚实融合的特征主要体现在几个方面。从用户身份层面来看，在元宇宙中，用户借助数字分身参与各类活动，数字分身与现实身份绝对统一且在感官上同步，身份的统一促使虚拟与现实的边界被模糊化。在数字对象层面上，一方面，人们在元宇宙空间中可以使用并操作现实生活空间中的复制品或者元宇宙用户创造的全新数字对象；另一方面，数字对象也可通过全息技术在现实世界中进行呈现。未来物理世界与数字空间的界限将被打破甚至实现互操作。在沉浸式体验层面上，随着通感交互技术的不断升级，虚拟世界和物理世界之间的差异将逐渐缩小甚至消除，用户在元宇宙中将体验到身临其境，甚至可能无法区分虚拟世界与现实世界的边界。由于各界的广泛关注，以及教育、医疗、游戏等领域的积极尝试，虚实交融的元宇宙世界已近在眼前。

特征七：圈层性

在元宇宙中，用户可以通过虚拟化身进行社交，进而发展为自发组织或参与各类社会活动，形成与现实世界平行的个人社会圈层。虚拟化身之间可以不受时空限制地相互交流，为元宇宙中实现现实社会的社交性提供了便利，人与人之间的沟通与协作效率也将大幅提升，并逐步演化出一种既平行又独立于现实社会的虚拟社会。同时，基于前文提到的用户共创内容模式，用户的思想与意识将在元宇宙中不断碰撞，从而进一步在元宇宙中产生虚拟圈层。

元宇宙的发展阶段

虽然从元宇宙相关技术的成熟度和发展情况来看，元宇宙真正落地仍需数十年甚至更长时间，但是，通过有针对性地分析行业痛点及需求，对互联网时代发展阶段进行复盘与回顾，并从元宇宙相关技术发展落地部署的进程综合来看，仍然可以梳理出元宇宙技术与现实场景融合应用的演化逻辑。

冰冻三尺，非一日之寒。元宇宙是一个需要逐步发展成熟的长期性系统工程，如果从产业发展和时间维度上展望元宇宙的演进路径，需要同步考虑技术的分阶段发展、技术与应用场景的分阶段融合、产业生态的分阶段演变等情况。据此，可以将元宇宙的发展划分为以下三个阶段：单行业探索阶段、跨行业融合阶段、虚实共生终极阶段。

单行业探索阶段

随着数字化、虚拟化、去中心化等技术的落地推进和深入应用，元宇宙开始进入单行业探索阶段（见图2-5）。此时爆发的行业以游戏、社交、娱乐为主，各大知名互联网企业和一些元宇宙创新企业将发展出众多泛娱乐化虚拟平台，并在平台中为所有的游戏企业、应用开发企业、个人提供工具以进行游戏内容创作与开发，内容消费者则可以进入元宇宙平台对UGC进行体验、创作和消费等。此时，不同平台仍是各自为政的独立封闭系统，尽管有部分厂商或平台开始尝试进行合作、融合，但依旧阻力较大，无法实现互操作性。因此，此时的元宇宙呈现出分散化、多中心的生态特点。

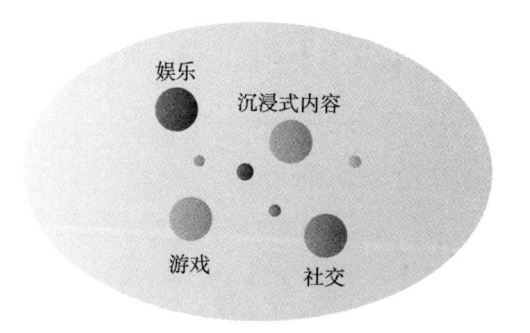

图2-5 探索元宇宙的垂直行业

资料来源：作者整理。

与此同时，互联网、算力、人工智能等基础支撑科技的提升，将继续增强虚拟现实服务的沉浸感、真实性。虽然消费级VR/AR产品的市场发展是主线，但依然离不开手机和PC技术支撑，进而一步步实现"以手机为首，PC为辅，XR技术逐渐成熟"的硬件环境。全套体感与XR产品融合的一体化装备开始出现，视觉、听觉、触觉、味觉等功能逐步纳入和统一，部分用户开始深度使用全套体感交互等设备。

除爆发的热门行业以外，其他行业的需求和痛点仍亟须元宇宙技术解决，并推动元宇宙底层基础技术进步，这一逻辑将始终贯穿在此阶段。元宇宙中种子用户的深度互动与众多新用户的涌入，也将对虚拟现实的实时渲染、大带宽传输、8K[①]显示等技术提出要求，带动虚拟现实视觉、人工智能、动作捕捉等技术的迅猛发展。

跨行业融合阶段

跨行业融合阶段的基础特征是各种元宇宙信息基础设施的完善，从而带来元宇宙跨行业应用的持续深化，主要定位于智慧城市、工业制造、生活服务、医疗养老等能够提高生产效率与生活品质的领域（见图 2-6）。此时的元宇宙生态从各单一平台快速增长期，过渡到多平台融合为大平台的阶段，随着平台数量的持续减少，最终将形成数个大元宇宙平台。

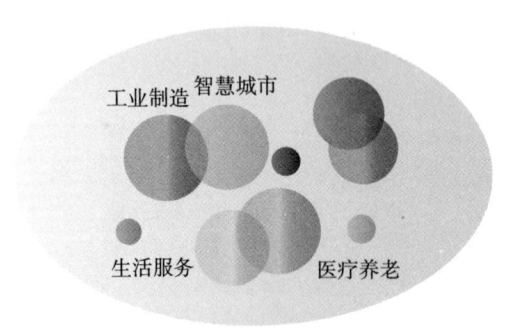

图 2-6　各行业融合探索元宇宙

资料来源：作者整理。

元宇宙科技方面，人工智能技术、视觉技术、动作追踪科技等

---

① 4K 指像素分辨率为 4 096×2 160，8K 指像素分辨率为 8 192×4 320，16K 指像素分辨率为 15 360×8 640。——编者注

都已经达到一定的成熟程度，与实际使用场景的融合也越来越密切，XR等沉浸式的互动设备也将完全渗入用户群中并逐渐成为潮流，而脑机接口等技术仍在进一步孕育发展。此时，元宇宙技术以满足现实生活各领域的大数据空间应用为主，线上、线下界限的逐步消融，元宇宙用户身份验证系统的逐步形成，虚拟现实、计算、网络等底层技术已相对成熟，后续将在满足各行业需求的基础上，实现对行业具体场景的重塑。

此阶段后期，不同独立行业的元宇宙开始探索如何打通数据与标准，跨平台、跨行业的生态互通及融合开始出现，小部分分散式、多中心的小生态开始融合形成聚合式的元宇宙生态体系。

虚实共生终极阶段

虚实共生阶段代表着元宇宙已经完全实现完美状态，同时元宇宙技术也将渗透各行各业，以达到千行百业数字化虚实共存的理想状态（见图2-7）。此时所有的子元宇宙都已经达到充分整合互联，并构成一个完整的标准协议，一个将所有子元宇宙整合互通的真正意义上的元世界开始出现。

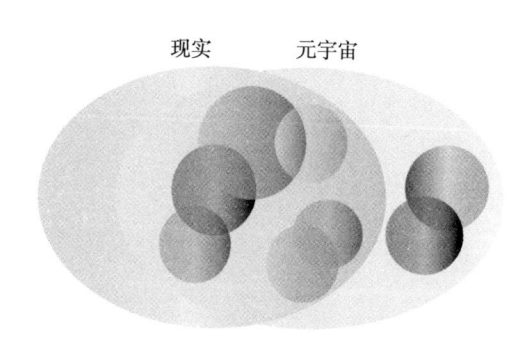

图2-7 元宇宙虚实共生的终极形态

资料来源：作者整理。

此时的元宇宙相关技术，如人工智能、机器人、脑机接口、虚拟成像等技术水平已达到顶峰。社会生产力与生产效率大幅提升，人类生活中大部分的一般性劳动工作都已经被人工智能替代，人类开始探索更深远的精神世界，甚至实现精神层面的永生。此时的人机交互方式大多以脑机界面和神经元网络控制为主，虚拟成像技术已达到现实与虚拟世界无差别切换的程度，虚拟世界中可以实现完全沉浸的全感官体验，人机互动技术极度先进。

各行业与元宇宙技术深度融合后诞生了新场景、新产业、新业态，虚实融合的数字空间已深度融入社会生活中。数字员工、数字导购等元宇宙中的虚拟角色与用户的真实角色实现深度沟通与协作，彼此之间形成紧密的联系与社会关系，从而改变了人们的生产生活方式。此时，虚实共生的元宇宙终极形态终于到来。

综上所述，元宇宙在不同发展阶段的产业进化过程可以通过图2-8来全面展现。

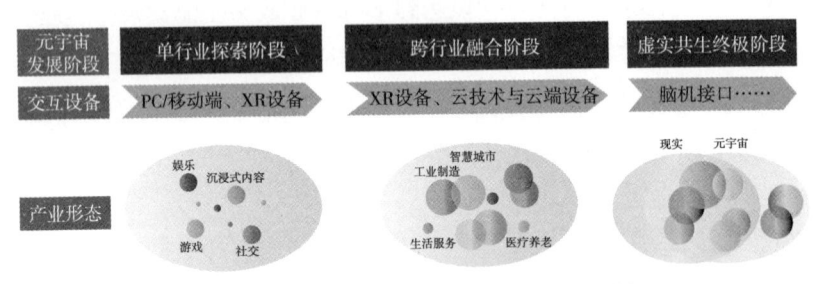

图2-8　元宇宙经历不同发展阶段的产业进化过程

资料来源：作者整理。

元宇宙的发展挑战

尽管元宇宙概念日趋火热，但元宇宙仍存在着较大的争议，争议的焦点主要集中在内卷与垄断、道德与伦理、数据安全与隐私、法律法规与安全监管等问题上。

内卷与垄断

被称为"中国第一位元宇宙架构师"的科幻作家刘慈欣曾表示,元宇宙将是整个人类文明的一次内卷,而内卷封闭系统的熵值总归是要趋于最大的。刘慈欣认为,元宇宙是极具诱惑、高度致幻的"精神鸦片",担忧人类沉浸在虚拟世界里故步自封。元宇宙是游戏及社交内卷化竞争下的概念产出,市场盈利模式可能主要依赖网络效应与规模效应,相关互联网巨头将会进入存量竞争和零和博弈阶段,某些公司可能会利用网络效应,寻求巩固对主要元宇宙平台的控制,造成平台、数据资源的垄断。

数据是新型的生产要素资源,数据只有在开放共享中才能发挥出最大的价值。然而,元宇宙平台企业利用自己在市场中的支配地位,垄断着各自平台收集的数据,会造成数据壁垒,阻碍其他企业进入元宇宙领域。同时,数据垄断会造成元宇宙平台企业之间的割裂,不利于统一的元宇宙大平台的建立。在元宇宙时代,如何引导元宇宙平台合理利用收集到的数据,促进数据资源的开放共享,防范元宇宙平台利用垄断数据损害用户权益,都是非常现实且严峻的问题。

道德与伦理

2022年8月,韩国科学与信息通信技术部公布了一份元宇宙核心伦理原则的初稿。该文件强调,元宇宙参与者要树立三个价值观,即自我认同、安全享受和可持续繁荣,并应进一步关注虚拟平台上有关保护青少年、个人信息和版权的互动。由此可见,元宇宙是一个全新的生活空间,在其中潜移默化形成的文化、伦理、道德等,很容易映射到现实世界,带来现实社会中的问题。元宇宙中的道德与伦理问题主要包括以下几个方面。

- 习惯性犯罪。在数字世界中，破坏和杀戮只是屏幕上的物品或角色消失，很低的犯罪成本可能诱发残忍的快感和发泄欲。一旦把"犯罪习惯"带回现实世界中，就可能会发生犯罪和暴力冲突。
- 现实世界分化。假如元宇宙虚拟世界的价值理念、交互逻辑、运转规则与现实世界出现明显分化，甚至是异化、对立，就很容易使沉浸在虚拟世界中的人对现实世界产生不满、憎恨等负面情绪。
- 加剧社会矛盾。沉浸感还有可能加剧现实中的社交恐惧、社交疏离等心理问题，或影响婚恋观、生育率、代际关系等人际问题，甚至对国家和民族的认同感产生负面影响。
- 数字鸿沟。如果元宇宙想要影响数亿人的日常生活，就要么必须牺牲高级别的沉浸感体验而提供低级别的体验，要么只为少数年轻的"发烧"用户服务。考虑到元宇宙对网络、终端设备的需求，本来就不均衡的数字信息基础设施所造成的数字鸿沟将在元宇宙时代更加突出。

通过以上分析我们发现，如何构建元宇宙的规则秩序，使元宇宙能够有序运转，特别是构建一种元宇宙与现实世界之间有序衔接的新秩序，是亟待解决的社会伦理问题。

数据安全与隐私

现阶段的数据安全问题日益凸显，各国立法机关已纷纷制定法律并采取措施，但即便如此，个人信息被泄露和滥用的事件仍然频发。根据 Risk Based Security（风险基础安全）《2021 年度数据泄露速览报告》的数据，2021 年有 4 145 起数据泄露事件，超过 220 亿条数据被泄露；2020 年有 7 619 起数据泄露事件，超过 365

亿条数据被泄露。

未来，针对元宇宙场景的数据安全及隐私泄露问题依旧十分严峻。大多数元宇宙应用需要与多样化的硬件设备相连接，庞大的数据处理和交换需求意味着，元宇宙的发展所面临的安全隐患可能会比目前移动互联网时代更复杂、更突出、更隐蔽，对相关的数据安全与隐私保护也提出了新的挑战。此外，元宇宙作为一个新型数字虚拟空间，为了满足用户的高沉浸式体验，接入的交互设备类型会日益丰富，围绕人的听觉、视觉、触觉、嗅觉、味觉调动用户参与互动，收集到的个人数据的数量、范围以及种类都是前所未有的，这些数据无时无刻不存在被滥用甚至被盗用的风险。

一项相关调查显示了人们是如何关注元宇宙对其隐私的影响的：在被调查者中，50% 的人担心用户身份问题，47% 的人担心用户可能要经历的强制监控，45% 的人担心个人信息可能被滥用。如何全面、科学、高效地保护用户个人信息和数据安全，是决定未来消费元宇宙是否能够进入商用阶段的关键要素，尤为值得关注。

法律法规与安全监管

网络空间已经成为领土空间的组成部分，各国普遍加强了对网络安全和数据安全的监管，纷纷推出了严格的管控措施、条例乃至法律。我国在 2017 年 6 月实施了《中华人民共和国网络安全法》，在 2021 年 9 月和 11 月分别实施了《中华人民共和国数据安全法》和《中华人民共和国个人信息保护法》。国家层面对虚拟世界的监管提升到了空前的高度，但面向元宇宙的监管条例与法律法规制定依然存在诸多问题。

- 国家安全监管面临挑战。元宇宙目前正在从经济领域破圈到社会治理和政治领域，将对各国的政治制度、经济和社会安全产生深远影响。在元宇宙中，人与人、社会与国家均深度融合于数字虚拟世界中，其身份认定、权责分配、规范管理等问题都必须在元宇宙空间中予以明确。

- 去中心化内容监管压力大。现行元宇宙中的去中心化设计，使用户可以完全自由地进行创造，并基于底层区块链机制不可被篡改，但是随着元宇宙规模的增长，指数级的内容和交互数量将远远超出元宇宙提供者的监管能力，很容易出现触碰政府监管红线的违规违法内容，存在巨大的内容审核与监管压力。

- 数字货币监管难度大。元宇宙数字货币会挑战主权货币。元宇宙是一个虚实共生的经济系统，货币是经济运行必不可少的要素。但目前元宇宙中的数字货币存在缺陷，比如比特币因缺乏与其挂钩的标的物而存在操纵风险，且币值不够稳定，信用等级较低，难以成为真正意义上用来日常交易的数字货币。

综上所述，与元宇宙潜在的巨大价值相对应，发展元宇宙也将面临诸多风险。随着数字技术的进一步发展，现实社会中的各种风险都会在元宇宙中发生。为了更好地应对元宇宙中出现大的新型社会风险，还需从加强顶层设计、加快技术创新、建设保障机制等方面入手，构建算法监管、协同治理、资产保护、数据安全保障等方面的元宇宙监管体系。尽管元宇宙在当下的发展中还面临诸多挑战与问题，但应该相信，随着技术的发展与监管的健全，未来大部分问题都将迎刃而解。

本章小结

虽然大众与国内外各界专家对于元宇宙的到来大多充满期待，

但综合来看,产学研各界的观点目前分为三个派系:乐观派、反对派、中立派。从基础认知层面来看,元宇宙是信息交互方式的升维,是人类信息技术与交互方式演变的必然结果。多技术集成与融合、数字化身与多角色扮演、高自由度的沉浸式体验、用户共创内容模式、自有经济系统、虚实交融与联动、圈层性是定义元宇宙的七大主要特征。元宇宙的发展过程将经历单行业探索阶段、跨行业融合阶段、虚实共生终极阶段,而内卷与垄断、道德与伦理、数据安全与隐私、法律法规与安全监管等问题也将成为我们持续关注的风险因素。

第三章
元宇宙技术概论

元宇宙概念的大爆发使得大量研究者开始研究元宇宙技术，众多对元宇宙技术体系的分析和论述随之产生。元宇宙融合了多种技术，其发展离不开庞大的技术体系的支撑。本章将对目前业界主流的元宇宙 BIGANT、元宇宙 BASIC 和元宇宙十大技术三个元宇宙技术体系展开介绍，分析各技术体系的特征。基于已有元宇宙技术体系的分析总结，本章将提出全面且具有参考价值的元宇宙技术体系、价值创造模型及算网协同模型，充分展现数字化技术融合带来的元宇宙技术之美。

元宇宙 BIGANT 技术体系

元宇宙 BIGANT 技术体系首次出现于 2021 年 7 月出版的《元宇宙通证》一书。该体系所囊括的区块链技术（Blockchain）、交互技术（Interactivity）、电子游戏技术（Game）、人工智能技术（AI）、网络及运算技术（Network）、物联网技术（Internet of Things）被该书作者认为是支撑元宇宙的六大技术支柱，其英文首字母的组合即 BIGANT 的来源。BIGANT 技术体系目前是行业内认可度较高的一种体系，也被称为"大蚂蚁体系"。图 3-1 为元宇宙 BIGANT

六大技术全景图。该体系吸纳了互联网的一些关键技术，并利用有趣的维度对技术进行了分类。

"B"：区块链技术（Blockchain）

在 BIGANT 技术体系中，区块链技术被认为是元宇宙经济体系的重要基础。在元宇宙的去中心化世界里，所有用户都是各自独立、权利对等的个体，属于用户的虚拟资产不受任何组织或机构的管理。区块链技术中，哈希算法及时间戳技术为元宇宙用户提供底层数据的可追溯性和保密性；数据传播及验证机制为元宇宙经济体系各种数据传输及验证提供网络支撑；共识机制保障元宇宙用户的交易是人人平等且公平透明的；分布式存储保障元宇宙用户的虚拟资产、虚拟身份的安全；智能合约实现元宇宙中的价值交换，并保障系统规则的透明执行；分布式账本保障元宇宙用户可以参与监督交易合法性，同时也可以共同为其做证。在 BIGANT 技术体系中，用户的虚拟资产能够在 NFT、DAO（去中心化自治组织）、DeFi（去中心化金融）、智能合约等区块链技术或应用的支持下完成跨越多个元宇宙空间的流转、交易，形成庞大的元宇宙经济体系。

"I"：交互技术（Interactivity）

交互技术在 BIGANT 技术体系中被认为是制约当前元宇宙沉浸感的最大瓶颈。沉浸感是元宇宙的特征之一，也是实现真正元宇宙虚实共生的评判标准之一。人机交互技术为现实世界与元宇宙数字世界建立了沟通的桥梁，也为用户提供了沉浸式体验元宇宙世界的接口。目前，交互技术持续迭代更新，为元宇宙用户提供了沉浸式体验虚拟现实的阶梯，不断深化感知交互。虚拟现实技术为元宇宙用户带来了沉浸式体验；增强现实技术以现实世界的实体为主

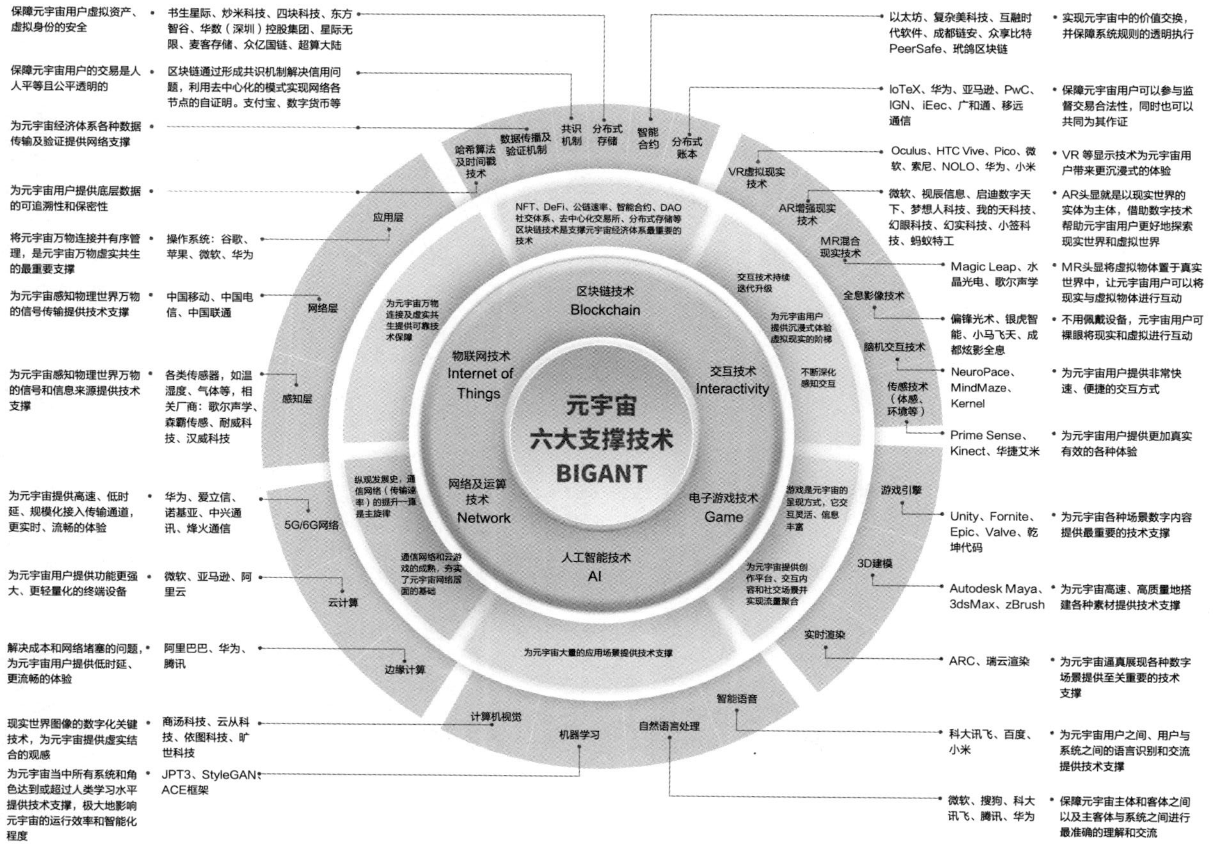

图 3-1 元宇宙 BIGANT 六大技术全景图

资料来源：中译出版社《元宇宙通证》。

第三章　元宇宙技术概论

体，借助数字技术帮助元宇宙用户更好地探索现实世界和虚拟世界；混合现实技术将虚拟物体置于真实世界中，让元宇宙用户可以在现实中实现与虚拟物体的互动；全息影像技术让用户不用佩戴设备，裸眼就可以实现现实与虚拟的交互；脑机交互技术为元宇宙用户提供了非常快速、便捷的交互方式；传感技术为元宇宙用户提供了更加真实有效的各种体验。BIGANT技术体系中，交互技术的进步对元宇宙用户规模的增长意义重大。

"G"：电子游戏技术（Game）

电子游戏技术在BIGANT技术体系中被认为是促进元宇宙大开发的关键技术。电子游戏技术具体包括两个方面的内容：一是与游戏引擎相关的3D建模和实时渲染，主要用于简化元宇宙实体生成方法，有效激发创作者经济繁荣；二是与数字孪生相关的3D引擎和仿真技术，主要用于实现物理世界的虚拟建模，加快现实世界的数字孪生。游戏是元宇宙的主要呈现方式，它交互灵活、信息丰富的特性，能够为元宇宙提供创作平台、交互内容和社交场景并实现流量聚合。在BIGANT技术体系中，电子游戏技术与交互技术的协同发展能够在极大丰富元宇宙虚拟内容的同时，以高度沉浸式的虚实融合体验吸引用户积极加入。

"A"：人工智能技术（AI）

人工智能技术在BIGANT技术体系中被认为是元宇宙各个层面、各个应用、各个场景下无处不在的技术，实现包括AI识别、自动生成、语音语义识别、社交关系推荐、虚拟场景AI建设等在内的诸多功能。在人工智能技术中，计算机视觉是现实世界图像数字化的关键技术，为元宇宙提供虚实结合的观感；机器学习为元宇宙中所有系统和角色达到或超过人类学习水平提供技术支撑，极大地影响元宇宙的运行效率和智能化程度；自然语言处理保障元宇宙主体与客体之间，以及主客体与系统之间进行最准确的理解和交流；智能语音为元宇宙用户之间、用户与系统之间的语言识别和交流提供技术支撑。在 BIGANT 技术体系中，人工智能技术是元宇宙不可缺少的一部分，为元宇宙大量的应用场景提供技术支撑。

"N"：网络及运算技术（Network）

网络及运算技术在 BIGANT 技术体系中被认为是元宇宙最底层的基础设施。网络及运算技术在概念上被扩展为包含人工智能、边缘计算、分布式计算等在内的综合智能网络技术，提供高速、低时延、高算力、高智能的规模化接入。在网络及运算技术中，5G/6G 网络是基石，为元宇宙提供高速、低时延、规模化接入传输通道，提供更实时、流畅的用户体验；云计算为用户提供功能更强大的服务能力，使用户所使用的终端设备更加便携、轻量化；边缘计算解决成本和网络堵塞的问题，为元宇宙用户提供低时延、更流畅的体验。在 BIGANT 技术体系中，通信网络和云游戏的成熟被认为夯实了元宇宙网络层面的基础。

"T"：物联网技术（Internet of Things）

物联网技术在 BIGANT 技术体系中承担着物理世界数字化管理和虚拟世界渗透的功能。在物联网中，感知层为元宇宙感知物理世界万物的信号和信息来源提供技术支撑；网络层为元宇宙感知物理世界万物的信号传输提供技术支撑；应用层将元宇宙万物连接并有序管理，是元宇宙万物虚实共生的最重要支撑。总的来说，物联网技术为元宇宙提供万物互联的能力，为数字孪生的虚拟世界提供实时数据，使得元宇宙参与者足不出户就能获取一切信息。在 BIGANT 技术体系中，物联网技术为元宇宙万物互联及虚实共生提供可靠的技术保障。

BIGANT 总结了支撑元宇宙的六大技术支柱并形成了一套覆盖广泛的元宇宙整体技术体系。目前这六大技术支柱正处于快速融合创新的阶段，技术间的交叉、重叠越来越多，而如何组合、调整以及应用各种技术以形成完美的元宇宙成为下一阶段需要探索的新问题。目前单纯的技术分类将逐渐无法满足用户对元宇宙技术体系的需求，未来需要更明确地定义各种技术的功能及各种技术间的联系和相互关系，以此来窥探元宇宙发展的内在规律，指导元宇宙的规划和开发。

元宇宙 BASIC 技术支撑体系

颜阳博士在《元宇宙科技产业党政干部学习详解》中将元宇宙涉及的主要核心技术归纳为"百思"（BASIC）架构，即 1 个"B"，2 个"A"，3 个"S"，4 个"I"以及 5 个"C"。其中包括区块链、人工智能、物联网、云计算、芯片、通信网络等各个不同领域的技术，从基础设施层、去中心化层、空间计算层、人机交互层、创作者经济层、探索与发现层、体验层等多个层面对元宇宙产业生态提供技术支撑（见图 3-2）。

在 BASIC 技术支撑体系中，1 个"B"指的是区块链技术（Blockchain），包括公链、NFT、数字人民币（DCEP）和 DeFi 等子项。2 个"A"分别是指游戏技术（gAming）和人工智能技术（AI），其中游戏技术主要是指游戏引擎中的建模和渲染技术。3 个"S"分别表示空间计算（Spatial computing）、安全技术（Security）以及数字孪生和数字原生的集合体（Synthesis of digital twin and digital born）。4 个"I"分别是指人机交互（Interactivity）、脑机接口（BCI）、

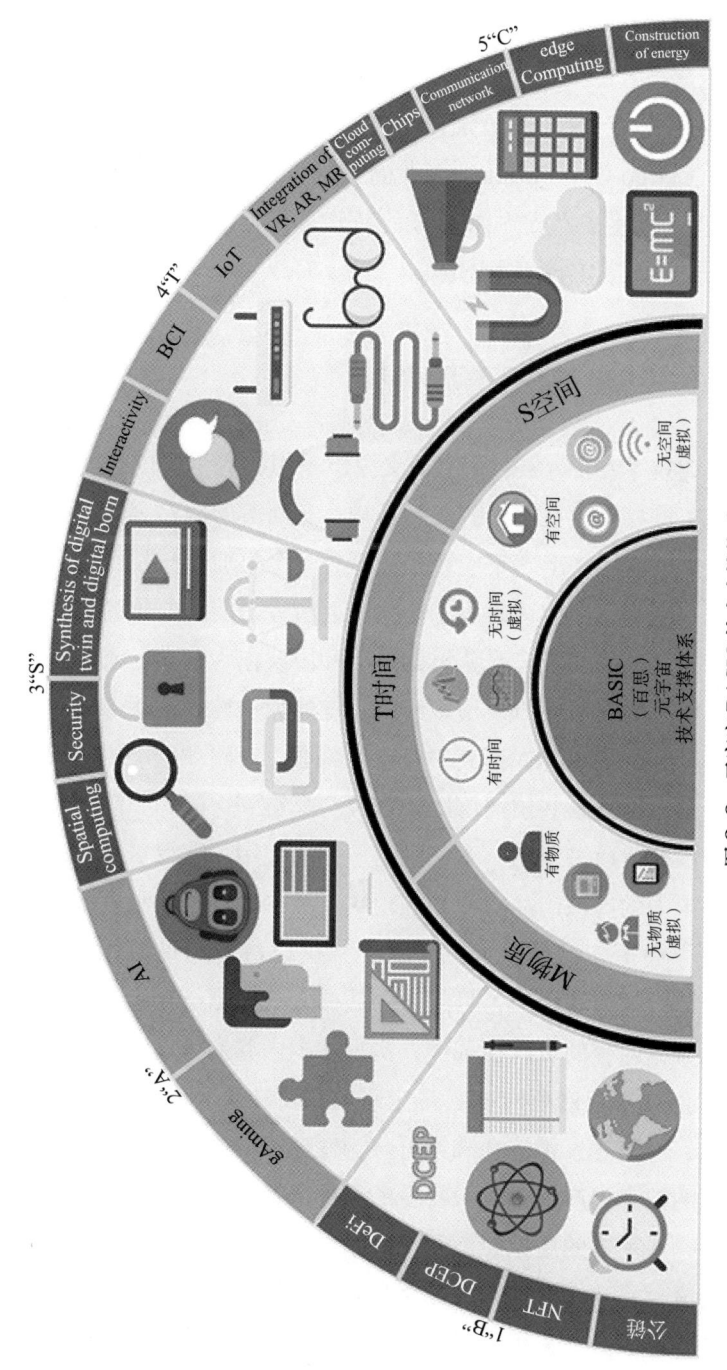

图 3-2 元宇宙 BASIC 技术支撑体系

资料来源:《元宇宙科技产业党政干部学习详解》,http://lw.news.cn/2021-12/06/c_13103 53966.htm。

第三章 元宇宙技术概论

物联网技术（IoT）和虚拟现实、增强现实、混合现实技术的集成（Integration of VR, AR, MR）。5个"C"分别代表云计算（Cloud computing）、芯片（Chips）、通信网络（Communication network）、边缘计算（edge Computing）以及能源的重构建设（Construction of energy）。上述技术支撑体系与元宇宙的不同场景相结合，形成了一个完整的元宇宙技术生态链。

"B"：区块链技术（Blockchain）

区块链技术在BASIC元宇宙支撑体系中起着重要的作用。为了避免现实世界中存在的资源分配不均、垄断等问题在元宇宙中重现，元宇宙中的经济形态不应该是完全为一个类似于科技巨头公司的主体所控制的，而应该是去中心化的，或者是弱中心化的，并且需要有一套共享的并且广受认可的标准和协议作为基础，来推动整个元宇宙体系的统一性以及虚拟经济系统的流动性。区块链技术可对数字资产进行确权并保证其安全可靠流通，对闭环经济体能够进行持续激励，这从某些层面可以让资源共享得到保障。

元宇宙与普通游戏的一大区别是，为了使用户获得极致的真实感，元宇宙中的虚拟产品应该如同现实世界中的一样，具有唯一的身份认证，而不能像游戏中的道具一样可以进行拷贝使用。NFT作为区块链上的一种资产，将线下的数据内容借由链接进行链上映射，成为数据内容的资产性载体，实现数据内容的价值流转，从而可标记原生数字资产所有权，锚定现实世界中的商品。NFT具备唯一标识、可塑性、稀缺性和不可分割性这四个主要特征，可以为元宇宙中的数字资产提供唯一身份的可验证性。

另外，元宇宙的虚拟经济系统的运行以及与现实世界经济系统之间的交流，需要一套法定的数字货币作为基础。数字人民币就提供了一种样本。数字人民币是现金货币的数字化。为了实现离线支付，数字人民币模拟真实货币的使用方式，其具体的支付行为不是通过记账而是通过货币所有权转换来完成的。数字货币的应用场景使用密码学来进行所有权验证，不需要设备在线即可完成。

"A"：游戏技术（gAming）和人工智能技术（AI）

游戏是元宇宙的雏形，也是元宇宙的产业切入点，而游戏引擎等技术同样是元宇宙的基础。游戏引擎是指已编写好的可编辑的电脑游戏系统或一些交互式实时图像应用程序的核心组件，其中包括渲染引擎、物理引擎、脚本引擎、网络引擎等。简单来说，游戏引擎就是游戏所需的各种现成的要素和工具的集合，这些要素和工具的目的是让游戏设计者可以更加容易并快速地做出游戏程序，而不用从零开始。

渲染和建模是游戏引擎中的两个关键技术。渲染是指通过处理器将需要计算的画面信息绘制在屏幕上的过程，而建模则是根据用户的设想，在数字世界中构建出相应的三维模型的过程。由于元宇宙十分重视实时交互，因此实时渲染技术是决定用户在体验元宇宙时真实感如何的最直接的技术之一。先进的实时渲染技术可以还原现实光线的实际动态，获取准确的全局照明以及逼真的反射效果，营造以假乱真的视觉体验。而想要建设出多姿多彩、千变万化的元宇宙，则需要建模技术的支持。建模技术的发展可以使元宇宙的建设者轻松地构建出理想的数字三维内容，来丰富虚拟世界。随着游戏技术的发展，元宇宙中的创作将会面临更小的阻碍，3D数字内容将会越来越丰富，视觉画面也将会越来越逼真。当用户通过VR等设备进入元宇宙时，他们将能够看到一个媲美电影级画面的虚拟世界，获得前所未有的真实感。

人工智能是研究、开发用于模拟、延伸和扩展人的智能的技术。在元宇宙中，人工智能也是无处不在的。人工智能不仅在高逼真度渲染技术中起到了关键性的作用，而且是生产内容的有效途径之一。人工智能技术可以智能化地生产虚拟世界所需的丰富内容，为元宇宙的内容完善提供合理可行的途径。此外，人工智能技术还可以训练元宇宙中的人工智能体，让其能够脱离人的编剧和策划，对元宇宙中的人和物的行为做出自由、实时的反馈，从而实现无穷的剧情分支并节省大量的开发成本，有助于形成一个真正自由的、完全沉浸的元宇宙。

"S"：三大类技术的统称

空间计算（Spatial computing）

空间计算对机器、人、物体和它们所处的环境进行数字化，以实现并优化机器与人的动作和交互。换言之，空间计算负责处理相对位置的知识，来扩大传统计算的概念。空间计算的软件算法可以把所有人或者物转化为数字地图，创建一个可观察、可量化、可操纵的数字世界，甚至以此来操纵现实世界。因此，空间计算是元宇宙联系虚拟世界和现实世界的纽带技术，工业、医疗、交通、家居等各行各业中的人机交互都有望通过空间计算达到新的效率水平。

安全技术（Security）

庞大的流量涌入一方面为元宇宙带来持续发展的生命力，另一方面也会带来很多问题，例如数据泄露、黑客攻击、网络干扰和资产流失等。其中，数据安全和隐私问题是元宇宙谋篇布局需要重点解决的问题之一。因此，安全技术将是构建真正安全和公平的互联网的重要支撑。

数字孪生和数字原生的集合体（Synthesis of digital twin and digital born）

在元宇宙中，数字孪生扮演着越来越重要的角色。数字孪生能够为任何物理或逻辑事物创造丰富的数字模型，例如仓库或者工厂等，一旦物理对象被建模，该对象便被赋予了生命。通过双向物联网即可连接数字孪生与物理世界，这种物理与数字的结合是实现元宇宙应用程序的基础。数字孪生最强大之处在于数字模型和原生的融合，融合后的世界被称为混合现实。在混合现实中，用户可以采用数字孪生与物理环境中的原生进行互动,指导物理世界中的原生，扩展原生的洞察力。借助这种能力，元宇宙可以从虚拟走进现实。

"I"：下一代交互类技术

人机交互（Interactivity）

人机交互主要研究系统与用户之间的交互关系。用户通过人机交互界面与系统进行交流并完成操作，例如收音机的按键、飞机的仪表盘等。人机交互的界面设计主要考虑用户对系统的理解，使得系统具备更加友好的交互方式。人机交互的目标是生产可用、安全和友好的系统，设计准则为用户需求第一。在元宇宙中，为了给用户提供极致真实的沉浸感，对人机交互的要求会更高。

脑机接口（BCI）

脑机接口是研究如何用大脑的神经信号与外部计算或其他设备直接交互的技术。在脑机接口的支持下，元宇宙中的用户可以凭借自己的意志自由地活动身体的每一个部位，不仅可以摆脱预设动作的枷锁，还可以随心所欲地开展与虚拟世界的交互。在脑机接口的元宇宙中，触摸一个物体能够感觉到它的重量和温度，用户可以用自己的眼睛去看，用自己的耳朵去听，用自己的手去触摸，甚至可以真正地居住在元宇宙的虚拟世界当中。

物联网技术（IoT）

物联网是指通过各类传感器借助特定的信息传播媒介实现物物相连、信息交换和共享的新型智慧化网络模式。元宇宙在不断提高沉浸感的同时，也对连接有了更高的要求。处于物联网感知层与网络层重要枢纽位置的模组通过规模化、定制化的产品布局高算力、低时延通信空间。同时无线模组通过收集海量设备数据，结合边缘计算能力，为元宇宙的"大脑"提供数据信息，为元宇宙运行提供进一步科学分析，带来更高的信息管理价值。物联网技术能够有效解决元宇宙多形态、跨领域融合终端所面临的连接难题，同时元宇宙建设也对物联网技术提出了更高要求。

虚拟现实、增强现实、混合现实技术的集成（Integration of VR, AR, MR）

虚拟现实利用计算机模拟外界环境，为用户提供多信息、三维动态、交互式的仿真体验，具备沉浸感、交互性以及想象性。它使虚拟环境中的一切看起来像真的，并且能够极大地拓展人在现实世界中的想象力。增强现实是指将真实世界的信息与虚拟世界的信息进行无缝融合的技术，介于虚拟现实与现实世界之间，可以为用户提供一般情况下不同于人类可感知的信息。混合现实在虚拟世界、现实世界和用户之间搭建起一个交互反馈的信息回路，能够增强用户体验的真实感。穿戴式设备是元宇宙的载体入口，用户可以通过手势交互、声控交互等方式进入元宇宙所创造的虚拟世界，获得虚拟世界与现实世界之间无缝转换的沉浸体验。

"C"：计算与网络

云计算（Cloud computing）

云计算是基于互联网相关服务的增加、使用和交付模式，通常涉及通过互联网来提供动态易扩展且虚拟化的资源。云计算提供可用的、便捷的、按需的网络访问，进入可配置的计算资源共享池，其中的资源包括网络、服务器、存储、服务等。这些资源可以被快速地提供，而使用者只需投入很少的管理工作。云计算是元宇宙的算力基础，它的数据存储（云存储）和计算能力依赖资源共享，是元宇宙的一项基础设施。

芯片（Chips）

芯片是构建虚拟世界的核心，它是元宇宙虚拟世界存在的物理载体。芯片还是区块链等元宇宙硬件设备的核心部件，在技术层面助力元宇宙算力。人工智能训练任务中需要的算力正在以指数级增长，2012年以来，人们对于人工智能算力的需求增长超过了30万倍，而这些计算都依赖芯片技术。

通信网络（Communication network）

通信网络用物理链路将各个孤立的工作站或主机连接在一起，组成数据链路，从而达到资源共享和通信的目的。通过信息交换可以实现人与人、人与计算机、计算机与计算机之间的通信交流。这同样是构建元宇宙社会必不可少的基础设施之一。

边缘计算（edge Computing）

边缘计算可以看作云计算的互补技术，其在消费者和较远的中央服务器之间的关键网络节点上部署计算机，帮助终端用户补充他们的本地计算能力，同时也可以降低网络延迟和网络拥堵的风险。因此，边缘计算被强调为元宇宙的一个关键基础战略设施。边缘计算拥有低时延、带宽需求少、数据安全性高等优势，可以为元宇宙的永续提供支撑，以确保其用户获得流畅的体验。

能源的重构建设（Construction of energy）

能量供应也是元宇宙的根本性问题。元宇宙的运行需要强大的计算能力，这需要大量的能源供应。元宇宙是真实世界的平行虚拟世界，不能无限制地挥霍能源，因此，需要构建元宇宙中的能量定律。元宇宙建立在现实世界之上，现实世界的各种资源上限也会反映到元宇宙当中，因此需要热力定理来对能量加以约束。但是，如果只是遵循现实世界中的能量守恒，这与元宇宙的初衷又是相背离的。人们希望能够在元宇宙的空间中突破现实世界的约束，例如实现瞬间移动等。因此，在元宇宙世界里应当对现实世界的能量定律加以修改，既达到资源的合理管控，又保证用户在某种程度上能够获取超越现实的体验。

元宇宙十大技术

《元宇宙十大技术》以架构师的视角，探究了如何从零构造元宇宙及其关键性的技术。在该书的开头，作者以《头号玩家》中的元宇宙"绿洲"为例，分析了构成"绿洲"的要素，以及支撑用户实现购物、游戏、交友、娱乐、工作等应用场景之下的底层技术。例如，用户需要借助VR头显和体感服装作为元宇宙的入口；每个用户在"绿洲"中都有独特的形象与身份；需要虚拟世界中流通的货币来购买道具和服装；"绿洲"有其自身的运行规则和法规，用户需要依据规则参加活动和比赛；"绿洲"中丰富的场景和活动空间需要被创作和构建。该书利用电影所呈现的世界激发读者对元宇宙的充分想象，以及对虚拟空间从"荒漠"演变为异彩纷呈的"城市"甚至"世界"并长期持续运行的思考，并自然地引入对元宇宙"技术栈"的归纳，包括五大地基性技术和五大支柱性技术。五大地基性技术包括计算技术、存储技术、网络技术、系统安全技术和AI技术，五大支柱性技术包括交互与展示技术、数字孪生与数字原生技术、区块链技术、内容创作技术和治理技术。

元宇宙五大地基性技术

元宇宙中的算力像阳光一样普照大地，是元宇宙核心生产力的重要保证。为了实现《雪崩》和《头号玩家》所描绘的世界，预估算力至少还要提升 1 000 倍。《元宇宙十大技术》一书审视了元宇宙对计算提出的高要求以及提升方案。芯片和设备的算力要持续进步，具有灵活的可编程性、良好的兼容性，通过建设超大规模的云计算中心以及云边端协同，提供大规模可扩展的算力资源。优化云计算中心建设布局，"东数西算"促进东西部协同联动。随着摩尔定律逐渐失效，CPU（中央处理器）发展遇到瓶颈，在元宇宙时代，利用 GPU（图形处理器）、DSA（特定领域架构）以及超异构等硬件加速平台提升算力，并保持灵活性和通用性。元宇宙时代的计算呈现出计算平台的多样性、计算位置的多样性、计算交互的多样性，此外，元宇宙时代的计算呈现出新特征，即软件实体和硬件平台分离、集中和分布共存、微观超异构计算、宏观跨平台融合，以及工艺创新、架构创新、开放接口。

存储技术是元宇宙的土壤，记录和保存元宇宙中万物的状态和属性。《元宇宙十大技术》一书介绍了元宇宙时代存储技术的特征与重要性。下一代云存储即区块链存储，能够保存元宇宙中的数字资产和非结构化数据。区块链存储是以去中心化方式组织的，为公链或联盟链的应用提供数据的存储能力。公链存储具有自治、开放、共享的特性，联盟链存储为"去中心化的存储+许可链"，通过区块链不可篡改、可溯源等特点，追踪数据动态变化，通过 NFT 体系呈现数字资产 ID（身份识别码）和价值。未来区块链存储将向着自治自愈、开放开源、激励共享、安全可靠的方向发展。

网络技术是促成元宇宙万物万灵互联的关键，元宇宙共创共享、去中心化等特点，要求网络技术在高带宽、低时延、广覆盖的基础上，向超连接、强边缘、异构融合、自治、高智能等方向发展。元宇宙相关应用将激励和加速网络技术的发展，5G/6G、Wi-Fi6（第六代无线局域网）/Wi-Fi7（第七代无线局域网）让现实和虚拟无缝连接，SD-WAN（软件定义广域网）助力元宇宙按需扩展和融合，确定性网络是满足元宇宙网络需求的利器。

系统安全技术是元宇宙地基技术和支柱技术的重要组成部分，基于边界防护的防火墙、入侵检测、病毒识别与清除等传统技术，在无边际的元宇宙中已难以保障安全，元宇宙中全方面、多层次的安全问题亟待解决，包括物理安全、系统安全、数据和应用安全、AI安全、区块链系统安全等。可信技术、拟态防御、零信任网络等新型技术将发挥一定作用。元宇宙建设需要全新的安全哲学、全新的解决方案，以形成更新颖、更全面、更系统的安全哲学和范式，成为元宇宙时代的安全指导。

AI技术是元宇宙的创新大脑。AI技术中的生成模型是元宇宙的内容创作源泉，助力元宇宙构建更丰富、更接近物理世界的内容，三维视觉技术满足场景和物品数字化、三维化的需求，不依赖三维传感器即可获取三维模型。AI为数字人赋予灵魂，使其思想、智慧、行为更接近真实的人类，强化学习让虚拟人更像物理人，联邦学习有效保护数字人的隐私。元宇宙的进化能够反哺现实世界，数字孪生提升物理系统的运行效率，现实世界中的设备在元宇宙中得到充分试炼，知识图谱技术发掘新知识并作用于现实世界。

元宇宙五大支柱性技术

交互与展示技术是元宇宙的出入口。传统的照相技术、动态影像、电影特效、游戏互动技术已无法满足元宇宙高保真、高沉浸三维内容的显示和交互需求，由此引发对高沉浸感显示技术、三维空间交互技术、三维空间定位技术、脑机接口技术，以及触觉、嗅觉、味觉交互技术的研究，虚拟现实设备中的触感反馈手套和服装、立体显示头盔等硬件，使元宇宙中的个体能够自然地与虚拟环境进行交互。相关技术同样可以赋能工业设计和制造业、交通运输、航空航天、核电站等众多领域。

数字孪生与数字原生技术是元宇宙的数字底座，构成元宇宙中数字人、物、场景等主要内容，物理世界通过数字化手段在虚拟世界中生成镜像，实现现实与虚拟空间的映射，通过对虚拟环境中物体运行、生产等过程的记录、分析和预测，提高现实系统的运行效率并规避风险。数字孪生中的虚拟样机、信息物理系统、数字线程支撑元宇宙相关应用的高效运行。数字建模、数字仿真与模型、物联网、大数据与边缘计算技术助力元宇宙在工业生产、智慧城市、智慧交通等领域的落地生根。

区块链技术是元宇宙身份系统与经济系统的基石。区块链定义了元宇宙的信任基础——身份、资产和交易，并提供了强大、灵活、可扩展的智能合约体系。区块链的共识机制支撑基础资产的保存和交易，实现身份、资产、计算、数据和技术等生产要素的整合，构建元宇宙的互信网。数字身份的构建是从社会公民身份和数字人进行映射的过程，包含基础身份和衍生身份两个部分，区块链的密钥衍生、多重签名、零知识证明等机制实现公民身份和财富到元宇宙的映射。基于区块链的货币系统维持元宇宙经济系统的运转，数字资产表达现实世界的非标准化资产，并在智能合约体系下实现交易。区块链技术打破了信息孤岛，提高了数据安全性，降低了交易成本并增强了风险控制能力。

内容创作技术催化元宇宙丰富内容的生成，元宇宙时代，内容、创意是平台的核心竞争力。娱乐体验是用户进入元宇宙的主因，游戏、影视与戏剧、数字音乐、现场演出等都能够在元宇宙中得到更好的展现，高质量的用户体验吸引用户参与元宇宙，进而贡献元宇宙的内容创作。内容根据创造者身份可分为 PGC、UGC 和 AIGC。元宇宙时代，人工智能将成为内容生成的主力军，并广泛应用于虚拟现实、游戏娱乐、数字仿真、工业互联网等领域的内容构造与生成。

治理技术规范元宇宙的运行方式。元宇宙不是法外之地，众多数字技术的应用改变了经济与社会的发展，也对法律体系产生了深远的影响。在元宇宙中，数字活动需要法制化，基于元宇宙时代社区自治的探索和实践，结合现代治理规律和治理体系，与数字技术有机融合，构建公平、公正、健康的元宇宙秩序。法治数字化，利用技术创新促进法治体系的创新和完善，有效组织和规范元宇宙中去中心化的经济社会活动，探索司法区块链、区块链电子存证等新技术的应用，促进和保障元宇宙中的生产、创造和交易。

《元宇宙十大技术》对元宇宙五大地基性技术和五大支柱性技术进行了详尽的阐述，将支撑虚拟社会以及数字人运行和发展所需的算力，类比于物理世界发展所需的煤、石油、天然气等能源，并将计算、存储、网络、系统安全和 AI 五大技术统称为广义的计算资源。在五大地基性技术的基础上，综合运用五大支柱性技术将创造出令人激动的数字新世界。

元宇宙，一系列数字化技术的美第奇效应[①]

纵览未来愿景，元宇宙不是由单一技术构建的简单应用系统，而是一系列数字化技术相互碰撞、连接、协作产生的完美数字世界。元宇宙的实现离不开包括智能算力、6G 云网融合、数据协同、系统安全等在内的数算基础设施，更不能缺少数字孪生与数字原生、数字人、下一代人机交互、通用人工智能与 AI 建模、区块链与新

---

① 美第奇效应是指人们在交叉点上爆发出来的非凡的创新思维。

型治理模式等数字化技术核心能力。元宇宙是不断扩大的技术融合的总和，也将推动未来的超级数字变革。

元宇宙三维技术体系

综合现有业界对元宇宙技术体系的论述，本部分提出如图3-3所示的元宇宙三维技术体系，该技术体系主要由基础设施层和核心能力层两部分组成，共同支持元宇宙创新应用。

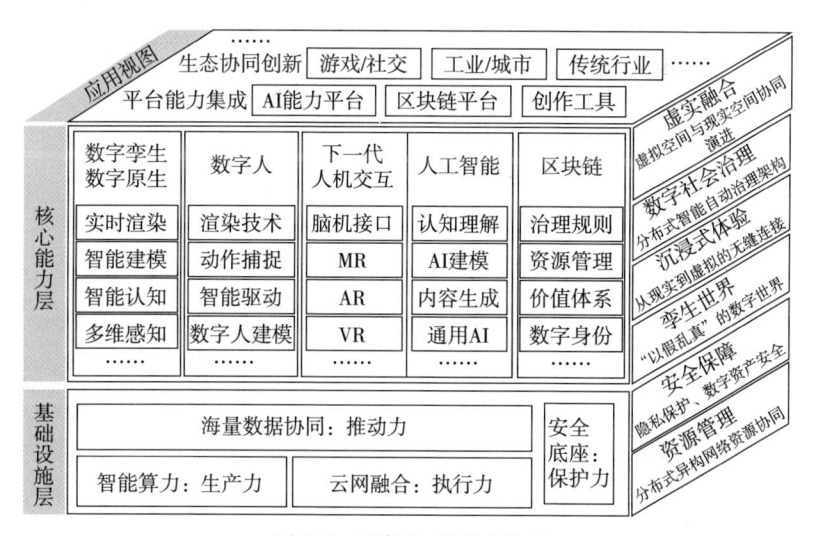

应用视图	生态协同创新	游戏/社交	工业/城市	传统行业	……	虚实融合 虚拟空间与现实空间协同演进
	平台能力集成	AI能力平台	区块链平台	创作工具		
核心能力层	数字孪生 数字原生	数字人	下一代人机交互	人工智能	区块链	数字社会治理 分布式智能自动治理架构
	实时渲染	渲染技术	脑机接口	认知理解	治理规则	沉浸式体验 从现实到虚拟的无缝连接
	智能建模	动作捕捉	MR	AI建模	资源管理	
	智能认知	智能驱动	AR	内容生成	价值体系	孪生世界 "以假乱真"的数字世界
	多维感知	数字人建模	VR	通用AI	数字身份	
						安全保障 隐私保护、数字资产安全
基础设施层	海量数据协同：推动力				安全底座：保护力	资源管理 分布式异构网络资源协同
	智能算力：生产力		云网融合：执行力			

图3-3　元宇宙三维技术体系

资料来源：作者整理。

在基础设施层中，智能算力是元宇宙数字世界中的生产力，与元宇宙用户配合完成元宇宙的构建、维护、创造等工作，超强算力协同支持元宇宙更加真实的建模与大规模用户的持续在线交互，促进元宇宙快速稳定发展；云网融合是元宇宙数字世界中的执行力，实现元宇宙用户间的无缝沟通、协作，保证元宇宙所需的持续、高频、大规模连接和交互，形成更加稳定的元宇宙世界；海量数据协同是元宇宙数字世界中的推动力，推动海量新模式、新业务、新型数字资产等的生成，创新元宇宙生态模式，但同时也对数据安全、监管、数据运营等提出新的要求；安全底座是元宇宙数字世界中的保护力，也是元宇宙的"定海神针"，将实现包括个人隐私、数字资产、元宇宙系统环境等在内的安全保护，维护元宇宙网络安全。

在核心能力层中，数字孪生与数字原生为元宇宙提供了基础构建能力，也最直观地推动着元宇宙数字世界的发展，其中多维感知、智能认知、智能建模、实时渲染等是打造元宇宙虚拟空间的关键核心技术；数字人为元宇宙用户提供虚拟化身，是用户沉浸式探索元宇宙空间的重要代表，其中真人数字人、动画形象数字人、AI生成数字人的建模、驱动、渲染是目前数字人研究的关键内容；下一代人机交互既实现了元宇宙用户的信息获取，也决定了元宇宙用户间的连接形式，将逐步由元宇宙发展初期依赖手操作和眼、耳感知的VR/AR/MR形式，发展为视觉、听觉、触觉、嗅觉、味觉等多种感官模拟结合的脑机接口形式，最终打破现实与虚拟的壁垒，成为通往元宇宙终极形态的入口；通用人工智能与AI建模一方面在元宇宙的无边数字环境、高拟真学习空间中不断完善，另一方面在机器视觉、知识图谱等技术支持下完成智能建模、智能生成、认知理解，加速构建数字世界建模技术体系，推动元宇宙虚拟世界的快速建设；区块链去中心化的设计完美契合了元宇宙构建虚拟数字世界的治理理念，为元宇宙打造新型治理模式，实现数字身份体系、可信价值传递体系、分布式资源支撑体系及元宇宙运行规模的构建，与其他数字技术一同推动元宇宙与现实世界形成虚实相生的未来生活空间。

在基础设施层与核心能力层的支持下，元宇宙将形成一套完善的自我管理能力。第一，资源管理能力。作为一种由数字化技术融合实现的、面向全球用户的数字系统，元宇宙数字世界的构建离不开广泛分散的计算、存储、通信等资源的支持。未来，元宇宙将形成特有的去中心化资源管理能力，实现分布式异构网络资源的大规模、一体化协同管理，推动元宇宙提供高质量、用户满意的服务。第二，安全保障能力。元宇宙既是数字技术的融合创造，又是现实世界的数字孪生，在元宇宙中，用户需要拥有与在现实世界中一样的安全保障能力。这些能力主要体现在个人隐私保护、数字资产安全、网络数据维护等多方面。第三，孪生世界能力。元宇宙是现实世界的数字孪生，也会随着现实世界的变化不断自我更新，最终产生"以假乱真"的宏大数字世界。第四，沉浸式体验能力。随着元宇宙数字世界发展而优化的还有用户的参与体验。未来，元宇宙将实现从现实到虚拟的无缝连接，让用户沉浸在元宇宙的世界中学习、社交、创造，克服时空界限。第五，数字社会治理能力。得益于区块链具有的智能合约机制，元宇宙将拥有自我治理的能力。元宇宙社会中将没有开展集中管理的组织或个人，一切规则由元宇宙用户共同协商制定。这些被写入元宇宙世界的规则将在各种限定条件下被触发并自动执行，"代码即法律"让元宇宙社会被更加规范地治理。第六，虚实融合能力。元宇宙虚拟数字世界源于现实世界，又由现实世界推动发展。未来，虚实融合的能力将推动元宇宙与现实世界相互影响、协同演进，让每个人都可以在虚实交互的空间中享受科技带来的全新生活。

　　元宇宙基础设施层与核心能力层的多种技术融合所形成的自我管理能力将支撑元宇宙应用视图中多领域应用的实现。元宇宙相关研究的不断进步将推动AI能力平台、区块链平台、创作工具等平台能力的集成，促进游戏、社交、工业、城市、传统行业等在元宇宙数字世界中的生态协同创新。在可预见的未来，将形成不止一个元宇宙产品和平台，而这些产品和平台间流畅的数据交互、资产交互、信息交互，将共同推动构成"一人多面"的元宇宙虚拟世界。

元宇宙价值创造模型

作为数字化转型的高级阶段和长期愿景，元宇宙激发人类潜力实现价值创造一直是其为人称赞的优势之一。如前所述，元宇宙能够跨越时间和空间的限制，让用户领略现实生活中无法触及的多种内容，如文化、历史、艺术等，形成属于个人的完美世界。元宇宙所构建的广袤的时间范畴和空间范畴，将解除用户的创意枷锁，促进用户创造出更大的社会价值。为形象说明元宇宙的价值创造能力，本部分基于元宇宙三维技术体系，提出如图 3-4 所示的元宇宙价值创造模型。该模型主要由新型基础设施层、元宇宙应用服务层和价值创造层三部分组成。

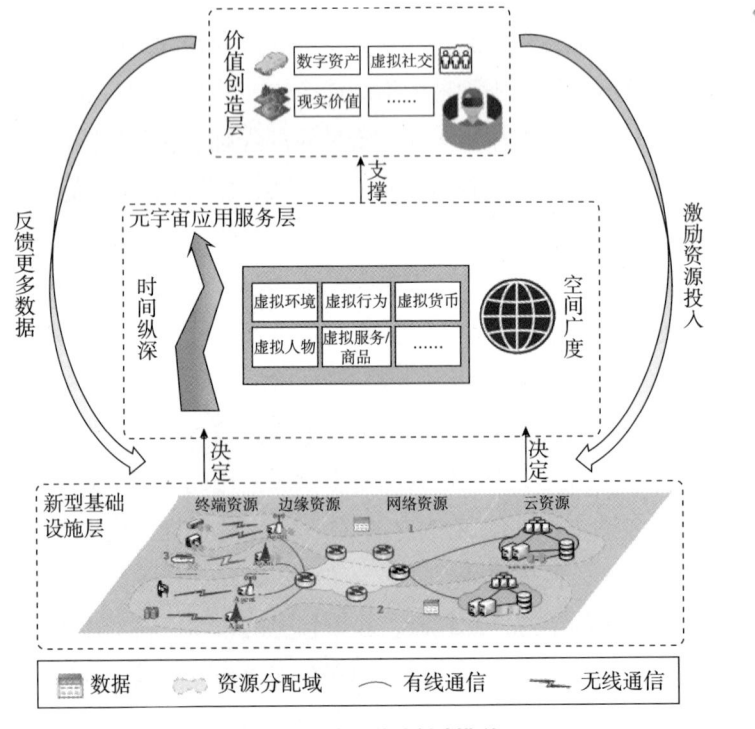

图 3-4 元宇宙价值创造模型

资料来源：作者整理。

新型基础设施层

新型基础设施层以云网融合技术为基础，结合数、算、云、网资源，构建元宇宙新型基础设施底座，支撑元宇宙应用中沉浸感、多元化、低时延等需求。

元宇宙应用服务层

元宇宙应用服务层为社交、办公、医疗、金融、工业等应用场景提供更具时间纵深及空间广度的元宇宙服务，减少现实世界中人类活动所受的时间、空间制约；提供具备更长时间跨度、更大自由创作空间的交互体验。

价值创造层

用户既是消费者、参与者，也是价值创造者。用户基于元宇宙应用服务层可以进行价值创造，例如，创造数字化的文化艺术作品等数字资产，利用数字货币进行虚拟交易，甚至通过虚拟社交、办公创造现实世界中的价值，等等。

元宇宙中用户创造的价值将与元宇宙服务提供的时间纵深和空间广度成正比，而元宇宙能够提供的时间纵深和空间广度与数算云网资源的规模成正比，其中数、算、云、网资源的规模与物理世界的时间（t）、空间（s）相关。因此，可量化数、算、云、网支撑下的元宇宙价值创造为如下模型。

$$Value = a \times T \times S = b \times Data(t, s) \times Comp(t, s) \times Cloud(t, s) \times Net(t, s)$$

Value：用户创造的价值。

T：元宇宙服务提供的时间纵深。

S：元宇宙服务提供的空间广度。

Data、Comp、Cloud、Net：数、算、云、网。

元宇宙算网协同模型

算力与网络资源是元宇宙发展的生产力与执行力，业界部分研究者表示，推动元宇宙的有效发展不仅需要远超摩尔定律的算力水平提升，而且需要算、网等资源的大规模协同。元宇宙用户对视觉、听觉、触觉等六感的极高体验要求，以及海量的数据采集、传输、计算需求，对基于元宇宙新型基础设施上的资源分配、策略、调度也提出了新的要求。为积极推动元宇宙数字世界建设，本部分初探元宇宙对基础设施资源调度的需求，构建基于区块链的元宇宙算网协同模型如图3-5所示。元宇宙算网协同模型主要关注使元宇宙

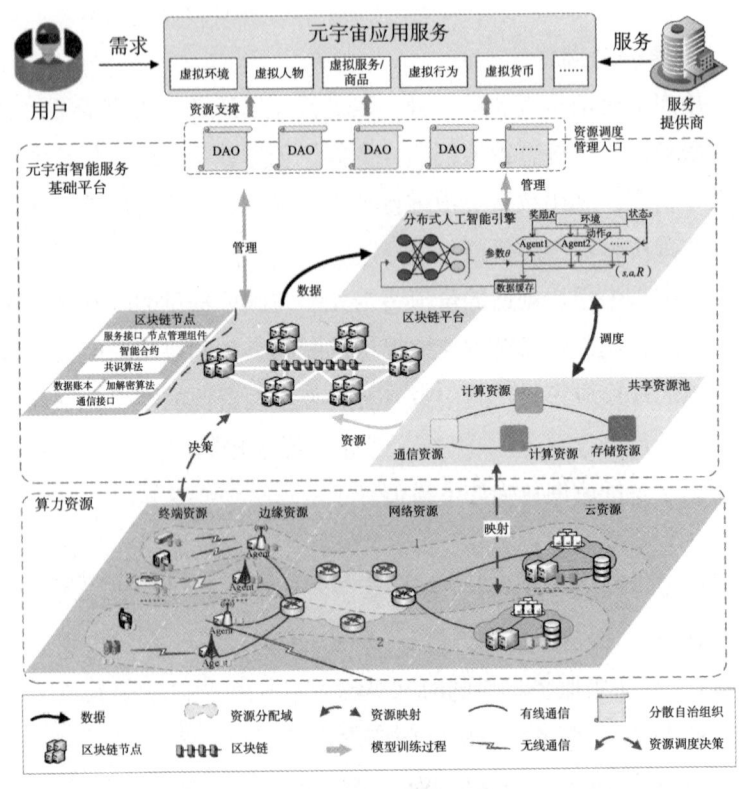

图3-5 元宇宙算网协同模型

资料来源：作者整理。

社会效益最大、用户体验最优的资源调度策略，囊括对用户在视觉、听觉、触觉、嗅觉、味觉、心灵六感上的数学量化评估，以及对元宇宙服务所需的高质量数据传输要求，对算力资源所支撑的元宇宙智能服务基础平台中的资源优化、调度决策问题进行建模。

元宇宙算网协同模型价值来源主要包括三个部分。一是提高社会闲置资源利用率，提供平台以充分利用社会闲置资源。二是优化社会资源配置。在保障多方效益的目标下，实现细粒度资源调度，让资源被运用到更加合适的位置、场合，减少浪费，提高效益。三是优化元宇宙虚拟环境构建。吸引人力、物力资源投入元宇宙建设，进而提升用户体验，形成有效的正向反馈。该模型主要涉及元宇宙用户、元宇宙服务提供商、基础设施提供商三类实体。

元宇宙用户

元宇宙用户希望获得最优服务体验。模型将利用用户感知质量量化用户效益，并要求高质量数据传输，致力于提升用户体验，促使更多用户加入元宇宙生态。其中，感知质量量化主要包括对视觉、触觉、嗅觉、味觉、听觉、心灵六大部分的量化；高质量数据传输主要包括对服务时延、抖动、丢包率、吞吐量等信息通信质量相关指标的量化。

元宇宙服务提供商

元宇宙服务提供商希望在用户侧产生经济效益，从资源侧获得资源支持。一方面，元宇宙服务提供商为用户提供元宇宙相关应用服务（例如 VR、AR 等），该服务收益与用户服务体验息息相关，用户依据服务体验支付费用；另一方面，好的用户服务体验需要网络资源的支持，元宇宙服务提供商需要向资源提供者（组织）请求资源。不断增加的元宇宙服务需求，对高效、优化的资源调度提出了更高的要求。为不同用户及服务提供商提供定制化的元宇宙算网资源，能够有效提高元宇宙应用服务质量。

基础设施提供商

基础设施提供商也称资源提供者，希望通过共享资源或提供基础设施获得收益。由各类资源共享者组成的联盟组织，基于区块链技术构建分布式资源共享网络，提供定制化的资源支持。资源提供者通过共享闲置资源获得收益，同时促进社会资源的进一步利用，优化元宇宙服务质量。

若元宇宙系统中存在 $N = \{1, 2, \cdots, n\}$ 个用户、$M = \{1, 2, \cdots, m\}$ 服务提供商，以及 $R = \{1, 2, \cdots, r\}$ 个资源提供者集合。将决策变量 X 定义为：服务提供商与用户间的服务关系（$x_{i,j}$），资源调度决策（$c_k^{i,j}$），则各个实体的效益可以分别表述如下。

元宇宙用户效益（用户体验）：$PQ(X) = \sum_{i=1}^{n} p_i = p_1 + p_2 + \cdots + p_n$，$PQ(X)$ 为资源调度下所有用户的感知质量值。其中 p_i 受渲染和数据传输速率、算网资源的计算能力和通信能力影响。

元宇宙服务提供商效益：$SP(X) = \sum_{j=1}^{m} s_j = s_1 + s_2 + \cdots + s_m$，$SP(X)$ 为资源调度决策下所有服务提供商的收益总和。其中 s_j 受用户费用及资源花销影响，其中资源花销受资源调度影响，为调度决策相关函数。

基础设施提供商效益：$RP(X) = \sum_{k=1}^{r} r_k = r_1 + r_2 + \cdots + r_r$，$RP(X)$ 为资源调度决策下所有基础设施提供商/资源提供者的收益。其中，r_k 取值受服务提供商资源租用费用及资源任务执行花销影响，任务执行花销由任务、资源分配情况决定。

为实现社会效益最大化，兼顾三方需求，激励三方实体加入，形成多目标优化问题模型。

$$\max_{X} y = \left[PQ(X), SP(X), RP(X) \right]^T$$
S.t. 资源约束；

感知质量约束；

一对一服务约束；

最低效益约束；

预算平衡约束。

元宇宙算网协同模型将同时满足以下三个条件。一是收益合理性。每个实体的期望效益满足最低需求。二是可靠性。区块链保障资源交易的可靠性。三是收益平衡性。各实体均有收益，相互平衡、激励、促进。

元宇宙是一系列数字化技术的美第奇效应，也是未来数字化转型的长期愿景。技术是元宇宙的"根"，只有牢牢把握技术发展与创新的道路才能稳步推进元宇宙数字世界的构建。本部分综合现有元宇宙技术体系内容，提出了更加完善的元宇宙三维技术体系，并概述了技术体系中各层次、模块的关联和现实意义。此外，基于三维技术体系，本部分提出了数、算、云、网支撑下的元宇宙价值创造模型和算网协同模型，以拓宽元宇宙时空界限为目标，激发元宇宙活力与创造力。

本章小结

元宇宙浪潮来袭将推动人类进入一个新的时代，时代的变革也将为技术的进步添砖加瓦，元宇宙技术在融合已有技术的基础上，将不断衍生出新的技术能力。本章首先从现有元宇宙技术体系入手，分析现有 BIGANT、BASIC 以及元宇宙十大技术的技术体系内涵，阐述各基础技术的功能，并总结现有技术体系特性；其次，综合已有技术体系优势，提出元宇宙三维技术体系，构建元宇宙价值创造模型和算网协同模型，为未来构建元宇宙平台和应用提供技术参考。

元宇宙是真正的现实与虚拟紧密耦合的世界，是现实世界与虚拟世界的一种融合生态，也是多种技术解构后进行升级完善、重构而成的产业生态。元宇宙的实现需要很多条件，包括沉浸感和真实感还原技术、实时与低时延的通信环境、社交多元化社区的建立，以及持续生产自主无限的内容等。BASIC技术支撑体系是遵循"第一性原理"对元宇宙的主要核心技术进行的归纳。可以看出，元宇宙技术支撑体系中的技术都不是新物种，而元宇宙的发展需要有技术发展及交叉融合的新突破。

第四章
元宇宙基础设施

元宇宙蕴含了广阔的行业应用前景和丰富的数字信息技术，而支撑元宇宙构想照进现实的正是以算力和网络为代表的数字信息基础设施。可以说，如果没有坚实的基础设施底座，元宇宙就会成为无源之水、无本之木，虚实共生的终极形态更是无从谈起。作为面向未来的新型数字空间，元宇宙对资源底座提出前所未有的要求，有观点认为，为了支撑元宇宙的实现，目前的算力水平需要至少提高 1 000 倍，网络传输速率要比 5G 提升百倍以上。本章将围绕"满足元宇宙的基础设施怎么建"这一话题，从算力、网络、安全三个维度展开深度讨论。

智能算力：元宇宙的生产力

算力与算力三定律

从古至今，人类生产力发展共经历了四个阶段。第一阶段是人力时代，人类依靠自身劳动力来从事生产活动，生产力的高低完全取决于人类体力的大小；第二阶段是畜力时代，动物和牲畜的驯化利用开始解放部分人力劳动；第三阶段是动力时代，科技革命的成果渗透到能源、制造等领域，机器代替人类劳动成为这个阶段的主旋律，生产力得到重大突破；第四阶段是算力时代，电子计算机的横空出世和广泛运用为全球自动化、信息化和网络化提供了发展的基础条件，加速了人类对未知领域的探索，大到广袤宇宙，小到微生物和细胞，算力从信息技术领域的专有服务，延伸到各行各业，不仅助力企业降本增效，而且提供了智能决策支持。换言之，算力作为生产力角色的作用日益凸显，同时推动着经济增长和技术进步，推动社会运行的底层逻辑发生根本性变革。尤其是伴随元宇宙的逐渐成熟，全社会算力需求将进一步提升，算力规模呈现爆发式增长态势，因此，我们提出了"算力三定律"。算力第一定律，即时代定律，算力就是生产力，经过人力、畜力、动力时代，人类进入以算力为核心生产力的数字经济时代；算力第二定律，即增长定律，算力每12个月增长一倍，算力资源增速显著，摩尔定律所预测的"每18个月翻一倍"规律趋近失效；算力第三定律，即经济定律，算力每投入1元，将带动3~4元GDP（国内生产总值）的增长。

需要说明的是，算力不是当今时代的新兴产物，早在公元前3 000年，古埃及人就用绳结来记录土地面积和粮食的收获情况，由于只能用在有限的计算场合，这种方式对生产力的推动微乎其微。算盘的发明在计数方式上取得了巨大进步，它具有灵活、方便、快捷、准确等特点，是几千年来我国劳动人民最重要的计算工具。机械计算机的问世实现了自动化计算，它依靠齿轮等复杂机械装置进行加减法计算，将人类从手工计算中解脱出来，生产力得到较大提升。台式机、平板电脑、智能手机等基于电子和集成电路的智能计算设备的出现推动算力进入发展快车道，各种各样的算力架构层出不穷，改变着人们的生产生活和科研范式，成为数字经济高质量发展的重要推动力。

以技术形态为分水岭，当前阶段的算力主要涵盖基础算力、智能算力、超算算力和前沿算力。基础算力是基于CPU芯片的基础通用型计算设备，多应用于处理数据密集和通信密集的事务性任务，如电商购物、在线游戏、远程办公等场景。智能算力是以GPU、FPGA（现场可编程逻辑门阵列）、ASIC（专用集成电路）等芯片为核心的加速计算平台，主要用于人工智能训练和推理场景。超算算力指的是超级计算机等高性能计算集群所提供的算力水平，作为大国重器的代表，超算广泛应用于天气预报、分子研究、新药研发和宇宙探索等高精尖科学领域。以量子计算为代表的前沿算力打破了传统计算模式，具有更快的运行速度和更强的信息处理能力，有望在应对气候变化、评估金融风险、降低医学试验成本方面发挥重要作用。

从部署位置角度区分，算力又可以分为云端算力、边缘算力、终端算力，从而满足低时延、大算力、高移动性和潮汐性的差异化算力需求。云端算力主要基于云平台集中式、可扩展的高性能计算能力来解决大规模计算和存储问题，因其较大的经济效益而受到广泛应用。云端计算的大规模复杂数据集中式处理模式使其主要聚焦非实时、长周期数据的大数据分析，在周期性维护和业务决策支撑等领域有较大优势，目前主要应用于全国性的大平台、大应用的服务场景，包括电商平台、订票平台、金融科技、数字政府等。随着5G和万物互联时代的到来，越来越多的边缘设备产生的实时数据迫切需要快速处理，但云端计算受制于实时性不够、带宽不足、能耗较大、不利于数据安全和隐私保护等缺陷，无法满足部分低时延、大带宽、低传输成本的场景，如智慧安防、自动驾驶、智慧工厂等，需借助边缘算力来处理。边缘算力由于可以在靠近数据生产者的地方和网络边缘处理大量临时数据，不再全部上传云端以及通过网络请求云计算中心的响应，极大地减轻了网络带宽和数据中心功耗的压力，减少了系统延迟且增强了服务响应能力，更适合聚焦实时、短周期数据分析的业务场景，如公共安全中的实时数据处理、智能网联车和自动驾驶、虚拟现实、工业物联网、智能家居等，能够更好地支撑本地业务的实时智能化处理与执行。除了云端算力和边缘算力，以手机、电脑、可穿戴设备、智能家电等为主的电子终端也承载大量应用软件所产生的计算需求，但未来随着电子终端逐步向便捷化、一体化发展，终端设备产品承载的算力将大部分向云端和边缘进行复制，从而呈现出云边端算力共存的态势。

元宇宙的算力挑战

　　元宇宙是一个能够承载大量数字活动的虚拟世界，是一个虚实结合的数字空间。在元宇宙中，用户可以随时与其他用户进行交互，体验沉浸式的虚拟现实所带来的快感。作为一个复杂程度与真实世界相差无几的数字世界，元宇宙具有全沉浸性、持续运行、用户创造性和社会性等特点。同时，元宇宙的建设和运行均对算力提出了巨大的挑战。元宇宙中的建筑建模、场景渲染、人工智能、动作捕捉、区块链网络等技术，无一不需要强大的算力作为支撑。不仅如此，为了给用户带来更佳的交互体验，真正建立起一个生生不息的数字世界，元宇宙的建设与运行不仅需要极高的算力，而且对算力形态以及大规模算力资源的协同一体化提出了挑战。

　　元宇宙的早期建设过程建立在大量的数据之上，而这些数据通常是由对现实世界的采样和模拟得来的。在建立起仿真的数字世界之后，再在仿真的基础上进行创造发展，从而构建出元宇宙中生生不息的各种世界。这一过程涉及两大关键技术：模拟仿真技术和人工智能技术。

　　模拟仿真技术是建设元宇宙的重要手段。模拟仿真可以实现对物理世界的建模和数字化，按照物理世界的运行规律，在数字世界中进行设计、优化和测试，并将结果反馈给真实的物理世界，从而成为连接真实世界与数字世界的桥梁。利用模拟仿真技术，人们可以更加清晰、方便地实现对真实系统的理解与改良。当前，在气象预报、航空航天、生命科学等领域，模拟仿真已然发挥了极大的作用。而模拟仿真的规模、有效时间以及精确程度均很大程度上依托于算力的发展程度。也就是说，模拟仿真的发展紧紧依托于算力的发展。当前的模拟仿真多是在有一定限制的理想条件下进行的，虽然可以在某一个侧面反映真实系统的运行规律和结果，但是仍然难以实现对真实系统的完全重构，远远不能满足建设元宇宙的"全沉浸性"和"持续运行"的需求。为了长时间地完美重构元宇宙这一与真实世界相差无几的数字世界，在模拟仿真时需要的算力将是难以想象的，这无疑对当前的算力基础设施提出了巨大的挑战。

同时，为了更加高效、智能地实现元宇宙中的数据重建、生成和渲染，人工智能技术必不可少。在建立元宇宙的两个重要过程——数据重建过程和数据生成过程之中，人工智能技术都发挥了举足轻重的作用。当前，基于深度学习的数据重建算法模型在经过训练之后，已经可以从数张甚至是单张图片之中重建出一个三维模型。相比于传统的人工建模和扫描建模，基于深度学习和人工智能的数据重建算法省时省力，无须过多的专业知识即可熟练上手，完美契合了元宇宙"用户创造"的特点。然而，强大的深度学习模型需要同样强大的算力进行支持。为了尽可能逼真地重建现实世界中的种种复杂模型，深度学习模型需要庞大的图像数据来进行学习，这一过程将不可避免地涉及对大量图形信息的处理。因此，基于深度学习的数据重建技术将需要巨大的算力来进行图形渲染，而仅仅依靠终端，将很难实现如此庞大的渲染任务。因此，元宇宙中的重建技术离不开云计算技术、边缘计算技术以及泛在计算技术等新兴计算技术的支持，必将对当前的资源协同模式提出新的挑战。

除了数据重建过程，建设元宇宙必不可少的数据生成过程同样依托于人工智能技术。元宇宙中的数据生成，指的是人工智能算法在经过了对现实世界中特定事物的学习之后，发现了蕴含在其中的规则，而后根据这一规则，可以自主创造出符合此种规则的内容。

如果说数据重建是人工智能算法通过学习现实世界中很多关于苹果树的图像数据之后，可以在虚拟空间中重现一棵苹果树的话，那么数据生成则意味着人工智能算法能够更深一步地去学习多种果树的数据，从而建立"果树可以产生果实的认知"，继而在元宇宙中，自主创造一棵全新的果树，这棵果树可能有着苹果树的外观，但却可以结出多种口味混合的香蕉状的果实。也就是说，数据生成技术可以让人们不仅体验到宛如处于现实世界之中的身临其境感，还能创造出现实世界中并不存在的事物，满足用户的好奇心，极大地增强用户体验。同时，当真实世界中的事物存在缺陷或不完整时，数据生成技术也能根据自身所学到的范式，对其进行重建和填补，实现一种数字化的复现。

然而，显而易见的是，用于数据生成的深度学习模型将涉及更高维数的数据处理，对算力的需求也更加庞大。以曾经轰动一时的BigGAN（生成对抗网络）模型为例，BigGAN模型在2018年由谷歌发布，经过训练之后，可以自主生成新的图片，而若将这些图片混入真实的照片之中，则几乎没有人能够正确地将其分辨出来。然而，BigGAN模型的成功运行建立在巨大的算力支撑之上。据称，训练BigGAN模型生成一个仅512×512像素的图像，就需要用到512块TPU（张量处理器），并且要持续训练1~2天。若以所需电量来计算，每训练一次都要耗费数百万度电，这远远不是一个普通用户所能承受的用电量。而元宇宙中的数据生成技术所生成的"元"可远比一张图片要复杂得多。这说明数据生成技术对超高算力提出了巨大的挑战。

元宇宙对于算力的巨大需求还体现在元宇宙的维持和运行上。元宇宙在构建完成之后，由人工智能驱动的智能数字世界还需要将其内容有序地展现给用户，并实现用户的互联。为了丰富元宇宙生态，给予用户最大限度的自由，应用于元宇宙中的人工智能模型不能简单地停留于传统的状态机和决策树，而是要向更加复杂的自然语言人工智能、计算机视觉、强化学习、对抗学习的方向发展，这同样大大增加了元宇宙在算力方面的需求。

同时，元宇宙中用户的在线方式具有分布式和大量并发的特点，这对分散的算网资源的一体化提出了更高的要求。一方面，算力资源的多级部署和合理分配能够降低元宇宙对终端设备的需求；另一方面，边端节点的建设能够缩短用户侧到服务侧的传输距离，从而降低交互时延。当前，泛在计算技术，如云计算、边缘计算、智能计算等技术已经得到了一定程度的发展，具备为元宇宙提供底层算力支持的潜力。但是，传统的云网运营模式很难保证元宇宙中的模型构建与现实世界保持适用和同步，也很难保证元宇宙中各种高性能交互对算力的需求。

不仅如此，作为元宇宙底层支撑结构的区块链技术也对网络的边缘算力、终端算力提出了挑战。在元宇宙中，区块链技术是保障元宇宙去中心化的基础底座，同时区块链技术也为元宇宙中的信息安全、身份认证等重要应用提供了安全保障。正是区块链技术在元宇宙中不断推动实体经济与数字经济的深度融合，为元宇宙提供了开放、透明的协作机制，让元宇宙能够超脱于游戏形态，变为万物互联的数字世界。一方面，区块链中的去中心化分布式集群系统离不开共识算法的支持，而共识算法对算力有着极大的需求。例如，当前在比特币等系统中有着广泛应用的工作量证明算法，则是建立在大量重复的哈希计算之上，需要消耗巨大的算力。截至2023年初，比特币系统的全网算力最高峰已超过300EH/s（每秒可执行10^{18}次哈希运算）。另一方面，区块链若要实现智能合约的部署和调用，需要在区块链上建立区块链虚拟机并将其存储于各个节点计算机上。在校验过程中，为了获取最权威的结果，网络中的每个节点都会运行虚拟机，以此作为区块有效性校验协议的一部分，对合约的部署和调用进行计算，并存储相同的数据，而这一过程同样离不开庞大的算力作为支撑。

据英特尔测算，元宇宙需要每秒 10 千万亿次的浮点计算能力提供支撑，这远远超出了当前互联网的整体计算能力。在芯片性能发展速度逐渐放缓的当下，如何获得如此庞大的算力无疑是一大挑战。

综上，现有的算力条件尚不足以支撑元宇宙的建立、运行与维护。元宇宙在未来的发展仍然面临着诸多算力挑战。

以智能算力为核心的元宇宙计算设施

元宇宙是一个需要多维呈现的虚拟世界，里面丰富的计算场景对各种算力都提出极高的要求，而按照摩尔定律的发展趋势，未来五年内算力只能实现 8~10 倍的增长，还不足以支撑元宇宙庞大的算力需求。因此，元宇宙的到来将推动计算架构和部署方式发生深刻变革。

元宇宙对计算架构的影响

元宇宙对计算架构的影响主要体现在人工智能应用方面。从前述分析来看，AI 技术在构建和运行元宇宙过程中扮演着至关重要的角色，越来越多的数字内容需要依靠人工智能算法来生成。不同 AI 应用对芯片的要求各不相同。英伟达的首席科学家将深度学习的计算场景分成三类：数据中心的训练、数据中心的推断和嵌入式设备的推断。其中，前两者锚定数据中心，需要云端算力提供计算支持；后者针对靠近用户侧的端计算，是低时延分布式算力的典型代表。数据中心的训练和推断对芯片计算处理能力的要求极高，而嵌入式设备的推断则对时延和功耗提出较为苛刻的要求。在 AI 应用普及的推动下，芯片的设计和研发也进入了快车道。

众所周知，传统芯片的计算和存储属于不同模块，CPU 首先从存储模块（通常为缓存）读取数据，经过计算后，再将中间结果存到内存里。这种存算分离的模式在海量的 AI 业务中有着明显的短板：一方面，数据处理能耗居高不下；另一方面，模块间无谓的通信造成较大的传输成本。此前，台积电在研究存内计算时发现，数据移动所消耗的能量甚至会大于计算的能量消耗。

为了弥补 CPU 在性能方面的不足，目前业界主要采用定制化 ASIC、半定制化 FPGA 和 GPU 作为人工智能芯片。

ASIC 是 AI 专用芯片，需要针对具体的应用场景进行设计，以体积小、功耗低、保密性强、量产成本低的特点受到产业的青睐。谷歌专门为神经网络计算开发的 TPU 就是一种基于 ASIC 的芯片方案，它主要被用于谷歌地图、谷歌相册、谷歌翻译等涉及搜索、图像、语音的模型或技术处理中。ASIC 要求研发人员精准掌握应用场景和算法，一次性投入成本较高，因此目前参与其中的主要是互联网巨头和擅长算法的公司。FPGA 拥有大量可编程逻辑单元，属于半定制化芯片，它支持的功能可以通过软件编程实现，从而能根据业务需求选择灵活的处理逻辑。FPGA 具有较强的并行处理能力和较低的能耗水平，有研究表明，一次深度学习运算，CPU 消耗 36 焦耳能量，而 FPGA 只需要消耗 10 焦耳能量。FPGA 可编程和能耗低的特点，使其在终端侧具有广阔的应用空间。

GPU 的发明最初是为了承载图形密集型的处理任务，此类任务往往会消耗大量 CPU 资源，引起芯片处理性能显著下降，进而影响其他业务的执行。此外，从架构上看，CPU 大部分面积被寄存器和控制器占据，而 GPU 则集成了很多逻辑控制单元，有助于数据密集型业务的并行处理。根据 AI 基准评测 MLPerf 在 2021 年公布的数据，基于安培架构的英伟达 A100 GPU 在云端推理的基准测试性能可以达到英特尔 CPU 的 200 多倍。由此可见，GPU 大大提升了芯片在人工智能领域的执行效率，是元宇宙重要的算力基础。GPU 的效率提升主要得益于两个层面：一是通过多种软硬件优化算法大大压缩了卷积计算所耗费的时间；二是采用低精度指令、张量分解、网络剪枝等手段提升 AI 算法推理速度，从而提高 GPU 系统的整体运行速度。在技术演进和数字化转型的推动下，GPU 已经发展到了较为成熟的阶段（见表 4-1）。科技实力较强的跨国公司，如谷歌、微软、Facebook、百度等，都已经在各自的产品中使用 GPU 芯片，用以分析图像和音视频文件。除此之外，GPU 还被很多汽车厂商用作无人驾驶的硬件平台，芯片厂商英伟达也在尝试开发基于 GPU 的车载处理器，希望通过一块芯片整合驾驶辅助系统、摄像头后视镜、数字仪表盘等独立的计算系统，降低整车的系统成本。

表 4-1　AI 芯片特性对比

类别	GPU	FPGA	ASIC
特点	性能好、功耗高、通用性好	灵活可编程、功耗和通用性介于 GPU 和 ASIC 之间	定制化程度高、功耗最低

资料来源：作者整理。

元宇宙对算力部署的影响

基于中国信通院、IDC（互联网数据中心）、赛迪等机构的数据建模测算，元宇宙对算力、带宽等的需求将在未来 5~10 年爆发，预计到 2030 年元宇宙的算力需求将达到目前的 80 倍。因此，以智能算力为核心的异构计算将是应对元宇宙算力挑战的有效途径。要实现元宇宙容纳亿级用户同时在线的愿景，还要求具备云边端协同的算力体系。

作为一种海量低成本的算力获取方式，云计算采用虚拟化技术，将服务器、存储设备、网络产品、操作系统等转化为支持弹性伸缩和资源共享的 IT（信息技术）资源池，可以为元宇宙的实现提供强大的算力系统。然而，元宇宙中可能会产生许多实时并发任务，同时这些任务也会带来大量的实时渲染需求，如果有海量数据在用户侧和云端频繁交换，可能会造成非常明显的延迟和卡顿现象，严重影响用户的沉浸式体验。边缘计算是一种分布式计算系统，它将集中在云端的算力资源下沉到靠近用户的网络边缘侧，避免过多向云端发送任务计算请求，从而改善网络时延，避免中心云带来的流量拥堵现象。边缘计算更适用于元宇宙等时延敏感型场景，以工业元宇宙为例，部分工业控制场景要求交互时延小于10ms（毫秒），一种行之有效的解决方案是通过5G UPF（用户平面功能）将流量转发到本地，在边缘服务器处理控制逻辑。伴随元宇宙的产业化进程加速，数据隐私问题备受关注。海量数据管理、用户行为分析、人工智能模型训练等，都会给复杂的元宇宙系统带来潜在的安全风险，而边缘计算的数据收集和处理都由网络边缘的本地节点完成，避免了隐私数据在互联网环境中的大量暴露。此外，边缘计算和联邦学习的深度结合还能解决机器学习和隐私保护的冲突问题，在凭借AI算法生成数字元素的元宇宙世界中具有广阔的应用空间。随着虚实融合程度的不断加深，元宇宙的硬件终端也越来越多样化，终端是元宇宙的重要入口，对高沉浸感的实现起到举足轻重的作用。相比于传统终端侧重于数据采集和传输，智能终端得益于智能芯片和算法的升级，在特征数据提取和数据预处理方面的能力大大提升。端侧算力还有望执行眼动追踪、面部捕捉等更复杂的计算任务。

综上，云计算的关键优势在于提供大规模集中化算力，在非实时性应用场景中发挥重要作用；边缘计算面向局部范围内的实时需求，同时兼顾数据隐私保护；端计算更加靠近用户侧，在进一步降低时延、降低传输能耗方面成为新的研究热点。三种计算模式形成互补，在不同应用场景中各有侧重。因此，布局云、边、端一体化算力是建设元宇宙算力体系的关键举措。

元宇宙将推动算力一体化发展

经过多年演进，算力资源目前存在三个比较显著的特点，即多方、多级、多样。其"多方"的特点体现在算力资源的归属上，例如云计算方面，亚马逊、微软、谷歌等国外云计算服务提供商占据了全球云计算服务市场的大多数份额，阿里云、腾讯云、天翼云等国内公私云为企业上云提供信息化解决方案，不同云计算系统在互操作性和互相集成方面还存在壁垒。"多级"的特点主要来自算力资源部署位置的差异性，对于电信运营商而言，有边缘计算中心、区域云计算中心和集团枢纽级计算中心，当前多级算力仍然处于独立运营的状态，从效率和成本角度讲，多级算力的一体化运营是算力资源提供方和使用方的共同诉求。"多样"的特点前文已经提到过，主要是算力架构和技术的不同，融合通用云计算、智算以及超算等不同架构及技术的算力体系，根据实际的业务需求为客户灵活调度合适的算力资源。

因此，为应对元宇宙前所未有的算力挑战，不仅要发展以ASIC、FPGA、GPU为代表的智能算力，拓展智能算力的应用广度与深度，还要建设云、边、端多级架构体系的算力基础设施，围绕智能计算的云、边、端协同优化算力分配将成为元宇宙计算设施升级的重要方向之一。在元宇宙的推动下，多方、多级、多样的算力资源将进行一体化整合，形成一体化运营、一体化服务的算力体系，为全网的算力用户提供低成本、灵活便捷的算力资源。

云网融合：元宇宙的执行力

元宇宙的网络挑战

网络技术是支撑元宇宙的重要技术，是元宇宙中其他关键技术的基石，是确保元宇宙能够顺利运行的基础。元宇宙的"沉浸性""持续性"等诸多特性，都建立在高性能的通信网络之上。若没有高性能的通信网络支撑，元宇宙的一切都只能是没有根基的浮萍。只有无处不在的网络连接和低时延、大带宽的通信质量，才能让人们在现实世界和虚拟世界之间穿梭自如。因此，为了实现用户的沉浸感体验和实时交互，元宇宙对通信网络的带宽、时延、稳定性和算网资源的协同一体化都提出了巨大的挑战。

网络的高带宽挑战

网络的带宽决定了网络在单位时间内传输数据的能力。若将网络比作自来水系统的话，网络的带宽就是水管的口径。水管的口径越大，可供整个自来水系统同时运送的水就越多。在网络中，带宽的增强则体现为可以同时在网络中传输的数据量更加庞大。目前的网络带宽已经足以支撑一个可供数百人同时联机的大型 3D 网络游戏的需求。然而，目前的大型在线游戏的内容仍旧比较单一，并不能给用户带来全沉浸式的体验。若是考虑到更多因素，让游戏的内容在某一方面更具沉浸性，那么现在的网络带宽则显得有些捉襟见肘。以微软出品的游戏《微软飞行模拟器》为例，在这款游戏中，玩家可以任意在数千款飞机中挑选心仪的机型，在广阔无垠的世界中自由翱翔。在卫星数据的支持下，游戏中的世界与现实世界高度相仿，甚至可以将地形、天气、植被环境和动物都再现出来。在 4K 的画质下，这款游戏的地表环境与实景相差无几，其总数据量可达 2.5PB[①]。在云端地图的支持下，玩家无须将这些数据下载到本地，而是可以随时从微软的卫星图像库中进行调取。

一方面，虽然如此巨大的数据吞吐量已经对网络的带宽提出了非常高的要求，但是模拟飞行游戏和元宇宙相比也只是冰山一角。作为与现实世界相差无几的虚拟世界，在元宇宙中，真实世界中的万物都将以数字化的形式被重现，这意味着远比地形、天气等数据庞大得多的数据量将会源源不断地呈现给每个用户。同时，为了借助数字技术实现元宇宙与现实世界的无缝切换，诸如 VR 和 XR 等技术也对网络的带宽提出了很高的要求。以 XR 技术为例，当前产

---

① 1PB ≈ 10^{15}B。——编者注

业界普遍认为，为了使人类获得视觉上的沉浸式体验，应用图像的分辨率应达到至少 16K。这种情况下，元宇宙在呈现端的传输速率将会达到 Gbps（千兆比特每秒）量级，以目前的网络条件很难实现。

另一方面，在传统的互联网应用中，同时在线的用户数量并不会很多。但是在元宇宙这个庞大的数字世界中，同时接入的用户数量可达亿级，这同样会使在通信网络中传输数据量的量级达到前所未有的程度。为了给每个用户都带来良好的体验，支撑元宇宙的通信网络必须能够处理大量的并发数据。一旦数据发生堵塞，元宇宙中的数字内容将很难完美地呈现在每个用户的面前，势必会影响用户的体验。这同样对网络的带宽提出了极高的要求。

纵使是现在，仍有许多游戏玩家苦于网络带宽不足所带来的数据堵塞。随着元宇宙的到来，用户对网络带宽将会提出更高的要求。如何将网络的带宽提升至更高的量级，将是元宇宙未来发展过程中面临的一大挑战。

网络的低时延挑战

在元宇宙中,低时延同样是用户能够体验高沉浸感的必要条件。在通信网络中，时延这一概念非常直观，它指的是报文从网络的一端到另一端所需要的时间。在元宇宙中，时延决定了用户能否及时地发送和接收信息。元宇宙对时延注定有着很高的要求，因为在元宇宙中，万物无时无刻不是处于同步的状态之中。当前的互联网应用由于不具备全沉浸性，因而对同步的要求并不是很高。例如，我们在使用线上会议软件召开线上会议时，一个人的发言其实并不能同步地被每个参会者听到，但是即使有着比较高的时延，会议也能正常召开下去。又如，我们在使用聊天软件聊天时，即使自己发出的消息需要经过一段时间才能被对方看到，聊天照样能进行下去。但是，元宇宙则不同。试想一下，若无法实现低时延的同步，则意味着正在元宇宙中进行面对面对话的两个人所说出的话语，将需要经过很长一段时间才能被对方听到，而对方的回应同样要经过很长一段时间才能传到自己耳边，这势必会带来一种与现实的割裂感。同时，人类对于微小的面部表情非常敏感，在面对面交流时，微小的面部动作的改变往往能够体现说话者内心的变化。而承载着元宇宙的通信网络若无法及时地同步正在对话双方的面部细节数据，同样会招致很多误会与不便。若在元宇宙中，一个人挥拍击中了飞来的网球，而被击中的球却未能马上被击飞的话，无疑会带来相当大的不协调感，从而影响用户的沉浸体验。

同样，以当前应用广泛的显示交互技术——VR和XR技术为例，在5G技术的支撑下，当前VR业务模型的时延可以低至70ms，但是，如果想让人们在使用XR时不产生眩晕感的话，沉浸式XR的端到端时延必须低于20ms，以现有的网络配置同样很难满足这一条件。

同时，元宇宙具有的经济属性和社交属性也同样意味着它对时延的要求很高。在金融行业，低时延是全球所有企业共同的追求。谁能比对手更快地获取交易信息，谁就能占据优势。这在元宇宙中也同样适用。而在像足球、篮球这样的高水平竞技运动比赛中，球员反应速度的快慢同样可以决定比赛的走向。若在元宇宙中重现这种比赛，每个运动员能否及时地获取对手和队友的位置信息，能否及时获取篮球或足球的位置都将影响整场比赛的胜负和公平性，这同样对网络的时延提出了很高的要求。

网络的稳定性挑战

作为一个与现实世界相差无几的数字世界，元宇宙具备持续运行的特征，这使元宇宙对网络的可靠性与稳定性有极高的要求。一方面，元宇宙中的每个用户都处在时刻变化的环境之中，毫秒级别的时延波动都会给用户的体验带来巨大的影响。在元宇宙中，用户不能接受身边的环境时而高清、时而模糊，同样不能接受正与自己进行对话的人突然断开连接，更不能接受整个元宇宙的突然崩溃。另一方面，网络的不稳定不仅会对用户的体验造成负面影响，甚至会影响基于元宇宙的数字经济的稳定性、安全性和公信力，造成难以估量的损失。因此，在网络的确定性得不到保障的条件下，元宇宙的服务质量将远远达不到预期。在保障元宇宙所需网络的高带宽、低时延的前提下，如何进一步提升网络的稳定性将是一大难题。

大规模算网资源的协同一体化挑战

当前，虽然算力与网络已经在一定程度上协同发展，但仍难以实现元宇宙对算力与网络提出的灵活调配、高效协同的需求。如何进一步更新网络架构，实现更为深入的大规模算网资源的协同一体化将是一个巨大的挑战。目前，大型在线游戏的处理终端多位于运营商的服务器以及用户的计算机，这对用户的计算机性能有很高的要求，导致部分未拥有高性能计算机用户的体验感较差，无形之中限制了用户触达。同时，终端服务器的承载能力有限，难以支持元宇宙中数以亿计用户的同时连接。为了解决这一问题，有必要建立云网融合的信息基础设施，一方面可以实现算网资源的灵活调配，另一方面也可以降低网络中的交互时延。

综上所述，虽然近年来，网络技术已经得到了一定程度的发展，但是对于元宇宙而言，现有的网络架构无论在带宽、时延、稳定性上，还是在协同一体化上，都还有所欠缺，不足以支撑元宇宙的建立、运行和维护。元宇宙在未来的发展仍然面临着诸多挑战。

从元宇宙就绪型网络说起

在 2022 年 MWC（世界移动通信大会）开幕前夕，Meta 连接业务单元负责人丹·拉比诺维茨发表了一篇名为《下一个巨大的连接挑战：建立元宇宙就绪网络》的文章，他认为，当前主流的通信网络还不足以支撑元宇宙的大规模应用落地，需要在架构和部署方式上推动网络的根本性变革。同年10月，电信基础设施组织（TIP）宣布成立"元宇宙就绪网络"项目组，由Meta、微软、西班牙电信等企业担任初始联合主席，致力于推动适用于元宇宙应用的电信网络技术。元宇宙的网络应该怎么建，成为当前产业界探索的重要方向。

近年来，将F5G/5G作为元宇宙网络基座的呼声越来越高。F5G是以10GPON（吉比特无源光网络）、Wi-Fi6、OTN（光传输网）为代表的第五代固定网络，以推动光纤到户迈向光联万物为技术愿景，把原来仅到楼层弱电间的光纤延伸到每户家庭、每个房间，进而延伸到每个办公桌和每台机器。与移动通信的代际演进相似，固定网络的演进升级也伴随着性能的大幅提升。一般认为，F1G是以PSTN（公共业务电话网）和ISDN（综合业务数字网）为代表的窄带通信，其能达到的速率仅为64Kbps（千比特每秒）；F2G时代，ADSL（非对称数字用户线）作为支撑技术，网络带宽达到10Mbps（兆比特每秒），带宽的增加直接促进了互联网的初步繁荣，百度、阿里巴巴、腾讯等一批互联网企业先后成立，形成了我国互联网产业的基本格局；F3G时代，VDSL（超高速数字用户线）等技术的提出，将传输速率提升至10倍以上，优酷、爱奇艺、土豆等视频网站趁势而起；F4G时代GPON和EPON（以太网无源光网络）技术的引入，实现了百兆光纤到户的普及，以抖音、快手为代表的短视频和直播平台迅速占据了人们的休闲娱乐时间。到了F5G时代，固网带宽、连接能力和用户体验进一步提升，主要体现在FCC（全光连接）、eFBB（增强型固定带宽）和GRE（极致体验）三个典型场景。其中，FCC是利用全面覆盖的光纤基础设施，实现连接数提升100倍以上，以及连接密度达到每平方千米10万级；eFBB则致力于采用一系列先进技术将网络带宽容量增加10倍

第四章　元宇宙基础设施

以上，实现上下行对称的带宽容量；GRE 采用 AI 智能运维等手段，达到零丢包、微秒级时延和 99.999% 的网络可靠性，满足用户的极致体验要求。F5G 将以其大带宽、海量连接、高可靠性的特性，成为重要的网络基础支撑元宇宙的业务开展。

和 4G 面向公众用户不同，5G 增加了对垂直行业的考量。eMBB（增强型移动宽带）场景下 10Gbps 的峰值传输速率，可有效提升 AR/VR 全景视频的分辨率及码率；uRLLC（超可靠低时延通信）毫秒级的空口时延，基本满足元宇宙初期的空口接入时延要求；mMTC（海量机器类通信）场景支持每平方千米 100 万级以上的连接密度，在元宇宙物联网传感器的数据采集中将发挥巨大作用。另外，5G 移动网络大带宽、低时延、高可靠、广连接的特性，还适用于 AI 辅助、社交网络等基础元宇宙应用场景。而对于感官互联、全息影像、沉浸式 XR 等数据密集型应用，还需要带宽、时延、连接密度更好的 6G 来实现。

2021 年 6 月，IMT-2030（6G）推进组发布了《6G 总体愿景与潜在关键技术白皮书》，提出 6G 将助力真实世界和虚拟世界的深度融合，助力感官互联、全息通信、数字孪生、全域覆盖等场景的实现。由此可见，6G 面向的未来场景和元宇宙契合度较高，被称为"为元宇宙而生"的技术。

6G 当前尚处于研究的早期阶段，随着标准化和产业推进的深入，将在带宽、时延、可靠性、定位精度、连接密度等指标维度上实现全面提升。6G 还将与人工智能技术深度结合，以提高网络智能化程度，形成智慧内生的人机物互联网络，资源调度、网元维护、信道建模、生产实践都将迎来更丰富的应用场景，为维护元宇宙虚拟世界秩序提供强有力的支持。

具体来说，6G 将重点在以下三个方面满足元宇宙的需求。首先是全域覆盖方面，空、天、地一体网络将陆地通信和卫星通信融为一体，使泛在分布的终端设备可以随时随地触达元宇宙所呈现的虚拟世界；其次是安全内生方面，为了逼真模拟现实的多样化场景，元宇宙会收集大量个人数据，安全隐私保护将是其面临的重大难题，而 6G 从终端、网络、平台、应用等方面引入内生的安全技术，将成为元宇宙隐私保护的安全屏障；最后是多维感知方面，6G 引入沉浸式体验和感官互联的全息通信，满足人与人之间、人与物之间、人与环境之间的沟通需求。

因此，基于 F5G/5G 的第五代通信技术可以基本满足元宇宙在建设初期的网络要求，但是，要真正实现虚实共生的元宇宙高级应用，还需要面向 F6G/6G 甚至更先进的网络和架构形态，以支撑复杂多样的元宇宙应用。

云网融合与元宇宙

如前所述，元宇宙面临大规模资源协同一体化挑战，为了解决这个问题，业界将目光投向云网融合。本部分我们从云网融合的概念、发展，云网融合的网络基础设施发展趋势三个层面展开介绍。

从云网独立到云网融合

一直以来，算力和网络的发展轨迹是相互独立的。算力经过了以算筹、算盘为代表的手工计算时代，以差分机为代表的机械计算时代，以及以冯·诺伊曼体系结构为主的电子计算机时代，已经形成了如今多方、多级、多样的算力资源体系。网络的起步则相对较晚。20 世纪 60 年代，以斯坦福大学为代表的四所高校为了在大型计算机间传输数据，建立了阿帕网，阿帕网基于包交换的原理，被认为是互联网的前身，当其中一部分遭到破坏时，其他部分仍能维持正常通信。20 世纪 60 年代末至 80 年代初的十几年间，军事和科研工作的迫切需求推动计算机局域网络快速走过萌芽期、形成期，迎来标准化、产品化的阶段。80 年代末期，广域网技术越来越成熟，网络节点和规模逐渐攀升，出现了连接各大区域的骨干网，网络技术从军事、科研和学术领域延伸到民用领域，最终形成了覆盖全球的互联网络。

与此同时，光通信也得到了快速发展。古代有"周幽王烽火戏诸侯"的故事，为博褒姒一笑，周幽王点燃烽火台，用火光向诸侯传递敌人入侵的信号。1880 年，贝尔用光作为载波发明了电话，但由于缺乏可靠的传输媒介，光通信依然没有得到长足发展。1966 年，英籍华人高锟博士在论文中提出"当玻璃纤维的衰减率下降到 20dB/km（分贝每千米）时，光纤通信即可成功"。1970 年，康宁公司研制出传输损耗为 17dB/km 的光纤，正式开启了光通信时代。此后，单模光纤、DWDM（密集型光波复用）等技术的提出，进一步优化了光纤的传输性能，为光纤通信的广泛使用奠定了坚实的基础。2011 年至今，我国也在"宽带中国"战略的指引下，实现了从铜缆接入为主向光纤入户的全面替换。作为通信的另一个分支，移动通信也经历了为期约 40 年的代际革命，从 1G 模拟信号时代、2G 数字信号时代，到 3G 移动多媒体时代，再到改变生活的 4G 时代，如今 5G 技术加速成熟，也利用其大带宽、低时延、高可靠的特性助力工业制造、交通物流、教育、医疗等行业的数字化转型。

近年来，在业务数字化、技术融合化、数据价值化的共同作用下，传统上相对独立的算力设施和网络资源逐渐显现出融合的趋势。2021 年 10 月 18 日，习近平总书记在主持中央政治局第三十四次集体学习时强调，要加快新型基础设施建设，加强战略布局，加快建设高速泛在、天地一体、云网融合、智能敏捷、绿色低碳、安全可控的智能化综合性数字信息基础设施，打通经济社会发展的信息"大动脉"。践行云网融合是落实中央战略部署，建设数字中国和网络强国的必然选择，也是数字信息基础设施的核心特征。

从战略层面讲，云网融合是新型信息基础设施的深刻变革，其内涵在于通过电信运营商在业务形态、商业模式、运维体系、服务模式、人员队伍等方面的结构化调整，推动云网资源禀赋从技术到生产组织形式发生全面且深入的融合创新，帮助其由传统的通信服务提供商转变为智能化数字服务提供商，为各行各业提供数字化转型的解决方案。

从技术层面讲，云和网长期以来独立发展的模式在支撑数字经济过程中逐渐展现出一些弊端。对于云或者算力来说，不同业务场景对算力提出不同的要求，无人驾驶需要移动性算力，办公楼宇需要潮汐性算力，工业控制需要低时延算力，个人应用则需要普惠的低成本算力，依靠单一的云计算模式，显然难以灵活满足上述差异化要求。对于网络来说，传统通信系统过于封闭，网络设备一旦完成选型和部署，就很难再进行升级替换，除此之外，开通周期长、维护成本高等问题也一直备受诟病，严重影响企业运营效率和用户体验。因此，业界提出云网融合的新型技术理念，将IT和CT（通信技术）的深度融合，结合网络泛在的智能化连接，以及算力服务化提供的特点，从资源层到服务层促进两者全方位统一，最终形成一体化供给、一体化运营、一体化服务的新型信息基础设施。

云网融合的三个发展阶段

一般认为，要实现云网融合的最终目标不是一蹴而就的，需要经过三个阶段的技术和架构演变：云网协同、云网融合和云网一体。在云网协同阶段，云和网在资源形态和承载方式上还是彼此独立的，仅通过基础设施层的接口打通，实现资源的自动化开通和加载。这一阶段的典型代表技术有SDN（软件定义网络）和NFV（网络功能虚拟化），前者实现了承载网控制面和转发面的分离，可利用SDN控制器的全局视角向转发面下发指令；后者将专用的通信设备转变成通用的X86[①]设备，网络功能通过虚拟机实现。这两个

[①] X86泛指一系列基于Intel 8086且向后兼容的中央处理器指令集架构。——编者注

技术用云虚拟化的思想改造了传统网络，让网络具备更多灵活性和智能性。云网协同时代的云和网都作为平台上的功能选项，用户只需要选择与自身业务发展相匹配的云和网络配置，就能获取相应的资源服务。云网融合是云网协同的进一步深化，在打通物理层的基础上实现资源管理和服务调度的深度嵌套，两者发生"物理反应"以应对全社会数字化转型浪潮所带来的算力需求膨胀。这一阶段的"云"拥有更加广泛的含义，不仅代表云计算，还成为"算"的代名词，包括泛在的算力设施。在云网一体阶段，云和网在基础设施、底层平台、应用架构、运营维护等层面都彻底打破既有的边界，发生深刻的化学反应，从使用者角度来说，其看到的不再是彼此隔离的计算、存储、网络资源，而是被配置成标准件的云网资源及服务。

云网融合可以成为千行百业数字化转型的坚实底座。对企业客户而言，需要通过多云部署、一体化运营等帮助其提升竞争力；对政府客户而言，智慧政务、智慧交通等对算力安全性和即时性有越来越高的要求；对家庭用户而言，视频监控、智能门锁等生活化场景需要普惠化的算力服务；对个人用户而言，云游戏、在线购物，甚至面向未来的元宇宙社交，都需要算力根据需求自由流动，真正像水电一样"一点接入、随取随用"。

云网融合的网络基础设施发展趋势

和物理世界一样，元宇宙中也存在低时延、大算力、高移动性和潮汐性的算力需求。例如，交通元宇宙的自动驾驶就是典型的移动性场景，随着车辆向前行驶，其气象条件、道路环境、地理位置等信息也会发生变化，为了保持用户和虚拟环境的交互，就要实时选择最佳算力节点，提供即时的图像生成和渲染服务。而在办公元宇宙中，同样存在潮汐性算力需求，在工作时间段，人们以各自数字身份同时在线，会产生大量音频、视频、图像和文字数据，对数据的存储和处理将占据大量算力资源；而到了夜间，仅需要维护基本的环境信息，不用进行额外的数据处理。所以，办公元宇宙的算力需求呈周期性波动的趋势，相应的算力服务也需要根据业务需求的周期性调整，才能达到资源最优化配置的目的。

根据元宇宙业务对算力服务的需求特点，需要具有全网算力和通信资源的全局视图，将算力和通信资源协同调度，才能更好地支撑元宇宙复杂的应用场景。

云网融合通过对云网资源的有效整合，在算力网络等技术的赋能下，可以满足元宇宙对计算、存储、网络等多维资源一体化协同的要求。

云网融合的实现既需要网络技术的不断演进，更需要网络基础设施的创新升级。按照网络所属位置的不同，分为接入网、入云网、云内网、云间网四个部分。针对接入网部分，由于现存园区存在多种接入方式共存的局面，有4G、5G、Wi-Fi、专线等，企业需要解决多接入模式互联互通问题，为此，可采用云原生技术将转发面与控制面分离并云化，按照业务需求弹性组装各项原子能力；针对入云网络，基于算力路由协议获取全域算力信息，再通过确定性网络技术提供高带宽、确定时延、路径可控的确定性承载，提供端到端的确定性服务；针对云内网络，采用新型处理芯片DPU（数据处理器）进行网络重构，以DPU卸载部分CPU能力，促进数据中心网络的扁平化和简洁化；针对云间网部分，利用关键节点直连的全光网络，构建高容量、高性能、高可靠的云光融合网络方案。新型超融合组网的四个部分可以独立发展，以云为主线，通过接入形式泛在化、业务入云灵活化、数据中心转发高效化以及云间互联高速化，实现端到端的多要素深度融合，助力云网融合面向元宇宙业务需求的持续演进。

安全底座：元宇宙的保护力

对于元宇宙，人们赋予了众多美好的想象和期待，认为它将成为一个高度拟真、深度沉浸的新型空间，既能够实现视觉、听觉、嗅觉、味觉、触觉等各种感觉器官的模拟再现，也能实现对天气、海洋、生物等自然系统的高度仿真，是一个与现实世界并行的"第二空间"。但技术发展从来都是一把双刃剑，随着元宇宙的沉浸感越来越接近于真实，用户在线的时间会越来越长，个人的隐私保护、数字资产的安全和转移将变得越来越重要。元宇宙是下一代网络空间形态，是一种非常复杂、高度数字化和分散化的存在。在元宇宙中，信息不仅作用于信息，而且将与物质、能量甚至人的思维相互作用，同时，元宇宙的去中心化特征与安全监管和控制存在天然的冲突。

筑牢安全底座是元宇宙可持续发展的基础

元宇宙是构建在大数据、区块链、数字孪生、人机交互、模拟技术、增强现实等数字化技术发展的基础上，是数字化发展到高级阶段的产物。一方面，在场景应用的推动下，不同技术在组合、融合的过程中，很可能从量变到质变，推动新的技术变革；另一方面，各类技术的自有风险也会随之叠加，催生新型风险。元宇宙有无限的发展潜力，但联通万物的元宇宙应用也同样面临由互联网带来的安全风险。

当扎克伯格宣布Facebook要转型为元宇宙公司时，引发了不少关于数据隐私的担忧，西英格兰大学的VR专家维里蒂·麦景图指出，Facebook在VR/AR方面投入如此之大的部分原因是，当用户在这些平台上进行交互时，可用数据的粒度比基于屏幕的媒体高出一个数量级。这不仅是关于"我点击的位置"和"我选择分享的内容"的数据，而且是关于"我选择去哪里""我如何站立""我关注哪里的时间最长""我身体移动和对某些刺激做出反应的微妙方式"的数据。这是通往一个人潜意识的直接途径，这些数据对资本家来说是金子般的宝藏。

国内知名网络安全公司360集团的创始人周鸿祎表示，数字文明时代已经来临，在元宇宙的强大需求下，网络安全也应该随之升级，特别是在"一切皆可编程，万物均要互联，大数据驱动业务，软件定义世界"的背景下，虚拟世界与现实世界交织融合，整个世界的脆弱性前所未有，针对虚拟世界的攻击会伤害到现实世界。应对元宇宙时代的网络安全问题，首先需要加强顶层设计，不能等到数字系统搭建好之后再搞安全设施建设，因为安全设施与数字系统是一体的。360集团的一项调查结果显示，超八成的参与调查者认为，元宇宙会让数字世界的安全问题日益突出，如数据安全、信息安全、新型网络骗局等，其中个人信息泄露问题让人最为担心。周鸿祎认为，元宇宙作为一个深入人心的概念，应该为实体经济服务，为制造业服务，为各种传统行业的数字化转型服务，因此应该先把数字时代的安全问题按照工业互联网、车联网等应用场景进行划分，在此基础上，再通过对应的既有安全解决方案进行问题处理。

微软安全负责人查理·贝尔表示，由于在元宇宙中，对于用户活动和内容缺乏中央化监管，这给用户保护带来许多挑战。贝尔发表的一篇文章提出，元宇宙中也会出现利用虚假头像的钓鱼攻击，比如黑客可能会伪造一封来自银行的电子邮件，通过虚拟银行柜员的头像，来盗取用户的机密信息。另外，黑客也有可能会冒充用户所在公司的首席执行官，邀请其前往某个事先准备好的视频会议房间，从而实施犯罪活动。在元宇宙中，所有的软件开发者或使用者，都需要提前考虑维护元宇宙的治安，并且需要在保障用户账号互联互通（一个账号可以跨越多个元宇宙）的同时，推出各种安全工具。

英国Arm公司的终端事业部总经理保罗·威廉姆森表示，

Arm 生态系统已经考虑到元宇宙中多种设备带来的安全风险，将为消费网关设备提供连接元宇宙所需的专用计算，以及支持元宇宙所需的云、边缘和 5G 基础设施。比如 ArmV9 架构包含可部署在所有消费电子设备上的各种新的安全功能，力求提高设备在元宇宙时代的安全性，也为应用程序与操作系统内的数据保护制定了一套标准。而用户也可以利用基于 Arm 架构的消费电子设备的功能，在元宇宙中定义自己的安全偏好，从而确保这些偏好得到满足。

埃森哲大中华区董事总经理黄欣卓表示，随着技术的升级，数据的分布也发生了改变，这将影响企业与消费者之间的关系。他说道："元宇宙是从真实世界到虚拟世界更好的切换及融合，人工智能的发展极大地促进了现实与虚拟的融合，同时也伴生了数据安全等问题，信任感是企业必须思考的。"

中南大学公共管理学院教授吕鹏在《国家治理》周刊撰文指出："元宇宙在激发个体、社会活力等方面可以发挥巨大的推动作用，但也会给社会带来深远的结构性冲击，涉及社会安全、政治安全、经济安全等重大议题。如果放任其自由发展，可能会滋生失控、异化的风险。因此，超前预研元宇宙治理极具必要性。"北京航空航天大学法学院副教授赵精武在《上海大学学报》发表论文指出："元宇宙概念的提出彻底改变了信息技术的未来图景，虚拟世界与现实世界的交融势必会对现有的权利义务关系提出新的挑战。"

元宇宙产业委执行主任委员、清华大学人工智能国际治理研究院秘书长鲁俊群提出了元宇宙产业发展的六大风险隐患和需要重点解决的四大问题。他认为，元宇宙产业健康可持续发展需要政府监管部门、大学与科研机构、行业协会组织、企业，以及个体开发者、消费者等利益相关方的共同推动。中国社会科学院法学研究所网络与信息法研究室副主任周辉在《光明日报》刊登的文章中指出："一些不法分子也会借机利用、捆绑，甚至虚构'元宇宙'概念，从事违法犯罪活动，需要在正确认识元宇宙发展的同时，审慎研判其带来的各类风险，提前布局治理方案。"

总体来看，在元宇宙时代，各种应用无论是种类还是数量只会越来越多，因此系统面临的安全威胁和威胁模式也会越来越多。人类迫切需要一种能对未知攻击和潜在攻击行为进行高速、准确提取和智能分析的能力，并能对数据分析结果进行实时聚合展现，从而实现对安全威胁的实时发现、阻拦和应急的能力。只有打好元宇宙的安全地基，筑牢安全底座，才能建立起可靠并互信互联的元宇宙大厦，并在元宇宙空间自由驰骋，服务于人类越来越丰富的想象和产业化应用，实现元宇宙可持续的健康发展。

元宇宙带来的新型安全风险和挑战

元宇宙系统安全是目前网络安全产业的组成部分和前沿方向，呈现出其独特性。元宇宙作为一种新兴业态，蕴藏着技术创新的蓬勃活力、应用革新的丰富潜力，但也会给经济社会带来潜在的巨大冲击和影响。因此，既要认识到元宇宙是一个具有潜在战略意义的新竞争领域，也要针对可能的安全风险提前采取措施，未雨绸缪，严防各种"灰犀牛""黑天鹅"事件。

元宇宙对云网基础设施的稳定性和安全性提出了更高的要求

元宇宙的特点是实时反馈和持续在线，这就要求利用云计算、5G、物联网、边缘计算和高性能计算等技术，将更多的设备连接到云，并增加云基础设施。元宇宙是大型多人在线游戏、开放式任务、可编辑世界、XR入口、AI内容生成、经济系统、社交系统、去中心化认证系统、现实场景等多重要素的集合体，这也使其对算法和算力有极高的要求，可能引发算力资源紧缺，并需要兼顾稳定性、可持续性、低成本等，现有基础设施或将无法支撑全国乃至全球规模的元宇宙空间运作。

从安全的角度来看，连接到云的终端越多，暴露的攻击面也越多。大部分AR、VR和物联网可穿戴设备从设计之初就缺乏对安全的考虑，随着这些新设备的出现，攻击者获得个人有价值信息的机会也越来越多，而用户可能没有意识到其手机或物联网设备正在跟踪自己。这些设备通常包含薄弱的安全控制和可移植性，极易成为攻击者用来渗透多个网络的高度针对性的漏洞点。例如，攻击者可能会以物联网设备僵尸网络为目标，自动分发恶意软件，在元宇宙中快速复制，还可以通过挖掘加密货币来降低计算能力，破坏数据，并通过DDoS（分布式拒绝服务）攻击使服务器崩溃。此外，网络钓鱼、恶意URL（统一资源定位）和类似类型的在线攻击等手段也将在元宇宙中继续存在，还可能出现全新的攻击策略，应更加关注NFT、交易所和加密货币等方面存在的漏洞。

数据安全尤其是个人隐私问题是元宇宙健康持续发展的关键

相比于传统互联网，元宇宙具有实时、沉浸感的特征，收集的个人数据种类更多、更敏感。传统互联网应用如微信、微博、抖音获得的用户数据通常包括文字、图片、语音、视频等信息。这些信息可以是异步、非实时的信息，也不能追溯推定出特定自然人的个人敏感信息。而元宇宙将完美模仿现实，新型传感器允许设备收集比以前更多的个人信息，包括脑电波、指纹、声纹、虹膜、眼球运动、肌电信号等生物特征识别数据，以及血压、心率和体温等健康信息。尤其要注意的是，元宇宙收集到的大量个人生物信息数据的泄露将是不可逆的。互联网时代，如果用户的账户和密码外泄，可以尽快修改密码。但如果用户的个人生物信息泄露，又应当如何更改呢？与此同时，元宇宙的一个应用可能同时包括购物、聊天以及游戏、运动等丰富场景信息，用户在元宇宙中的经济交易、社交往来等多种行为也会产生大量多维度的信息，这意味着，相比于大量日常生活行为未被记录的现实世界，元宇宙中用户的所有行为和偏好有可能都被记录，由此可以拼接出更立体、真实的用户画像。

由于元宇宙个人信息收集的海量性、集中性、隐私性，导致一旦数据被泄露，个人隐私的损失将是全方位的，会给用户的人身安全、财产安全带来巨大威胁，这也就意味着元宇宙的隐私保护应更加严格。一项关于元宇宙的市场调查显示，50%的人担心用户身份问题，47%的人担心用户可能要经历的强制监控，45%的人担心个人信息可能被滥用。如果元宇宙的身份验证和数据安全不能得到保障，元宇宙概念的推广就会受阻碍，人类社会将可能失去元宇宙带来的联络、协作及商业开发机会。同时，对数据的过度依赖可能会走向另一个极端，一旦数据被攻击和破坏，就可能造成更大的损失。元宇宙本身的跨国运营特性，也会带来频繁的用户数据出境安全问题。

元宇宙时代，区块链和 AI 等智能算法的安全风险可能会加大

元宇宙依托于区块链、人工智能等多项新兴技术，其中的核心算法部署量越来越大，算法间互相依托，面临的系统脆弱性问题也将逐步凸显，并且随着技术的进步面临着更大的风险。例如，区块链技术采用了大量基于传统密码学的加密算法，理论上基于计算复杂度而难以破解，但随着量子计算和深度学习等新技术的发展与应用，也将面临被破解的风险。AI 算法因为采用训练集模式，本身在逻辑上存在不可靠、不可解释等局限性，如果系统遭遇恶意攻击，轻则造成财产损失，重则威胁人身安全。

此外，AI 算法本身也可能被犯罪分子利用，例如利用算法生成机器人进行全天候攻击，基于个人生物信息进行"深度伪造"，等等。深度伪造技术，指通过对个人生物信息的捕捉、采集、编辑，实现图像、声音、视频等的篡改、伪造和自动生成，产生高度逼真且难以甄别的呈现效果。该技术一旦被滥用，势必会对当事人的名誉、人身、财产等权益造成巨大侵害，甚至进一步从个人领域蔓延至公共领域，给社会安全、经济安全，甚至国家安全带来挑战。此前，在一些国际重大事件和区域冲突中，曾出现不法分子对重要政治人物进行音频、视频伪造，形成以假乱真的新闻报道并在社交媒体快速传播，用来煽动社会舆论，极大影响了民众对真实情况的判断以及社会和政治的稳定。

元宇宙带来虚拟资产交易和相关金融治理风险

随着元宇宙的应用场景逐渐落地，在数字化世界中会衍生出很多新型数字资产。随着数字人民币的逐渐流通，元宇宙里虚拟数字人的数字资产也存在各种交易需求。由于元宇宙经济体系是以区块链作为底层支撑技术，这些数字资产会大量使用智能合约来完成虚拟场景中的数据交换和交易行为。智能合约将代替人来操作具有实际经济价值的数字资产，一旦遭受黑客攻击，就有可能造成财产损失。随着NFT、虚拟货币等新型数字资产有了更广泛的投资交易空间，其更容易为新形式的洗钱、赌博、诈骗、传销等违法犯罪活动提供通道。

借助元宇宙概念进行投机、炒作也会扰乱正常的经济秩序，可能会导致资本炒作与金融风险。2022年2月，中国银行保险监督管理委员会发布《关于防范以"元宇宙"名义进行非法集资的风险提示》（以下简称《提示》），提醒广大群众提高警惕，防范一些不法分子蹭热点，打着"元宇宙投资项目"等旗号吸收资金进行非法集资、诈骗等违法犯罪活动。同时，《提示》指出了四种常见的犯罪手法，包括编造虚假元宇宙投资项目、打着元宇宙区块链游戏旗号诈骗、恶意炒作元宇宙房地产圈钱、变相从事元宇宙虚拟币非法牟利。

元宇宙产业发展还可能引发行业垄断和一系列社会问题

元宇宙生态的搭建离不开科技的进步和巨量资金的投入，已经拥有丰富技术资源和资本的头部公司都希望在元宇宙发展初期阶段入场，并凭借自身优势不断扩大在元宇宙生态圈的份额，试图掌控元宇宙行业的话语权和规则制定权。相较于既有网络平台，元宇宙生态更容易形成闭环，不同元宇宙之间互联互通的难度更大。

用户层面，长时间佩戴 VR 耳机和眼镜等在虚拟空间中交互会导致眼睛和身体疲劳，对健康产生负面影响。同时，虚拟精神生活世界的吸引力或将超过真实物理世界，从而引发用户对元宇宙社交的精神依赖和对真实社会生活的疏离。虚拟世界模糊了真实身份和虚拟身份之间的界限，因此来自他人的任何侮辱或辱骂行为都会让人感觉更加个人化。如果没有适当的节制，网络欺凌问题会带来更多的心理创伤。

系统安全技术是元宇宙的"定海神针"

元宇宙概念的提出以及元宇宙系统的建设，向人类提出了迄今为止最为复杂的网络和系统安全方面的要求。元宇宙系统不是一套安全体系贯穿始终，而是多个安全系统、不同安全结构、多个安全指导思想和安全哲学、不同安全范式交互，在不同层面、不同维度、不同环节分别发挥不同的作用，并因其相互影响和关联，进而构造出一个覆盖元宇宙系统各个层面和各种应用的坚固的安全保障网。

首先，加强云、边、端基础设施建设，构建智能安全防护和运营体系。

加强云、边、端基础设施建设，需要合理布局算力资源和网络设施，布局若干高性能计算中心，算力统筹智能调度，形成智能计算服务能力。同时，要加强数据资源基础建设，加快大数据中心集群部署，增强数据感知、传输和存储能力。面向重点行业领域，建成并开放若干个高质量数据集和知识图谱，以应对快速增长的算力和灵活调度等需求。

在云网基础设施安全防护层面，需要顺应自动化和智能化的趋势，基于管控分离思想重构网络安全架构，引入集约化大数据分析与人工智能安全响应决策，打通"防御、监测、响应、预测"的安全策略实施链条，形成协同高效的持续自适应风险与信任（CARTA）的安全防护能力，进一步增强安全防控的精细化和敏捷性。基于资源集约共享、能力弹性调度、服务按需提供的运营管理模式，构建联动、开放的元宇宙安全能力平台，推动安全服务内容、实现机制和交付方式的创新和发展，使得元宇宙安全产业链相辅相成、良性循环发展，形成可持续发展的元宇宙安全生态系统，促进元宇宙领域新技术的应用和新业务的创新。

从芯片、操作系统等底层环节技术入手，从源头上解决智能终端等设备的安全漏洞。芯片安全技术方面，通过对芯片从开发设计到交付使用的全过程严格管控，保障芯片产品整个生命周期的安全性，避免在芯片层面存在后门或安全漏洞，从而危害芯片自身以及上层设备或数据的安全。操作系统无错误配置、无漏洞、无后门、无特洛伊木马等，能防止非法用户对计算机资源的非法存取。随着可信计算技术的发展，基于可信根的操作系统防护技术也在不断发展。以密码、硬件安全加固、后门漏洞分析、访问控制等技术，保证元宇宙所涉及的各类设备在硬件、固件、系统软件等各方面的安全性，以防范对设备资源的非法获取。

其次，利用区块链、零信任等技术和理念，建立去中心化的数据安全全生命周期防护体系和可信身份认证机制。

区块链技术为建立跨主体的多方协作提供了新途径，为传统领域应用提供了新模式，为信息化交互提供了可信第三方。其核心技术包括共识机制、密码学技术、分布式存储、智能合约等，具有开放、共识，去中心化、去信任，交易透明、双方匿名，不可篡改、可追溯，集体维护，具备时间戳的可靠数据库等开放性应用特征。在元宇宙应用中，可以利用区块链的去中心化、去信任、集体维护和可靠数据库等基础特质，构建安全可信的元宇宙应用底座；通过完备底链建设的资源目录链，上链应用层实现系统全面覆盖，实现业务穿透式监管，提高业务协同效率，降低业务拓展成本，增强数据合规监管能力，创造多主体之间的合作机制；同时，保障链上数据的清洁可信，满足易用性需求，对于上链数据做可视化输出，可以更加直观、智能地监管整个业务链的运行状况。终端主机、应用系统、网络边界等数据输入输出节点是数据安全管理的关键点，可以利用区块链的存证和智能合约等技术，在这些关键点实施适当的管理、控制、留存，保证数据在传输和存储时数据链路的完整性、真实性和保密性，进而对数据进行实时动态的安全监控，提高数据安全防护能力。

利用区块链技术可以实现分布式数字身份认证，一方面分布式技术使伪造难、验证易，另一方面标准统一，方便进行互联互通，可实现隐私数据最小化开放。在元宇宙中，可以通过定义身份和权限，提高身份验证标准，创建并实施数据责任和数据保护责任，结合可完整追溯且不可篡改的身份认证手段与权限控制，明确数据如何被存储，数据被哪些系统或人员使用、如何使用等问题，对关键数据资源实施严格的访问控制并起到安全操作审计的功能。

零信任以"持续验证，永不信任"的安全防护理念，防止在未经授权情况下的资源访问，降低资源访问过程中的安全风险。零信任技术架构的实质是建立基于身份的业务动态可信访问控制机制，可以通过软件定义边界、微隔离、身份与访问管理等技术实现。在实际应用中，零信任技术架构可以将网络防御的边界缩小到单个或更小的资源组，不再根据网络区域位置授予预设信任权限，并将防护措施从传统的网络层面扩展到应用层面。元宇宙虚拟世界可以借鉴零信任模型，并利用虚拟现实或增强现实眼镜、耳机等，开发基于独特生物识别系统的新的身份验证工具和机制，通过使用持久性身份验证来防止威胁或限制访问，减少和消除敏感数据安全事件。

最后，加强法律法规建设，推进金融反诈和 AI 安全等技术和行业标准研究，建立行业监管体系和产业协作机制。

近年来，我国出台了《中华人民共和国网络安全法》《中华人民共和国数据安全法》《中华人民共和国个人信息保护法》《区块链信息服务管理规定》《关键信息基础设施安全保护条例》等多部网络安全法律法规，极大地健全了互联网监管体系，有效推进了网络空间治理。在元宇宙时代，立法应当提出更高的安全保护标准，着眼于新风险、新问题，强化平台要求，清晰责任界定，以切实保障用户的个人信息权益。元宇宙致力于创造新型虚实相融的互联网应用和社会形态，可能对现有互联网乃至现实社会发展产生巨大影响，建议提炼总结互联网发展过程中的治理经验，并充分调研其他国家在元宇宙规划治理及其支撑技术监管方面的相关法律法规，提前布局元宇宙相关立法研究，从数据安全、金融安全、社会安全等多角度建立元宇宙行业监管体系。

加强金融反诈和人工智能等技术在元宇宙的应用，推进行业标准研究。基于系统平台建设和人工智能模型建设，并结合 NFT、虚拟货币等新型数字财产的应用和监管模式，对用户在元宇宙活动的各个环节（如注册、实名、登录、操作、消费等）可能发生的欺诈风险和投机炒作等进行防范。针对 AI 算法本身的风险建立防御机制，基于自主可控的 AI 框架，实现基于源码的安全可信训练、数据处理以及执行引擎等功能；通过 AI 模型攻击检测与对抗防御、对抗样本、AI 模型防窃取、AI 深伪检测等技术实现 AI 对抗安全，在应用层面通过 AI 模型鲁棒性评测与加固、AI 模型可解释性检测、复杂场景全验证等技术实现 AI 安全应用。

此外，还应加强元宇宙安全风险宣传教育，尤其是金融安全、个人信息安全等方面风险的教育，引导用户树立正确的虚拟空间价值观，强化民众风险防范意识，使参与者自觉维护元宇宙虚拟空间安全。元宇宙的服务提供商在设计流程时，也应该将增进人类福祉、促进公平公正、保护隐私安全、确保可控可信、强化责任担当等作为基本的伦理要求，设置前置性的规则，比如把避免上瘾作为重要的技术指标，引入防止用户长时间待在虚拟空间中的机制，以及制定预防和避免网络欺凌等规则。元宇宙产业的健康可持续发展，需要政府、科研机构、行业协会组织、企业，以及个人开发者等相关方的共同推动，制定元宇宙安全监管规范并推动信息共享。只有各方共同努力，打造协同发展、有韧性的产业链，构建良好的产业生态系统，积极应对元宇宙治理跨产业、跨地域、跨国界问题，才能在安全的前提下拓展虚拟经济和现实经济融合发展的新空间，实现元宇宙产业发展的新跃升。

本章小结

数字化可以让整个人类社会更聪明，但也将带来诸多问题和挑战。元宇宙是数字经济的新形态和新引擎，在创造发展机遇的同时，也对信息基础设施提出更高要求。元宇宙海量实时的信息交互和沉浸式体验的提升，需要以网络能力和算力资源的持续提升作为基础。若没有强大的算力和网络，元宇宙就无法真正实现。同时，网络钓鱼、窃取证书、隐私泄露、勒索攻击等尚未解决的网络安全问题，有很大可能会蔓延到元宇宙的数字空间中，造成元宇宙特有的新型安全风险。我们在关注元宇宙所带来的重要机遇的同时，也应该注重建设具有高算力、低时延、大带宽、云网融合、安全内生特征的信息基础设施，为元宇宙大规模应用构建坚实的资源底座。

第五章
元宇宙核心能力

元宇宙浪潮来袭，带来了与现实物理世界同等地位的虚拟数字世界，基于数字化技术的虚拟产品衍生出特有价值，人类社会向虚实融合、虚实相生、虚实交互的全新生活景象推进。在未来发展愿景中，数十亿用户将加入元宇宙，形成与现实相似又超越现实的新世界。用户将拥有独立且完整的元宇宙身份和元宇宙资产，能够在元宇宙中安全自由地娱乐、社交、生活。元宇宙构建的"人人平等"的多平面世界将不属于任何组织或平台，而是由所有用户共同治理、保障运行有序。数字孪生与数字原生、数字人、下一代人机交互、通用人工智能与 AI 建模、区块链与新型治理模式等新一代信息技术逐渐被运用到元宇宙世界当中，成为元宇宙未来建设与治理的重要工具，在不久的将来也必将成为元宇宙不可或缺的核心能力。

数字孪生与数字原生

数字孪生

2002 年，美国密歇根大学的教授迈克尔·格里夫斯面向工业界首次提出了产品生命周期管理概念模型，在该模型中提出了"与物理产品等价的虚拟数字化表达",并介绍了从现实空间到虚拟空间的数据流连接,以及从虚拟空间到现实空间和虚拟子空间的信息流连接。格里夫斯提到,在现实空间的系统和虚拟空间的系统之间存在着一个镜像,也可以叫作系统的孪生。这个模型当时被称作镜像空间模型,被后人看作数字孪生思想的前世。2006 年,格里夫斯在其发表的另一部关于产品生命周期管理的著作中,提出了信息镜像模型,再一次对数字孪生思想进行了抽象而清晰的表述(见图 5-1)。

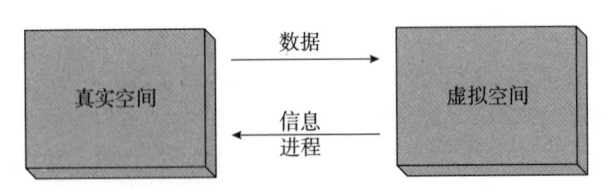

图 5-1　迈克尔·格里夫斯提出的信息镜像模型

资料来源:作者整理。

直到 2010 年,美国国家航空航天局(NASA)在其太空技术路线图中首次引入了数字孪生的表述,用于航空航天飞行器的健康维护和保障。它们首先在数字空间建立真实飞机的模型,并通过传感器来实现数字模型与飞机真实状态的完全同步,这样每次飞行后,就可及时地分析评估飞机是否需要维修、能否承受下一次飞行任务的负载等。在此背景下,美国国家航空航天局将数字孪生定义为一种集成化的多种物理量、多种空间尺度的运载工具或系统的仿真,该仿真使用了当前最为有效的物理模型、更新的传感器数据、历史飞行数据等,来镜像出与该模型对应的飞行实体的状态。美国国家航空航天局对于数字孪生的定义是在特定的工程背景下完成的。实际上,随着数字孪生在不同领域的广泛应用,其含义也变得更加宽泛。现在的数字孪生是指充分利用物理模型、传感器更新以及运行历史等数据,集成多学科、多物理量、多尺度、多概率的仿真过程,在虚拟空间中完成映射，从而反映相对应的实体装备的全生命周期过程。简言之，数字孪生就是为现实世界中存在的实体，在虚拟数字世界中构建一个与现实世界对称的数字版的"克隆体"。

数字孪生具有虚实映射、实时同步、共生演进、闭环优化四个特点。其中，虚实映射是指数字孪生技术要在数字空间中为现实世界的实体构建数字化表示，并且现实世界的物理实体与数字空间中的数字化表示需要实现双向映射、数据连接和状态交互。实时同步是指基于传感器等设备获得的实时多元数据，数字化表示可以全面、动态、精准地反映物理实体的实时状态变化。共生演进是指数字孪生所实现的映射和同步状态应覆盖实体对象从设计、生产、运营到报废的全生命周期，数字化孪生体应随着物理实体对象的生命周期进程而不断演进更新。闭环优化是指数字孪生的目的，是通过描述物理实体内在机理，分析规律，洞察趋势，基于分析与仿真对物理世界形成优化指令或策略，实现对物理实体决策优化功能的闭环。

数字孪生技术在元宇宙中发挥着基础构建能力，可以将真实世界中的各种场景在元宇宙中进行数字化构建。如同元宇宙本身，数字孪生也并不是一项单一的技术，而是多种技术的集成，可以自下而上大致分为数据采集与传输、模型构建以及仿真和可视化三大关键技术。

高精度传感器数据的采集和传输是整个数字孪生系统的基础。由于数字孪生系统是物理实体系统的实时动态映射，因此对真实世界数据的实时采集与传输起着至关重要的作用。大量分布的不同种类的高精度传感器处于整个数字孪生系统的最前线，在数字孪生系统中起到了基础的感官作用。此外，搭建快速可靠的信息传输网络，将采集到的多源信息安全、实时地传输到上层平台也至关重要。这对上层的数据融合、建模以及仿真等任务起到了关键的支撑作用。

模型的构建是数字孪生技术的核心任务之一，通过建模能够让物理实体数字化和模型化，从而简化对物理世界相关问题的理解。数字孪生中的建模往往需要融合多领域、多学科，以实现对物理实体各领域特征的全面精准刻画，这样才能使建模得到的数字化孪生体可以全面、准确地模拟真实世界物理实体的各种状态，借此来分析物理对象的未来发展趋势。在这一过程中，对真实世界物理实体的数字化 3D 重建是最核心的技术之一，其包含地理信息生成、基于图像建模、手工建模等不同的建模方式，以对应不同的应用需求。通过地理信息生成的三维模型精度相对较低，适用于对模型精度要求不高的应用场景，例如智慧城市这种更加注重点位分布的应用场景。人们可以通过地理信息在选定的区域拉起简单的模型模板来得到基本的三维模型，并通过对基本模型进行贴图来增强其真实感。这类模型适用于对整体、宏观层面的分析与把控，而如果希望得到更加精细的三维模型，则需要通过基于图像建模的方式，利用立体视觉的原理进行建模。仍以智慧城市应用为例，人们可以利用无人机、无人车等设备来采集真实场景的二维图像数据，并通过多视图立体匹配的方法重建出城市三维模型（见图 5-2）。这类模型适用于重点区域的整体性建模。尽管这种建模方式比利用地理信息直接拉起的粗略模型精度更高，但由于场景规模大、弱纹理现象等原因，重建得到的三维模型在细节上可能仍旧存在瑕疵。因此，如果需要对真实场景的局部进行精细化建模，需要寻找其他的建模方式。手工建模便是适合精细化建模的一种有效方式。在对物理实体进行精细建模时，人们可以根据该实体的准确物理信息来手动完成建模。例如，在对某个工业零件进行三维建模时，可以首先通过分析该零件的 CAD（计算机辅助设计）图纸获取其精确的尺寸和结构信息，然后便可利用三维建模软件手动将该零件的三维模型构建出来。当某些实体无法直接通过图纸获取其准确的尺寸信息时，则可借助激光点云扫描仪等传感设备对待重建物体进行扫描分析，来辅助完成精细化建模（见图 5-3）。

图 5-2 通过无人机航拍获取城市场景图像数据

资料来源：https://pixabay.com/zh/photos/dji-inspire-drone-flight-sky-air-4123011/。

图 5-3 三维激光点云数据

资料来源：https://www.lidar360.com/archives/5649.html。

仿真与可视化也是数字孪生中的关键技术。实际上，仿真也可以看作建模的延续。与传统的仿真技术不同，数字孪生技术体系下的仿真更强调与物理实体之间的共融和交互，是贯穿全生命周期的高频次循环迭代的仿真过程。数字孪生技术体系下的仿真技术可以降低测试成本。通过对真实世界物理实体的物理性质、化学性质等特性进行数学建模，仿真过程可以在数字世界中模拟出该实体在进行各种交互时性质的变化。因此，可以用虚拟世界中的数字模拟过程替代物理实体的实际测试过程，有效地降低了实际测试的种种成本。此外，仿真过程还可以扩展到物理实体的各个运营和生产场景。正是借助于仿真技术，数字孪生才能够对物理实体进行有效的分析、诊断和预测，并将结果反馈给决策者，从而对物理实体或者流程进行优化。数字化孪生体的可视化同样有助于决策者对物理实体或者流程进行有效的分析和预测，其主要功能是对仿真过程进行直观的视觉呈现，为用户提供更好的可理解性与沉浸感，通常通过3D 渲染的方式来完成（见图 5-4）。

图 5-4　建筑数字孪生模型的 3D 渲染效果

资料来源：https://pixabay.com/zh/photos/apartment-building-villa-rendering-1026480/。

数字原生

数字孪生技术生成的内容能与现实世界相对应，而数字原生生成的内容在现实世界中是不存在的。如果说数字孪生是以物理世界为重心，着重解决现实世界问题的技术，那么数字原生则是以数字世界为重心，具备无穷想象力与机会的技术。实际上，真正的元宇宙绝不仅限于复制一个现实中的宇宙，而是要创造一个目前并不存在的宇宙，激发用户无限的创造力。在元宇宙中，每一个人都是数字社会的参与者、体验者以及建设者，都拥有独立的数字实体身份。因此，数字孪生只是元宇宙的一个初级阶段，数字原生才是元宇宙的核心工具，也是数字经济真正的推动者，它代表了由"以物理世界为重心"向"以数字世界为重心"迁移的思维方式。数字原生的涵盖范围非常广泛，包括数字世界中原生的人、物、场景等内容，也包括数字世界中原生的知识。

首先介绍数字原生在构建元宇宙虚拟数字内容方面提供的核心能力。作为提供元宇宙基础构建能力的技术，数字原生致力于构建真实世界中并不存在的数字内容。其中最直接的构建方式即通过建模软件进行 3D 内容的建模。当前主流的 3D 建模软件，例如 3ds Max、Maya 等，均支持采用直接建模的方式来创造三维模型（见图 5-5）。这种方式支持用户对单独的简单三维形状进行拼接以创建复杂的三维对象。其中最通用的建模方式为多边形建模。用户可以通过设置一个由多边形组成的网格来构建一个对象，多边形的数量决定了模型的精细程度。因为多边形的边缘始终是直线，所以其在 3D 建模时的缺点就是无法创建具有完美平滑曲线的对象。另一种常用的直接建模方式则是使用样条线来创建具有复杂形状的 3D 对象。借助 Bezier 曲线等工具，样条建模可用于快速构建具有大量曲线的 3D 模型。然而样条建模得到的模型难以直接进行纹理贴图，需要转化为多边形网格模型才能实现。

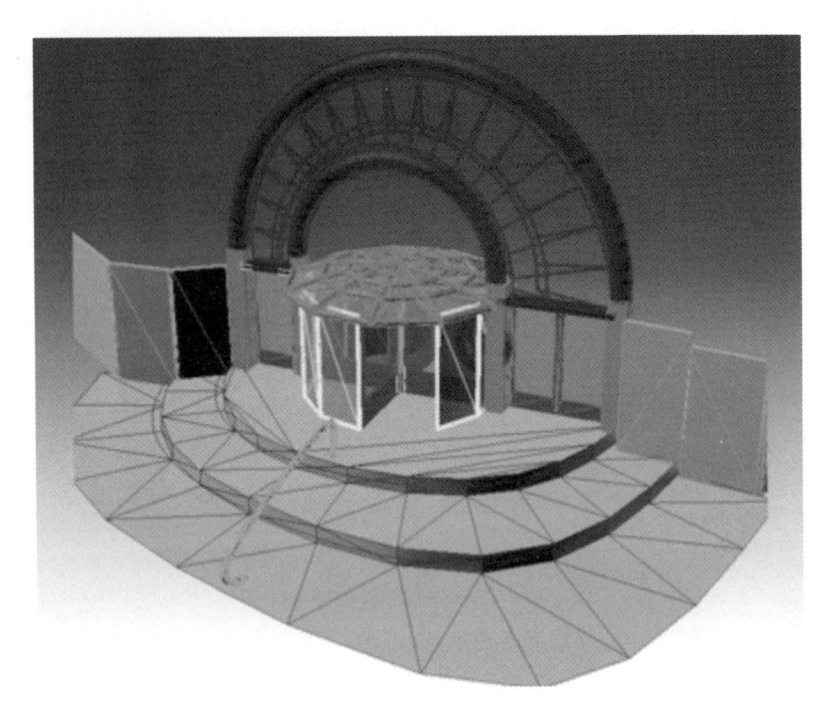

图 5-5 使用 3ds Max 建模得到网格模型

资料来源：https://knowledge.autodesk.com/support/3ds-max/learn-explore/caas/CloudHelp/cloudhelp/2017/ENU/3DSMax/files/GUID-C7F01818-502C-499B-8FD5-1F6742298DC7-htm.html。

尽管借助专业的 3D 建模工具，设计师能够自由地创作出各式各样的三维内容，但这些建模工具的使用门槛相对较高，并不符合元宇宙中每一个人都是数字社会建造者的理念。因此，适合业余人群使用的低门槛 3D 建模方式非常重要。基于草图的 3D 建模方法便是这样一种低门槛的 3D 内容生成方法。由于目前的交互现实设备大多为二维平面，因此大多数未受过专业训练的用户难以在二维交互平面上直接创造出 3D 模型。但是，对于大多数用户来说，在二维屏幕上画出想象中的 3D 形状的平面草图相对容易。因此，基于草图的 3D 建模方法便通过二维的草图来生成三维模型，降低了三维内容创造的门槛（见图 5-6）。

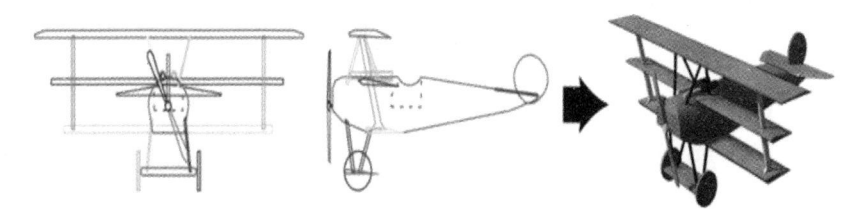

图 5-6　通过二维草图生成三维模型

资料来源：Alec Rivers，Frédo Durand，and Takeo Igarashi. 3D modeling with silhouettes. ACM Trans. Graph. 29，4，Article 109（July 2010）. http://www.alecrivers.com/3dmodelingwithsilhouettes/。

此外，随着人工智能技术的不断发展，利用生成模型通过各种不同类型的输入来生成 3D 内容成为可能。例如，人们可以通过输入一个随机值来生成一个不属于真实世界的人脸模型，通过变换输入的随机值即可得到大量不同的人脸模型。人们也可以借助多模态技术，通过一段文字、一段语音或者一副二维语义掩码来生成想要的三维模型。例如，用户仅需输入一段描述心中所想模型的文字，AI 即可生成符合文字描述内容的 3D 模型（见图 5-7）。

一辆蓝色摩托车　　一只叶子上的蜗牛　　一只金属皮肤的松鼠在读书

图 5-7　通过人工智能生成三维模型

资料来源：https://dreamfusion3d.github.io。

产生数字原生的知识也是数字原生相关技术为元宇宙提供的

基础构建能力之一。通过数字原生的方式产生知识，需要的关键技术包括人工智能领域中的深度强化学习、生成式对抗神经网络、自动化机器学习、多模态学习等技术，也包括硬件领域中的 GPU 和 DPU 等加速技术。以著名的 AI 机器人 AlphaGo（阿尔法围棋）为例，2016 年，谷歌旗下人工智能公司 DeepMind 开发的人工智能 AlphaGo 与围棋世界冠军、职业九段棋手李世石进行了围棋人机大战，成为第一个击败围棋世界冠军的人工智能机器人。这一代的 AlphaGo 是通过几乎所有人类高手的对弈棋谱来完成学习的，意味着知识的产生并没有脱离对现实世界的依赖。随后，DeepMind 公司又推出了 AlphaGo Zero 这一全新版本，这一版本则是从空白状态开始，在不利用任何人类输入的情况下，通过两台计算机的相互对抗进行迅速的"自学"。这一过程便是数字原生的过程，不再依赖现实世界中的任何经验或者知识，直接基于数字世界诞生了新的知识。全新的 AlphaGo Zero 以 100∶0 的战绩击败了前代 AlphaGo，这也彰显了数字原生的巨大潜力。

除了打败围棋棋手，近年来，AI 也开始向更多人类职业发出挑战。现在，它的新成就是打败艺术家。AI 可以根据图片的文字描述，在一分钟内创作出细节精美、想象力丰富的画作，甚至已经超越了真人艺术家的造诣，在美国科罗拉多州博览会的艺术创作大赛中一举夺冠。这些 AI 作画工具不仅能够画出高质量的画作，而且操作非常简单。以艺术大赛夺冠作品使用的工具 Midjourney 为例，它的操作就非常方便（见图 5-8）。通过在 Discord（聊天软件）里订阅 Midjourney 的服务器链接，然后在聊天对话框中对机器人输入特定命令行和对图片的文字描述，按下回车键后，AI 就会在 1 分钟内生成 4 张符合描述的草图（见图 5-9）。通过图片下方的按钮，我们还可以对生成的草图进行单张图片的细节丰富、分辨率调整、风格变换等操作。对图片的描述可以是几个单词、一个长句，甚至一大段小作文，文字描述可以包括图片的美术风格、细节丰富度、打光方式等。经过反复多次迭代后，会出现令人惊喜的作图效果。

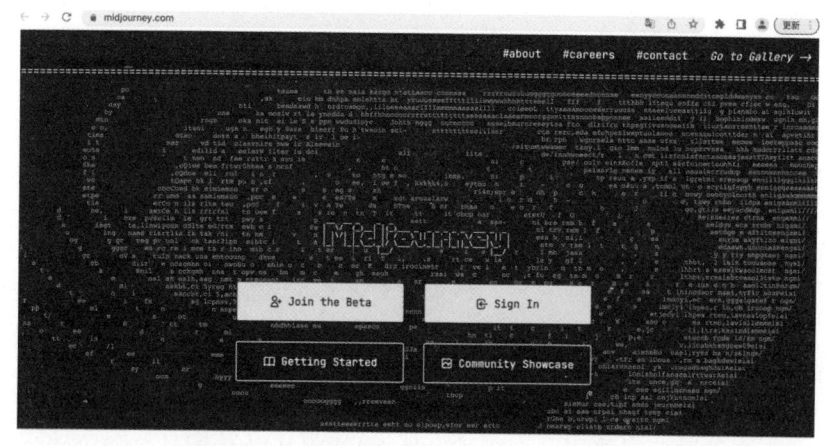

图 5-8　AI 作画工具 Midjourney 的官网页面

资料来源：https://www.midjourney.com/。

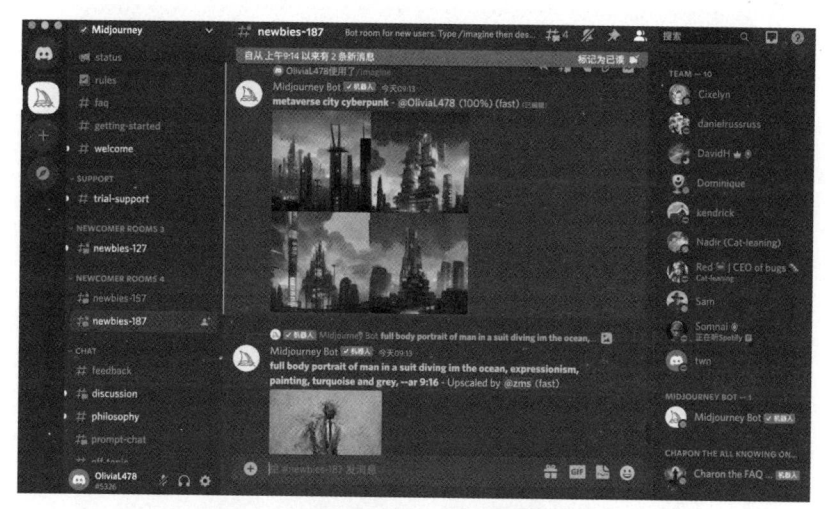

图 5-9　使用 Discord 在 Midjourney 服务器上发送作画指令
（使用账号：OliviaL478）

　　AI 作图主要用到图像分类模型和图像生成模型。图像分类模型能够从文字描述里提取抽象的概念、组合特征，形成机器可以理解的作画创意。2022年，人工智能研究公司OpenAI开源了最新的图像分类模型CLIP，与之前的图像分类模型算法不同，CLIP使用谷歌网站公开图片进行训练，支持具体事物和抽象特征的搜索。这些抽象特征包罗万象，有的可能彼此完全不沾边。它们能够组合成人类无法理解的文字概念，但AI却能把抽象的文字组合转化为神奇的创意。此外，大热的图像生成模型生成对抗网络（GAN），被一个叫作扩散模型（Diffusion Model）的算法打败，后者成为目前主流的图像生成算法。OpenAI推出的模型Dall-E 2让AI作画声名鹊起，该模型就是通过"CLIP模型+Diffusion模型"，实现了超越人类艺术家的"文本生成图像"功能。我们用"元宇宙中的未来赛博朋克城市"为指令，让AI生成了几张图片，效果还是非常惊艳的（见图5-10、图5-11）。

图5-10　笔者使用Midjourney生成的"元宇宙中的未来赛博朋克城市"

图 5-11　笔者使用 Midjourney 生成的数字 NFT 宠物猫形象

除了作画，AI 还在向视频剪辑师、设计师、配音师、销售员等职业发出新的挑战。当然，现在的 AI 作为画师，还不是一个很好的乙方。首先，AI 作画总是带有自己强烈的"主观想法"，它不能像人类画师一样根据甲方的需求不断调整画作细节。其次，由于使用谷歌图片集作为训练库，AI 作画可能带有强烈的地域和种族偏见。当然，如果可以拥有中文大模型库，开发能够直接输出中文描述的 AI 作画工具也并非难事。不过，AI 作画依然可以作为艺术家工作的辅助，为我们的世界提供更多人类想象不到的数字创意。对于未来的元宇宙世界，让 AI 大量辅助虚拟社会的创造工作，承担多种职业功能，也将是加速虚拟世界构建的必由之路。

除了作为技术手段，用于生产人类物理世界之外的数字虚拟世界中的新内容、新知识，数字原生也是构建元宇宙社会经济体系的关键支撑，对元宇宙的意义是非常重大的。数字原生产生的物品和场景是元宇宙中虚拟环境的主要构成，数字原生产生的虚拟数字人是元宇宙社会中的主要公民，数字原生产生的知识也将会为元宇宙社会乃至现实人类社会带来无限可能。同时，数字原生的经济体系也正在加速发展。当前，互联网时代的数字经济往往还依附于现实世界中的市场、商业和经济体系，而数字原生的经济体系是不需要依靠传统经济体系的，其通过内嵌价值体系就能够实现自循环，完成大量交易行为。随着区块链、NFT 等技术的快速发展，这种数字原生的经济体系也在逐步成熟，有望形成一个远大于现有经济体系的增量市场。

在元宇宙中，数字孪生与数字原生正扮演着越来越重要的角色。数字孪生技术能为任何物理对象或者流程创建全面、准确的数字模型。一旦物理对象被建模并完成了仿真，它就在虚拟空间中拥有了生命，并与真实世界的本体建立了联结。这种虚实结合正在成为工业元宇宙应用的重要支撑。而数字原生代表了元宇宙更高级的阶段。它能够在元宇宙数字世界里无中生有地创作出现实世界里根本不存在的东西，纯粹用数字化的方法创造出原生的数字化内容或数字化服务。这将推动每一个元宇宙参与者成为元宇宙的建设者，使他们可以在数字世界里发挥自己的想象力，原创出原生于数字世界的内容。为了实现这一点，3D 建模、人工智能等技术的发展是必不可少的。数字孪生与数字原生作为元宇宙的数字底座，是元宇宙中人、物、环境，甚至知识、经济体系的主要来源，不管是当前阶段还是未来，二者都将是元宇宙的核心能力中不可或缺的组成部分。

数字人

数字人是通过计算机手段构造的、具有人类外观的数字化形象。计算机图形学是数字人领域的首要技术，对世间万物的仿真与建模是计算机图形学的研究目标，人类形象的数字化构造是学界和业界几十年来持久攻关的课题，对人体进行数字形象构造的难点主要在三个方面。首先，人体结构复杂、材质多样，皮肤、毛发、眼睛、嘴唇等各部位的材质和特性迥异，因此建模难度和复杂度相比单一材质的物体更高。其次，人体的动作、形变、皮肤褶皱的动态变化复杂多样，因此真实呈现动态的人体需要复杂精细的人体动力学设计与仿真。最后，由于人类对于人脸和人体进行辨别和感知的敏感度更高，因此，数字人建模和驱动环节的细微瑕疵都能够被用户敏锐地捕捉到，产生不真实感，相较于物体、场景、动物，对人体和人脸的模拟具有更高的保真度要求，一直以来也是学界的研究难点。

随着元宇宙概念的不断升温，众多相关企业在数字人领域投入大量人力和资本，在影视、娱乐、新闻、营销等场景涌现出众多数字人的应用。关于数字人的定义，业界也存在一些不同的观点，本书认为高仿真的人体形象是数字人的核心要素。市面上众多动漫、卡通风格的虚拟歌手、虚拟偶像、虚拟主播等，可以被称为拟人化的数字形象。目前，在元宇宙社交、游戏等应用中，用户通常以卡通化的形象呈现，而非采用高仿真的数字人形象，原因就在于构造高仿真数字人难度大、时间长、成本较高，更适合面向企业用户。面向消费者的低成本数字人建模仍是有待解决的需求，目前蓬勃发展的 AI 数字人建模有望实现向普通终端用户的普及。为了在数字系统中呈现高保真数字人，涉及的技术主要包含建模技术、动作捕捉与驱动技术、渲染技术。

数字人建模技术

数字人建模技术已经在影视和游戏领域发展了几十年，从建模的方式划分，三维数字人模型的构建方式主要包括手工建模、基于扫描仪或相机矩阵的建模、基于人工智能的建模。

手工建模

手工建模是由三维建模师根据设计师提供的二维人物设计草图或人物照片，利用商业建模软件提供的三维建模工具，塑造三维的人物形象。这种建模方式自由度高，可充分实现设计师和艺术家的创意，可构造现实中不存在的形象，广泛应用于电影、动画、广告等领域。手工建模的缺点在于人物的精细建模需要较高的人力成本，为了逼真呈现人物的各处细节，需要众多建模师对人物的五官、皮肤、毛发、服装等不同部位进行精细的模拟。数字人的建模还包括贴图、绑定、动画等环节，数字人的贴图环节为三维模型的顶点赋予颜色、材质、透明度、反射率等属性，使人物模型在之后的渲染中呈现自然的光影和丰富真实的纹理信息。

高保真数字人的构建、驱动，不仅需要细节丰富、纹理真实的三维数字人几何模型，还需要绑定师使模型动起来。绑定师的角色十分关键，决定了数字人能否呈现自然真实的动作、表情和皮肤的形变。绑定环节，是将数字人三维模型表面顶点与稀疏的控制点，如骨骼关节点之间的关系进行绑定和权重设置，绑定方式是对三维模型表面上的每个定点赋予权重向量，权重向量确定了该顶点受每个关节点控制的强弱。经过绑定环节，可以通过控制关节点的位移，驱动数字人做出动作和表情。获取驱动参数最常用的方式是利用动作捕捉技术，获取演员的动作和表情参数，并将其迁移到数字人上。

手工建模方式虽然具有较高的灵活度，但是缺点在于需要较高的人力成本，尤其是构建高精度、超写实的影视级的数字人，需要耗费建模团队数月的工作周期才能完成。因此，手工建模主要适用于影视、游戏等高预算的场景。

基于扫描仪或相机矩阵的建模

对于现实中的人体，可以利用三维重建装置对其进行数字化，方式可分为两种：主动式重建和被动式重建。主动式三维重建方式利用三维扫描装置向重建对象发送信号，并感知反射的信号以确定对象表面的位置和形状。同时，通过向人体表面投射红外光、激光点阵或光栅图案，利用扫描仪上的传感器接收人体表面反射的信号，基于光学测量技术、计算机图形图像学技术等，解算三维表面的位置和几何信息。在数据采集时，通过移动扫描仪的位置，就可以将人体不同部位的几何信息利用配准算法、融合算法整合成完整的三维模型。被动式重建方法则是利用摄像头对重建对象进行拍摄，高精度的三维重建需要相机阵列拍摄不同角度的图片，在工作室环境中，利用上百台相机组成的相机阵列同时对人体拍照，相机之间需要进行时钟同步，以确保不同相机所捕捉到的画面为同一时刻拍摄，此外，还需要利用相机标定算法如COLMAP确定相机的内参和外参，利用不同视角拍摄到的画面的差别，通过立体几何解算人体表面的位置和形状（见图5-12）。

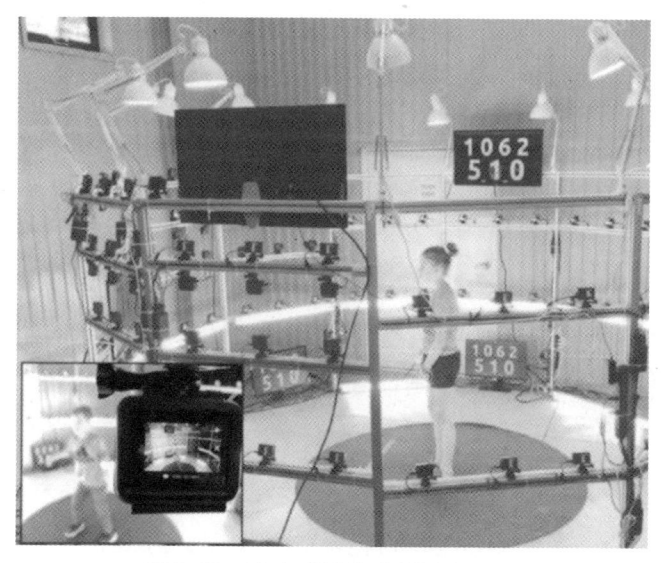

图5-12　用于三维人体重建的相机阵列

资料来源：Yu Z, Yoon J S, Lee I K, et al. Humbi：A large multiview dataset of human body expressions［C］//Proceedings of the IEEE/CVF Conference on Computer Vision and Pattern Recognition，2020：2990-3000。

基于人工智能的建模

手工数字人建模需要依赖艺术家的专业知识，基于三维重建设备的数字人建模需要承担较高的硬件成本，随着计算机图形学和计算机视觉的发展，利用消费级摄像头捕捉的单张图像或一段视频进行人体三维重建成为可能。基于 AI 技术的数字人体三维重建可分为两种方法：参数化的方法和非参数化的方法。参数化的方法首先估计人体的统计形状模型参数，然后利用图像中的人体轮廓和阴影信息对估计的统计形状模型的三维表面进行细粒度的变形。非参数化的人体重建方法利用体素表示、隐式占用场等三维表示形式，在表达人体和衣物几何上具有更高的自由度。主流的基于图像的三维数字人建模方法如 PIFu（像素对齐隐函数），利用卷积神经网络提取输入图像的特征，并利用空间位置的像素对齐特征，预测空间中的某个位置是否位于三维人体模型之内，该方法预测的三维人体的隐式表示，需要利用 Marching Cube（移动立方体）技术提取人体表面。又如，ICON（穿衣服人体重建）方法利用一段人体视频中多帧的三维人体重建结果，学习人体表面的蒙皮参数，构建可驱动数字人（见图 5-13）。虽然基于 AI 的数字人建模技术为数字人的大规模普及奠定了基础，但目前其建模的精细程度还无法与手工建模相媲美，推理速度也通常无法满足实时性的要求。

图 5-13　ICON 根据一段人体视频生成数字人模型

资料来源：Xiu Y, Yang J, Tzionas D, et al. Icon：Implicit clothed humans obtained from normals［C］//2022 IEEE/CVF Conference on Computer Vision and Pattern Recognition（CVPR）. IEEE, 2022：13286-13296。

动作捕捉与驱动技术

通过建模技术构造出高精细度数字人体模型之后，需要通过驱动技术让数字人在虚拟空间中鲜活起来。为了使数字人展现自然生动的动作和表情，基于动作捕捉技术的映射是最常用的驱动参数获取方式。伴随影视产业的蓬勃发展，动作捕捉技术的研究已走过了几十年的历程。最早的动作捕捉技术基于机械装置，这类设备通常包括多套关节以及刚性的连接杆，连接杆固定在不同的人体部位上，当人体做出动作时，角度传感器检测到连接杆之间的角度变化，并转换成人体关节的运动轨迹，这类动作捕捉设备会给演员的表演带来一定的负担，对动作的灵活性有一定限制，因此这类设备目前已较少使用。20世纪90年代末，电影《指环王》第一次将动作捕捉系统投入拍摄片场，2009年上映的电影《阿凡达》建立了当时最大的动作捕捉影棚，并将动作捕捉与高精度面部表情捕捉技术进行结合，成为动作捕捉技术以及特效CG（计算机图形）电影新的巅峰。在游戏领域，1994年的街机游戏《VR战士》利用动作捕捉技术模拟游戏角色的动作，呈现出逼真、流畅的动作效果。目前，各大型游戏工作室广泛采用动作捕捉技术，创造出电影级的游戏角色动作表演。

动作捕捉技术的主要技术方案包括基于光学的动作捕捉技术、基于惯性的动作捕捉技术和基于机器视觉的动作捕捉技术。基于光学的动作捕捉技术通常在工作室环境下进行，演员身着黑色紧身衣，紧身衣表面附有一系列反光点，空间中布置充足的照明设备，通过环绕空间的光学传感器接收演员身上的反光点信号，利用不同位置的光学传感器捕捉到的反光点信息以及传感器的相机参数，计算出反光点的空间运动信息，并推导演员关节的运动。基于惯性的动作捕捉设备通过在人体不同部位固定陀螺仪惯性传感器，利用各陀螺仪捕捉到的加速度信息，解算人体的姿态和动作变化（见图5-14）。

图 5-14　OptiTrack 光学动作捕捉系统

资料来源：http://www.optitrack.com.cn/products/prime-41/。

基于光学或惯性的动作捕捉系统成本较高，需要用户佩戴各种装置，并对使用环境有较高要求，因此难以应用于消费级使用场景。近年来，随着机器视觉技术的不断发展，以及虚拟现实设备的成熟，基于机器视觉的动作捕捉技术，通过引入人工智能算法，利用图像估计人体的姿态动作，有望在消费级市场中得到普及。这类技术无须用户在身体上佩戴标记点，或者在使用环境中布置传感器系统，可以通过 VR 头盔上的相机捕捉面部、手部、肘部、腿部的位置信息。由于相机固定在头盔上，存在对用户自身的遮挡，对于肢体信息的捕捉不全面，因此结合人工智能算法，利用头盔内和手柄内的定位和传感器数据，还原用户的动作和运动姿态（见图 5-15）。

图 5-15　FaceWare 面部表情捕捉头盔

资料来源：https://facewaretech.com/cameras/markiv。

面部表情捕捉技术作为动作捕捉的一个环节，目标是获取演员面部精确的表情参数和几何变化。与人体动作捕捉、关节位移追踪等相比，面部的几何变化细粒度更高，用户对面部表情的感知程度和辨别力更强，因此对面部表情捕捉技术提出了更高的要求。面部表情捕捉设备通常由头盔以及固定在头盔上的传感器构成，无论演员做出何种动作和头部姿态，传感器都能稳定地捕捉演员的面部信息。

对传感器拍摄到的面部表情进行识别，分为有标记点的识别和无标记点的识别两种方案。有标记点的识别需要预先在演员面部粘贴或绘制一系列标记点，对拍摄画面中的标记点进行识别，利用标记点的三维位置变化，计算人脸三维几何表面的变化。无标记点的表情捕捉则利用计算机视觉算法，对面部关键特征如唇部、眼角、鼻尖等关键点进行识别，结合统计面部模型，得到实时的面部表情参数变化。

动作捕捉技术不仅广泛用于电影、动画、游戏制作、体育竞技与训练、医疗康复等领域，随着元宇宙相关应用的发展和成熟，动作捕捉技术也有了更多的用武之地，如在虚拟现实、人机交互、虚拟偶像、虚拟主播领域的应用，并逐步从企业用户向个人用户普及。动作捕捉技术是连接物理世界和虚拟世界的桥梁，实现了物理世界的用户与虚拟系统的角色之间的连接与参数映射，成为提供元宇宙高质量用户体验的重要一环。今后，随着硬件成本的降低以及算法的提升，动作捕捉技术和驱动技术将有更广阔的应用空间。

数字人渲染技术

为了准确、逼真地呈现人体不同组织部位的纹理、材质和光影，数字人的渲染技术十分关键。人体由多种材质构成，主要包括皮肤、毛发、眼球等，数字人的渲染还涉及服装材质的模拟与仿真。渲染技术通过模拟光线照射三维表面的反射和折射，对表面材质的特性进行仿真，对于人体部位的渲染，需要根据不同部位的生物学构造特点进行建模。英伟达在《GPU 精粹 3》(*GPU Gems 3*) 一书中提出了实时的真实感皮肤渲染方法，核心思想是将皮肤分为表面油脂层、表皮层和真皮层进行建模。表面油脂层对于光照的反射起到主要作用，入射光会在表皮层与真皮层中发生散射，部分光线会返回空气中被相机捕捉。基于皮肤多层模型，可将皮肤渲染分为表面高光反射和次表面漫反射两个方面。此外，皮肤的渲染还需要处理光线在毛孔、皮肤凸起以及褶皱处的正确投射（见图5-16）。与皮肤渲染类似，眼球也是多层结构，对渲染影响较大的结构包括角膜、瞳孔、虹膜和巩膜，渲染技术通过模拟光线进入眼球的反射，呈现眼球晶莹、逼真的观感。头发纤维实际上也是多层结构，最外层的鳞片状结构组成头发的粗糙表面，光线除了在粗糙表面的反射，也会在头发纤维内部发生反射和折射，最后头发渲染呈现的颜色和光泽是多条光路综合的结果（见图5-17）。

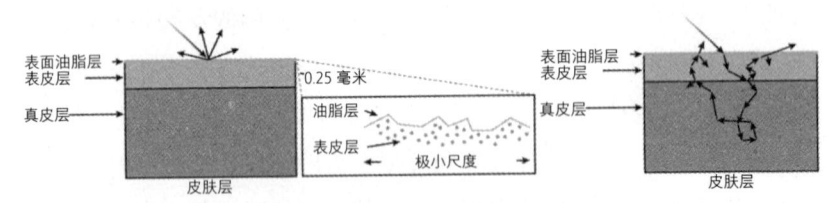

图5-16　皮肤多层模型渲染方法

资料来源：https://developer.nvidia.com/gpugems/gpugems3/part-iii-rendering/chapter-14-advanced-techniques-realistic-real-time-skin。

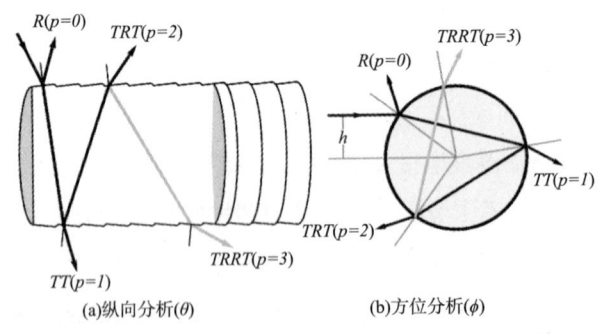

图5-17　头发渲染技术：模拟光线在头发表面的反射和折射

资料来源：d'Eon E, Francois G, Hill M, et al. An energy-conserving hair reflectance model［C］//Computer Graphics Forum. Oxford, UK：Blackwell Publishing Ltd, 2011, 30（4）：1181-1187。

未来每个用户都将依托虚拟数字人技术，通过虚拟化身在元宇宙世界中进行沉浸式探索，利用先进、便捷的数字人建模、驱动与渲染技术，人们将在元宇宙中领略沉浸式的、逼真的社交和工作体验。

下一代人机交互

人机交互（HCI）技术是研究系统与用户之间交互关系的技术，其目的是通过计算机的输入、输出设备，以有效的方式实现人与计算机之间的信息交换。在 20 世纪 70 年代个人计算机出现之前，只有专业的信息技术从业人员才会有与计算机进行交互的需求。随着个人计算机的出现以及迅速普及，世界上的每一个人都成为计算机的潜在用户，计算机在"可用性"上的需求日益增长，人机交互技术也开始蓬勃地发展，成为计算机科学、行为科学、设计、商业、媒体等众多领域共同关注的研究领域。

具体来说，人机交互技术主要包括两个部分：人到机器的信息交换、机器到人的信息交换。在互联网时代，人们主要通过个人计算机的鼠标、键盘、麦克风和摄像头等输入设备来向计算机传递信息，同时计算机可以通过显示器、打印机以及音响等输出或者显示设备来将信息传递给用户（见图 5-18）。而进入移动互联网时代，随着智能手机的诞生，通过手指操控触摸屏的人机交互方式在全球范围内开始大规模商用，直至今日仍是所有移动终端的主要交互方式。这一代的交互方式——用手指在触摸屏幕上点击、滑动等操作替代了早期交互方式——鼠标单击、双击、滚轮以及键盘按键等操作，更加回归人类最基本的交互动作，极大地提高了移动设备的直观易用性（见图 5-19）。随着元宇宙时代的到来，诸多元宇宙应用为了给用户提供极致真实的沉浸感以及更加立体的交互方式，对人机交互的方式也有了更高的要求，进而刺激了下一代人机交互技术的发展。下一代人机交互技术将为元宇宙世界提供从物理世界到虚拟世界、从现实空间到虚拟空间的全面无缝连接。

图 5-18　鼠标、键盘和显示器是互联网时代主要的人机交互工具

资料来源：该图片由 Vojtech Okenka 在 pexels 上发布，https://www.pexels.com/zh-cn/photo/392018/。

图 5-19　触摸屏成为移动互联网时代的主要交互工具

资料来源：该图片由 Gerd Altmann 在 pixabay 上发布，https://pixabay.com/zh/photos/internet-cyber-network-finger-3563638/。

XR 技术

　　XR 技术也被称为扩展现实技术，其囊括了虚拟现实、增强现实以及混合现实。在元宇宙时代，人机交互方式的关键性转变之一，就是由传统的 2D 平面交互转变为更加具有效率的 3D 空间交互。而 XR 技术通过计算机图形和可穿戴设备来生成虚拟和真实相生的沉浸式环境，正是实现 3D 交互方式的重要技术路线，也是实现元宇宙沉浸式体验的关键途径。

虚拟现实

　　虚拟现实技术也被称为灵境技术，由美国计算机科学家杰伦·拉尼尔于 20 世纪 80 年代初提出，是一种集成了计算机图形技术、计算机仿真技术、传感技术、显示技术、人类心理学以及生理学等多种学科的综合性技术。该技术通过计算机图形技术构建 3D 虚拟环境，建立以视觉感知为主，包含听觉、触觉等其他感知的模拟仿真系统，为用户提供三维的、动态的、沉浸式的交互体验。用户可以更加直接地观察、聆听、操控甚至触摸虚拟环境中的物体，感受到身临其境的真实感（见图 5-20）。

　　虚拟现实最重要的一个特点就是沉浸感。这是指计算机构建的虚拟环境需要足够逼真，才能使用户感到"真假难辨"，完全地沉浸于三维虚拟世界当中。这需要对虚拟场景内容的外观、声音甚至气味和触感进行模拟仿真，使虚拟的场景看起来、听起来、闻起来甚至摸起来都像真的。此外，虚拟现实的另一个特点则是更加直接、更加自然的交互方式。传统计算机或智能手机的显示屏会让用户明确感受到正在观察的是屏幕中的世界，而虚拟现实技术可以借助穿戴式设备，让用户感受到自己正在观察的内容就在眼前。因此，用户可以使用更加自然的方式来对虚拟世界中的内容进行操控，同时仿真计算可以模拟该操控的反馈。例如，虚拟场景中的物体可以随着用户的手臂在空间中的运动而进行相应的移动，用户也可以通过模拟装置来感受物体的重量。

图 5-20　虚拟现实技术构建虚拟世界，利用穿戴式设备为用户提供沉浸式交互体验
资料来源：由 Karolina Grabowska 在 pexels 上发布，https://www.pexels.com/zh-cn/photo/5207604/。

增强现实

增强现实是在虚拟现实基础上发展起来的技术，是介于虚拟世界与真实世界之间的一种交互形态。它将真实世界的信息与虚拟世界的信息进行无缝连接，把现实世界中原本不能直接展现的某些信息，通过计算机模拟生成虚拟的展现形式，并叠加到真实世界当中，由同一个画面或者空间进行显示，从而达到超越现实的感官体验。与虚拟现实类似，增强现实技术也是包含了三维感知、视频显示、实时跟踪、多传感器融合等多种新兴技术的综合性技术。通过增强现实的定义不难看出，增强现实技术最重要的特点是虚实结合（见图 5-21）。为了有效地实现虚实结合的效果，三维注册技术、虚实融合显示技术为增强现实系统提供了关键性的支撑。

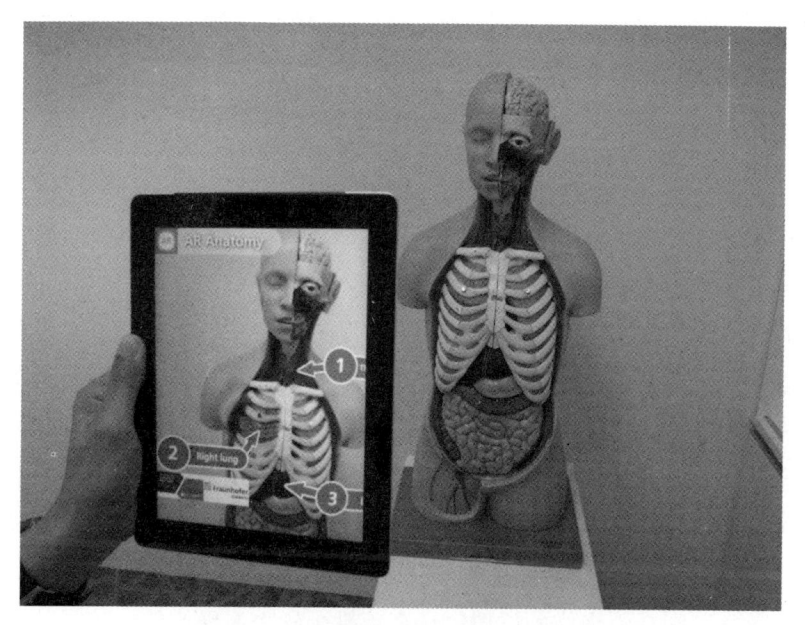

图 5-21　增强现实将虚拟信息融入真实世界

资料来源：该图片由 zedinteractive 在 Pixabay 上发布，https://pixabay.com/zh/photos/augmented-reality-medical-3d-1957411/。

三维注册技术一直是增强现实领域研究的重点和难点。其主要任务是实时计算摄像头相对于所观察真实场景的位姿状态，以及确定需要叠加的虚拟信息在成像平面中显示的位置。目前，三维注册方式主要可分为三种类型：基于计算机视觉的注册方法、基于传感器的注册方法以及混合注册方法。基于计算机视觉的注册方法通过移动设备拍摄的视频，利用图像处理及 3D 视觉算法对真实场景进行识别和跟踪，并结合成像模型来确定叠加的虚拟信息在成像平面上的位置。而基于传感器的注册方法则通过集成基于 GPS、激光、超声波等信号的硬件传感器，对真实场景的三维信息进行感知与理解。相较于仅通过图像、视频进行注册的方式，尽管基于高精度传感设备的注册方式具有更高的准确度，但是由于传感设备会增加增强现实装置的体积和重量，其使用场合较为固定，适用范围有限。采用混合注册方法也是当前增强现实系统的一种有效选择。混合注册方法结合了基于计算机视觉的注册方法与基于硬件传感器的注册方法，以达到准确性和鲁棒性的更好平衡。

虚实融合显示技术的主要任务是将摄像机采集到的真实环境的视频信息与计算机生成的三维虚拟信息进行融合显示。目前，增强现实系统实现虚实融合的主要方式包括头盔显示、手持显示以及投影显示等。相较于虚拟现实系统中的显示设备，增强现实系统的头盔显示设备可通过光学透视或者视频透视的方式，实时地呈现出周围真实环境的情景，并通过将虚拟信息进行叠加来加强用户对真实世界数据信息的认知能力。手持显示设备一般是指，利用手机、平板电脑等移动终端设备的摄像头和显示屏来实现对周围环境的实时呈现，这类设备的优点是具有较高的便携性，可以随时随地使用。投影显示则是将生成的虚拟信息直接投影到需要融合的真实场景中的一种虚实结合显示技术。这种显示方式能够将图像投影到真实场景中，实现虚拟信息与真实世界的融合显示，例如，全息投影技术可将虚拟的三维物体投影在空气中，使用户不用借助任何穿戴式设备即可观看叠加在真实场景中的虚拟信息。但是，受投影设备的体积和便携性，以及其容易受光照变化影响的性质的限制，投影显示方式更加适用于室内特定场景的使用，不适合室外大场景的增强现实应用。

混合现实

混合现实是虚拟现实与增强现实的融合形态，其通过在虚拟环境中引入现实场景的信息，在虚拟世界、现实世界和用户之间搭起一个交互反馈信息的桥梁，从而增强用户体验的真实感。混合现实将真实世界和虚拟世界进行融合，产生新的可视化环境，同时，其产生的虚拟内容能够和真实世界进行实时交互，这是增强现实所不具备的。混合现实中生成的虚拟物体或人物可以根据现实场景的三维结构和语义等信息做出实时的反应，例如，虚拟的冰块靠近真实的火焰时会发生融化，虚拟的人物遇到现实的障碍物时会绕道等。混合现实与增强现实、虚拟现实的关键技术类似，最大的不同在于混合现实需要实现对虚拟物体和真实物体交互的呈现，这需要对真实场景的物理信息和语义信息等进行感知和理解，并对物体之间的交互关系进行实时仿真。

脑机接口技术

脑机交互技术是研究如何用大脑中的神经信号直接与外部计算设备交互的技术，涉及认知科学、神经科学、计算机科学等多学科领域的交叉。进行脑机交互最直接的途径便是脑机接口。脑机接口是指，在人类大脑和外部设备之间建立的一种信息通信通道，使大脑与计算机或其他外部设备双向连接。通过脑机接口可以读取大脑电信号，实现对大脑信息的读取、输出、复制和下载，也可以模拟人脑记忆的产生模式，反向地将计算机等外部设备的信息输入、上传至大脑，甚至可以改变大脑的记忆、思维和认知。脑机接口可以实现大脑的意识活动与外部设备的直接交互，达到不借助身体肌肉和神经即可控制和感知外部世界的目的（见图5-22）。

根据信息采集方式的不同，脑机接口通常可分为侵入式和非侵入式。侵入式脑机接口是指将装置直接植入大脑的灰质。这种方式获取的神经信号质量较高，但是容易引发人体免疫反应，可能导致信号质量的衰退甚至消失。非侵入式脑机接口则不进入大脑内部，而是像帽子一样佩戴于头部。虽然避免了侵入式脑机接口可能带来的种种问题，但是由于头骨对于信号的衰减作用以及对电磁波的分散和模糊效应，非侵入式设备记录到的信号的分辨率并不高。这种信号虽然可以被感知到，但往往难以确定发出信号的脑区或相关神经元的放电。此外，还有部分半侵入式脑机接口将设备植入颅腔内部但处于灰质外部，以降低引发免疫反应和愈伤组织的概率。尽管这种方式采集到信号的空间分辨率不如侵入式脑机接口高，但是会优于非侵入式，是一种折中的选择。

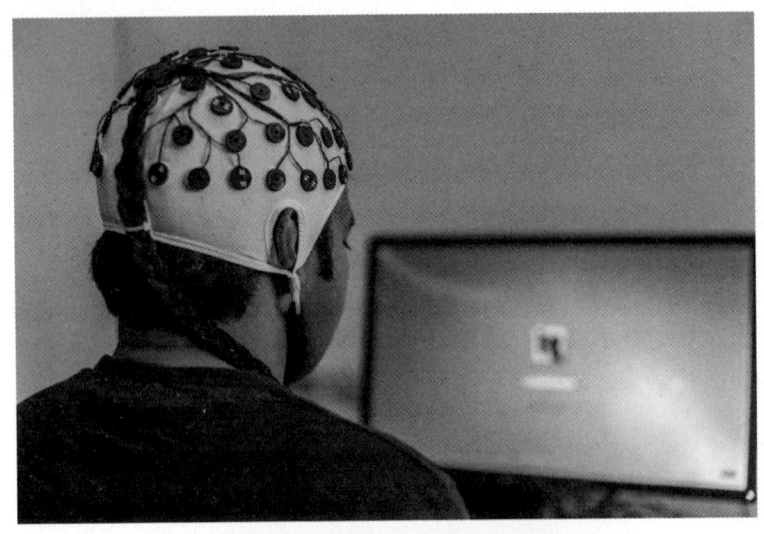

图 5-22 脑机接口使大脑与外部设备双向连接

资料来源：该图片由 Ulrich 在 pixabay 上发布，https://pixabay.com/zh/photos/eeg-integration-2680957/。

在元宇宙时代，脑机接口可能成为元宇宙的终极接入方式。尽管现在脑机接口技术并不成熟，但随着技术的发展，如果脑机接口技术的稳定性、安全性和成本等方面均实现突破，将极大地提升人机交互的效率和速度。用户通过脑机接口，可以凭借自己的意志在元宇宙中自由地活动身体的任意部位，不再受传统交互方式中"预设动作"的限制，可以更加自由地与虚拟世界进行交互。此外，现在通过 VR 技术接入元宇宙时产生的眩晕感，主要是由于用户与虚拟世界中的物品进行交互时，视觉和触觉等其他感官产生了割裂。而脑机接口的信号是双向传输的，因此，当通过脑机接口接入元宇宙时，用户触摸元宇宙中的物品能够清晰地感受到物品的材质、温度、硬度等信息,甚至能够闻到它的气味、尝到它的味道,从而产生极致的沉浸感。这意味着脑机接口可以打破现实与虚拟之间的壁垒,使用户能够真正在元宇宙构建的虚拟世界中生活。

人机交互的方式,不仅关系到人类获取信息的渠道,而且决定了人与人之间在元宇宙空间中的连接形式。随着人机交互方式的改变,人与人之间的连接形式也将被重新定义,传统的用户输入和机器输出模式也将升级成更具沉浸感的多元化人机交互。从短期来看,非侵入式脑机接口与 XR 技术相结合,有可能取代键盘、鼠标、触摸屏成为下一代的人机交互方式。从长期来看,具有巨大潜力的脑机接口还有望被应用到更加广阔的领域,甚至有可能将超声波、磁场等非人类感知能力转变为人类的感知能力。在元宇宙发展的初级阶段,人机交互方式仍然会主要依赖手的操作和眼睛、耳朵的感知。除了视觉、听觉,触觉、嗅觉、味觉等感官模拟技术的发展也会将用户的感官体验提升至多个维度。当人工智能和脑机交互技术逐步成熟之后,人们可以通过脑机接口,利用人工智能直接读取人的意念,将自己的指令通过脑电波直接输入虚拟世界,同时虚拟世界也将反馈结果直接发送给人脑。这种交互过程可以省去人通过动作的发号施令操作,并将交互结果呈现在人脑中,成为通往终极形态元宇宙的入口。

通用人工智能与 AI 建模

随着元宇宙的快速发展,元宇宙中的内容、人物、场景数量也急剧膨胀,如同宇宙大爆炸一般,引发了海量的元宇宙建构需求。元宇宙依托三维化的内容呈现,与二维图像相比,三维建模更为耗时,艺术家和设计师的三维建模能力已逐渐无法满足元宇宙内容创作需求的快速增长。AI 智能构建技术能够加速元宇宙世界的建设,是未来元宇宙"大基建"的核心能力之一。元宇宙中的海量要素与复杂系统，需要有效的知识表示与理解技术，这有赖于知识图谱技术。元宇宙的发展也将激发海量的机器学习任务需求，下一代通用人工智能将成为元宇宙的核心基础能力。

通用人工智能

元宇宙是二维互联网迈向三维化的重大升级，通过数字化技术对现实的三维世界进行全面、完整的模拟甚至超越。为了支撑元宇宙的宏大愿景以及高度复杂的系统，需要更高层次的智能技术维持元宇宙虚拟世界的高效运转，通用人工智能有望成为元宇宙领域的关键技术之一。通用人工智能模拟人类理解、学习、思考与行为的方式，能够解决任何类型的复杂问题。相较于专用人工智能模型，通用人工智能具有更加全面的认知、推理与计算能力，可以处理未被定义的、具有不确定性的问题，能够对多模态大数据进行综合分析与决策，提高决策准确性，执行具有创新性、创造性和想象力的任务。

2022年5月，DeepMind发表论文《通用智能体》（*A Generalist Agent*）。受到大规模预训练语言模型的启发，该论文提出了一种多模态、多任务的通用智能模型——Gato，只需一个神经网络模型，利用相同的权重，就可以执行众多自然语言处理、机器视觉、游戏、机器人操作等任务。Gato在604个不同模态、观测和动作类别的任务上进行训练。Gato模型基于Transformer模型（一种新的神经网络结构），将不同类型的输入形式，如文本、图像、游戏按键输入、操作机器人的关节力矩信号与传感器信号都转换成离散的序列，并将序列化的输入形式送入Transformer模型进行处理。Gato模型具有24层11.8亿参数，在谷歌16×16 Cloud TPUv3（第三代张量处理单元）切片训练约4天后，Gato在604个任务中的450个任务上达到了专家分的50%，并在23个Atari（雅达利）游戏上超过了人类的平均分，在其中11个游戏上的得分比人类平均得分高一倍。虽然目前 Gato 模型在单独的任务上还无法达到专用人工智能模型的性能，但相关实验指出，随着参数量、数据、硬件等投入的增加，模型性能还有提升的潜力（见图 5-23）。

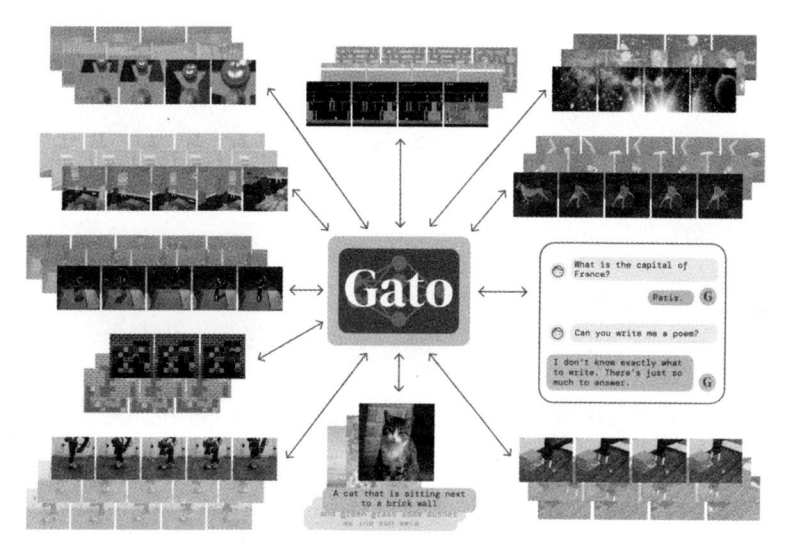

图 5-23　DeepMind 构建的通用人工智能模型 Gato

资料来源：Reed S, Zolna K, Parisotto E, et al. A generalist agent［J］. arXiv preprint arXiv：2205.06175，2022。

2022 年 6 月，中国人民大学教授文继荣及其团队在《自然·通讯》发表面向通用人工智能的多模态基础模型。该研究借鉴了人类大脑的多模态信息处理机制，提出文本与图片之间的弱语义相关假设，开发了多模态预训练模型 BriVL（Bridging Vision and Language）。专用人工智能模型局限于某个认知能力的学习，而该研究试图让模型具有更强的泛化能力和想象能力，应对下游多种认知任务的挑战。目前，主流的多模态模型依赖文本与图像之间的强语义相关假设，会导致模型损失人们为图片配文时的复杂想象与情感。利用弱语义相关假设，对于输入的抽象概念的单词，BriVL 具有将抽象概念概括为一系列相关事物的能力（见图 5-24）。

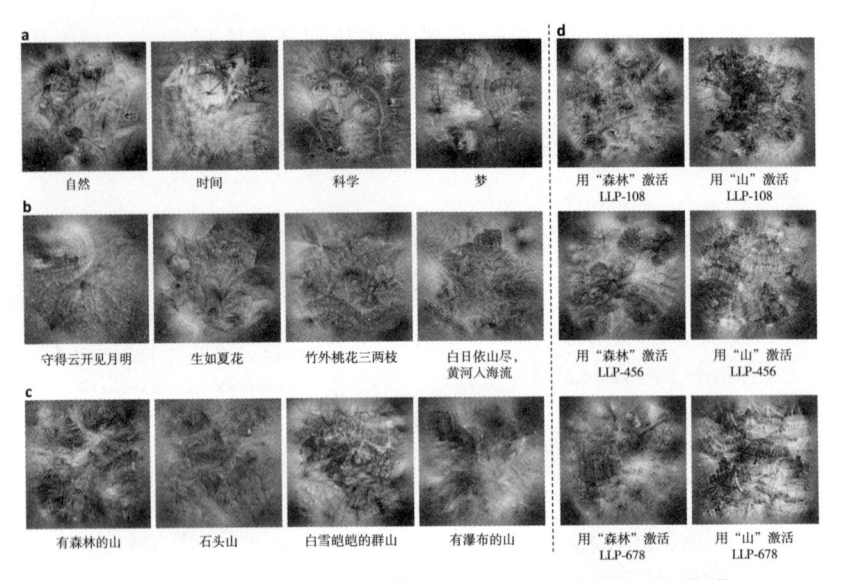

图5-24　BriVL在处理文本到图像生成任务上的特征嵌入的可视化

资料来源：Fei N, Lu Z, Gao Y, et al. Towards artificial general intelligence via a multimodal foundation model [J]. Nature Communications, 2022, 13（1）: 1–13。

智能三维内容生成

　　三维模型与场景的快速生成是元宇宙相关应用的基本需求，在二维图像生成领域，生成对抗网络、变分自编码器（VAE）、扩散模型已可以生成细节丰富、风格多样的高清晰度二维画作、照片等，如何大批量快速生成具有不同拓扑结构、丰富几何细节和纹理的3D模型，仍是学界研究的难点和热点。

　　英伟达发布的GET3D是利用二维图像数据集训练的3D模型生成器，帮助开发者和用户更容易地创造元宇宙世界中的元素。之前关于3D生成的研究，通常缺乏几何细节，难以生成具有不同拓扑结构的模型，或是生成的模型不具有纹理，或是在渲染阶段依赖神经网络，无法直接在主流图形软件中进行编辑或者与当前的游戏引擎进行融合。GET3D的优势在于其能够生成具有纹理的显示 3D 网格模型，生成的格式可以轻松地在主流的图形软件中进行编辑，并导入游戏引擎和 3D 渲染器中呈现。GET3D 模型集成了可微分表面建模技术、可微分渲染技术以及二维生成网络，可以生成汽车、椅子、动物、人体、建筑物等种类丰富的 3D 模型（见图 5-25）。利用不同的二维图像数据集进行训练，GET3D 可以生成相应种类的三维模型，例如，当利用二维汽车数据集进行训练时，GET3D 可以生成轿车、跑车、货车、卡车的三维模型集合，GET3D 在 GPU 上运行的生成速度约为每秒 20 个。英伟达人工智能研究副总裁桑亚·费德勒表示："GET3D 让我们离人工智能驱动的 3D 内容创作大众化又近了一步，它即时生成带纹理细节的 3D 形状的能力可能会改变开发人员的游戏规则，帮助他们用各种有趣的对象快速填充虚拟世界。"GET3D 技术也有其局限性，目前其只能在合成图像数据集上进行训练，并且对于不同类别的二维图像集需要分别进行训练，在未来其有望支持真实二维图像。

图 5-25 英伟达 GET3D 模型生成具有丰富纹理细节的 3D 模型

资料来源：Gao J, Shen T, Wang Z, et al. GET3D：A Generative Model of High Quality 3D Textured Shapes Learned from Images［J］. arXiv preprint arXiv：2209.11163，2022。

近年来，二维图像创作模型如 DALL-E 2、Imagen 等大放异彩，其丰富的想象能力与艺术水准令人印象深刻，但根据一句话生成三维的内容仍然十分困难，DALL-E 2 等模型的训练需要数十亿的文本–图像对，但三维内容创作模型的训练无法收集到足够的有标记的三维模型。谷歌开发的 DreamFusion，通过借助预训练的二维扩散模型从文本生成一张二维图像，并引入基于概率密度蒸馏的损失函数，优化随机初始化的神经辐射场。DreamFusion 无须三维模型或者多视角图像作为训练数据，训练得到的模型可以在给定相机视角和光照条件下生成神经辐射场模型，以及三维物体在给定视角下的二维渲染图像（见图 5-26）。DreamFusion 很好地继承了二维生成模型的先验，存在的问题在于图像的分辨率较低，生成的三维物体通常缺乏细节。此外，在不同的随机种子下生成的三维模型表

图 5-26 谷歌 DreamFusion 根据输入的一句话生成三维神经辐射场模型

资料来源：Poole B，Jain A，Barron J T，et al. Dreamfusion: Text-to-3d using 2d diffusion [J]. arXiv preprint arXiv：2209.14988，2022。

现出较小的差异。神经辐射场由于并非显示的三维模型表示方式，难以直接利用现有的图形软件进行编辑或者集成进主流的游戏引擎中。虽然该技术还未成熟，但相信随着技术的进步，类似 DreamFusion 的方法在元宇宙物体建模、场景构建、数字藏品生成等应用中具有重要的部署潜力。

AI 建模

要想在元宇宙空间中将现实世界中的大规模场景进行精细的呈现，仅利用基于图形软件的手工建模是难以完成的，基于人工智能的场景和物体建模能够加速元宇宙的构建。在元宇宙虚拟空间中，大规模场景生成与重建技术能够为用户提供临场感与真实感。根据实现方式的不同，基于人工智能的场景与物体重建可分为基于图像的三维重建方法和基于激光扫描的三维重建方法。

基于图像的三维重建方法又可分为显示重建与隐式重建两种。显示重建方法利用输入图像直接估计物体或形状的三维网格模型表示或体素表示。3D-R2N2、Pix2Vox 等方法利用二维卷积编码器提取图像的形状特征，利用三维卷积解码器接收特征嵌入，重建三维形状的体素表示。Pixel2Mesh、Pixel2Mesh++ 等方法利用图卷积网络接收二维图像的特征并对给定的三角形网格模板形状进行变形，逐步拟合目标的三维形状。Mem3D 利用记忆网络检索与 RGB（红绿蓝三原色）图像最相关的三维形状，并将其作为结构先验用于估计三维形状的体素表示。

隐式重建方法预测形状或场景在三维空间中的概率分布，包括预测隐式占有场、有符号距离场以及 NeRF（神经辐射场）等。NeRF 是隐式三维重建的经典方法，NeRF 利用从多个不同视角拍摄的画面训练神经网络，得到的网络能够对新的任意视角合成渲染后的二维图像。谷歌提出的 Block-NeRF 将大规模场景划分为多个单独训练的子场景,当观测视角需要跨越不同的子场景时,Block-NeRF 动态选择相关的子模型进行渲染并可实现平滑的切换效果,而无须对整个环境重新训练。为了解决不同时间采集的图像成像环境差异,Block-NeRF 提出了与观看方向、曝光和外观嵌入连接的特征向量,用于推理空间中位置的颜色(见图 5–27)。

图 5–27　谷歌 Block-NeRF 构建多街区规模的神经辐射场模型

资料来源:Tancik M, Casser V, Yan X, et al. Block-nerf: Scalable large scene neural view synthesis [C]//Proceedings of the IEEE/CVF Conference on Computer Vision and Pattern Recognition. 2022:8248–8258。

与基于图像的三维重建方法相比,基于激光扫描的三维重建方法在几何精度和效率上具有一定的优势。随着激光扫描技术的发展和成本的降低,激光扫描数据的三维重建逐渐应用于自动驾驶、建筑建模、文物建模等领域。基于激光扫描对场景进行重建的主要流程有:采集场景的三维扫描数据;不同区域激光扫描数据的配准、拼接与融合;将激光点云数据转换成三角形网格模型,并进行后处理与编辑;将彩色图像中的颜色与纹理映射到三角形网格模型的顶点上。由于激光扫描点云数据的稀疏性,人工智能算法被用于从点云数据重建更精确的几何表面。

知识图谱与认知理解

认知是人类获取和应用知识的过程,人工智能领域的研究者希望智能系统能够具有类似于人类的认知、分析和推理能力，知识图谱模拟人类对数据和信息的理解、凝练和总结，用节点和边，即图的形式表示知识，是万物之间复杂关联关系的抽象表达，能够将碎片化的信息进行整合和连接。1923年，奥格登和理查兹提出了经典的语义三角模型，人类通过符号建立起认知过程中形成的世界模型，人类将对客观事物的认识抽象成概念，并建立起概念与概念、概念与事物之间的关系。2012年，谷歌提出用知识图谱表示语义网络，在语义搜索中得到良好的应用，学界从此涌现出众多知识图谱的研究，并在语义搜索、推荐系统、问答系统应用中发挥作用。

知识图谱是人工智能系统完成认知、推理、思考和回答的基础，也是元宇宙中的智慧生命体构建自己认知体系的重要工具。随着元宇宙规模的不断扩充，未来元宇宙中众多的人、物、场景、生产要素等诸多元素之间的关系将更加复杂，因此需要知识图谱构建万物之间的关联网络。未来现实世界的万物都会在元宇宙虚拟世界中拥有其数字分身，通过构建各行各业的知识图谱，以及知识图谱之间的交织与连接，实现了现实世界复杂关系体系的构建与融合，将现实世界的知识图谱映射到元宇宙虚拟世界的数字分身中，构建了虚实相生的元宇宙蓝图，是物理世界数字化与智能化的基础，进而可以构建虚实共生的有机整合体。

知识图谱也将助力数字人培育出更强大的认知理解与推理能力，知识图谱所基于的图计算技术模拟了人类大脑在分析问题时的思维方式，通过向数字人提供超大规模、准确翔实的知识图谱，驱使数字人发展出智慧与灵魂。知识图谱与认知理解技术能够更清晰、准确、全面地映射虚拟世界内部，以及虚拟世界与现实世界之间的紧密关联，构成元宇宙运行的逻辑与遵循。

元宇宙为下一代通用人工智能提供无边界数字环境、高拟真学习空间，通用人工智能赋予机器对复杂世界认知、理解和主动交互的能力。同时，AI智能构建技术与智能生成技术加速元宇宙虚拟世界的建设。知识图谱与认知推理技术为元宇宙海量元素及其之间的关联进行有效表征，支撑众多下游智能应用。

区块链与新型治理模式

在元宇宙分散独立的数字世界中，区块链技术的去中心化设计能很好地满足其社会建设的需求。区块链构建的分布式信任环境能为用户交互提供信任基础，所具有的代码和规则约束使数字世界更加安全稳定，所具有的去中心化、开放、自治、不可篡改、可追溯等特性更使其成为元宇宙生态中不可或缺的关键部分。由于区块链的存在，元宇宙虚拟价值与物理世界实际价值能够有机会实现统一，虚拟世界中被认为没有意义的"数字时装""数字艺术品""数字音乐"等都变成了与现实产品一样有价值的资产。

作为元宇宙的核心能力之一，区块链将为元宇宙提供数字身份、数字确权、数字治理、价值交换、经济激励等功能，推动元宇宙构建新一代数字化生产关系，完善元宇宙的特有治理模式。基于此，本部分从区块链发展历程出发，系统阐述区块链技术特性，分析说明区块链在元宇宙中形成的新型治理模式，总结区块链支持下的元宇宙未来设想。

区块链概述

2008年，一篇题为《比特币：一种点对点的电子现金系统》(*Bitcoin: A Peer-to-Peer Electronic Cash System*)的论文进入大众视野，该文所述的电子现金系统的底层基础技术——区块链，吸引了大量研究者的关注。尽管作者中本聪在文章中未直接定义区块链技术，但全文从电子货币出发，完整定义了货币交易、时间戳服务、工作量证明、网络、激励、硬盘空间回收、简化支付验证、组合和分割价值、隐私保护等区块链技术的关键组成部分，计算验证了整体系统的抗"链替换"攻击特性。该文所呈现的比特币网络中，形成了一种不依赖信任的电子交易系统，以链接交易"区块"的方式生成不可篡改的交易记录"账本"。在工作量证明的支持下，区块链网络中产生的点对点交易被公开记录，只要诚实节点在网络中占据了大部分的算力，那么恶意节点对这些交易记录的攻击就不可能成功。图5-28为比特币网络中区块链的链式数据结构示意图。

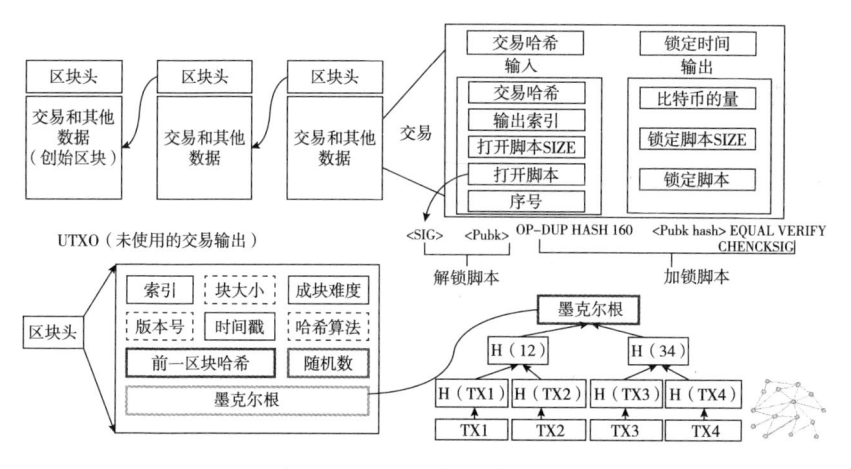

图5-28 区块链数据结构示意图

资料来源：作者整理。

2009年1月，比特币网络正式上线，第一个开源客户端1.0版本发布。中本聪运行客户端在区块链网络中产生创世区块并获得第一笔50个比特币奖励。此后，比特币系统持续发展，越来越多的人加入比特币网络。与大多数货币不同，比特币不依赖某一货币机构发行，而是依据特定算法通过计算产生。在比特币的设计方案中，比特币的最终数量被限制在2 100万个以内。2020年5月12日，比特币的奖励经过了第三次减半，每一次生成区块的奖励降至6.25个比特币。

伴随比特币产生的区块链被认为是区块链技术的 1.0 阶段。在这个阶段中，区块链以去中心化、点对点、匿名、安全交易为核心，出现了大量虚拟货币，如瑞波币、莱特币、狗狗币等，形成了繁荣的虚拟货币市场。这个时期的区块链在金融领域掀起了一股巨浪，应用普遍集中在货币转移、兑换和支付等方面，在某种意义上这个时期的区块链技术实现了货币和支付的去中心化。

沿着原有比特币设计方案，区块链不断进化，逐渐步入了以"智能合约"为核心要点的区块链 2.0 阶段。

相比于 1.0 阶段实现的货币和支付的去中心化，区块链 2.0 阶段实现了应用的去中心化。区块链不仅能够支持代币交易，而且可以将一些应用逻辑"写入"到"账本"中，以支持自动化和智能化的应用实现。这个阶段的区块链是可编程的区块链，是数字货币与智能合约相结合的区块链。区块链用户以数字化形式定义一系列承诺，生成智能合约代码。这些代码一旦被写入区块链账本，就无须第三方的参与自动执行，没有人可以修改这些承诺，也没有人能阻止合约的执行。

区块链 2.0 阶段最具代表性的公链项目是于 2013 年启动的以太坊（Ethereum）项目。2013 年末，以太坊创始人维塔利克·布特林发布了以太坊初版白皮书，标志着以太坊公链项目正式启动。2015 年 7 月，正式部署了以太坊区块链网络，以太坊进入 Frontier（前沿）阶段。得益于开源优势，以太坊在众多开发者的支持下快速发展，于 2016 年 3 月、2017 年 10 月分别推进至 Homestead（家园）阶段和 Metropolis（大都会）阶段。2019 年 5 月 7 日，以太坊 2.0（PoS）测试网络上线，以太坊正式迈入 Serenity（宁静）阶段。截至 2022 年 9 月，以太坊代币 ETH 总市值接近 2 000 亿美元，仅次于比特币；以太坊生态应用数量接近 3 000 个，智能合约数量接近 5 000 万个，显著领先于其他区块链生态。

同比特币一样，以太坊不受任何个人控制，而是由全球所有参与用户共同维护。从功能上讲，以太坊提供了一个通用的、提供图灵完备脚本语言的优秀底层协议，也为用户提供了多种多样的应用程序开发接口，允许任何人编写智能合约和去中心化应用，并在其中设立自由定义的所有权规则、交易方式和状态转换函数。一般来说，这些应用由一个或多个智能合约共同支撑实现。应用开发过程中，开发者在完成智能合约代码编写后，即可利用开发工具将其部署至以太坊网络。智能合约一旦被部署完成，便能够在以太坊虚拟机中不可阻止地自动执行。图5-29是基于以太坊智能合约的分布式应用实现方案示意图。

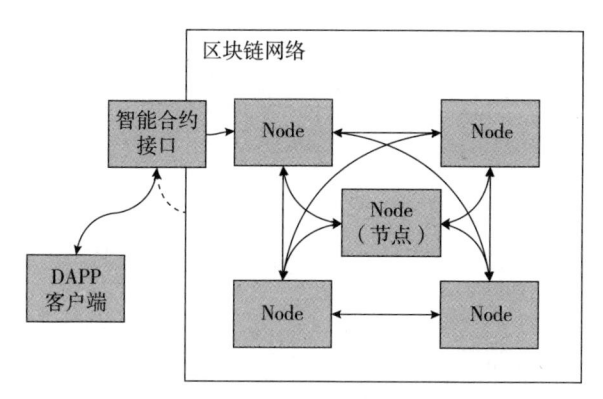

图5-29 基于以太坊智能合约的分布式应用实现方案

资料来源：作者整理。

以太坊官方将以太坊上的常规应用分为三类：第一类是金融应用，为用户提供更有效的资金管理和合约签订方案，包括子货币、金融衍生品、储蓄钱包等；第二类是半金融应用，涉及金钱但很大一部分功能也与金钱无关；第三类是非金融应用，如在线投票和去中心化治理等。以太坊智能合约能够控制系统中的各种数字资产，实现复杂的计算和操作，为可编程货币和可编程金融等提供了友好的开发基础。

在人们探索区块链1.0和区块链2.0在金融领域的重大应用价

值的同时，面向更广泛应用场景的区块链 3.0 也悄然而至。

区块链 3.0 被认为是价值互联网的内核，能够对互联网中所有代表价值的信息进行确权、计量和存储，从而实现互联网数据资产在区块链上的可操作、可追踪、可控制和可交易。区块链 3.0 时代是区块链全面应用的时代，除金融领域外，区块链被广泛应用到政务、健康、科学、文化、艺术等各个社会生活相关的领域。目前，区块链在 3.0 初期阶段主要实现了包括身份认证、社会公正、司法仲裁、数据溯源、交易审计、域名系统、物流管理、医疗数据共享、数据资产鉴权管理等在内的多种社会功能，区块链带来的去中心化价值交换模式无处不在。

在各种信息通信技术支持下，区块链技术为人类社会提供了新的"协作手段"，使人们在互不信任的基础上广泛地开展协作，不断推动形成无缝对接的价值互联"新世界"。未来区块链将在包括元宇宙等在内的更多领域大显身手，进一步促进信息、金钱、价值的有效配置和流通，使未来互联网成为真正意义上的去中心化网络。

区块链技术及特性

随着社会的发展和信息技术的不断进步，作为新兴基础性和前沿性技术的区块链技术在原有比特币设计基础上衍生出了更多新的含义，产生了公有链、联盟链和私有链，许可链和非许可链等多种分类方式。以太坊、超级账本（Hyperledger Fabric）、比特股（Bitshare）、公正通（Factom）、瑞波等区块链项目形成了多种开源区块链技术体系，表 5-1 为几大主流开源区块链技术体系的比较。

综合现有多种开源区块链技术体系方案，总结区块链技术图谱如图 5-30 所示。目前区块链包括三部分技术内涵：一是核心基础技术，主要包括加密算法、对等网络、共识机制、智能合约、数据存储五大技术要点，实现基础区块链网络的构建；二是扩展技术，包括去中心化存储、互操作性和可扩展性三个方面，是进一步扩展区块链服务能力的相关技术；三是支撑服务技术，包括增值服务、管理运维、基础设施融合技术三个方面，能够在其实际应用过程中优化使用体验，加速区块链发展进程。在多种技术支持下，区块链形成了去中心化、开放、自治、信息不可篡改、匿名等特有优势，为元宇宙的构建提供强大助力。

表 5-1　主流开源区块链技术体系的比较

名称	开发语言	共识算法	智能合约	分类	代币	TPS（每秒交易量）
比特币	C++	PoW	无	公链	BTC	7
以太坊	Go	PoW、PoS	有	公链/联盟链	ETH	30/<2 000
超级账本	Go	以PBFT为主	有	联盟链	无	100k
比特股	C++	DPoS	无	联盟链	BitUSD	500
公正通	C++	自有共识	无	公链/联盟链	Factoids	27
瑞波	C++	RPCA	无	公链/联盟链	XRP	1 000

资料来源：作者整理。

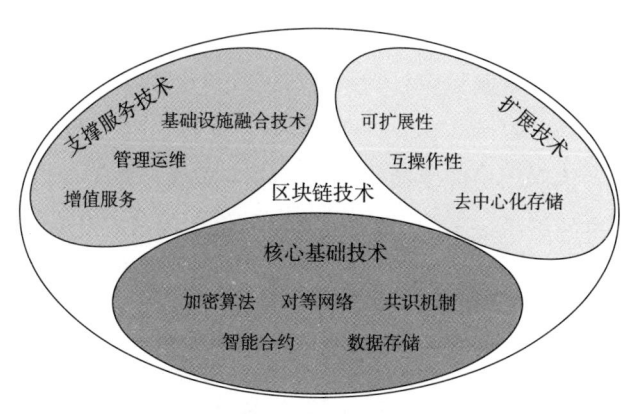

图 5-30　区块链技术图谱

资料来源：作者整理。

核心基础技术

加密算法。加密算法是区块链技术的重要组成部分，也是保障区块链系统安全性的基础技术，被形象地称为区块链的骨骼。区块链中使用的加密算法主要包含哈希散列算法和密钥算法两类。哈希散列算法基于密码散列函数构造，是实现数据完整性和实体认证、构成多种密码体制和协议的重要安全保证。散列函数则是一类数学函数，可以在有限、合理的时间内将任意长度的消息压缩为固定长度的二进制串。早期的区块链系统中存在 SHA-256 和 RIPEMD160 两个密码散列函数，其中 SHA-256 是比特币系统中使用最广泛的一种。在比特币区块链中，在 SHA-256 支持下前一个区块信息的散列值被存储在后一个区块的头部信息中，任何用户都可以通过对比前一个区块信息计算出来的散列值和存储的散列值来检测前一个区块信息的完整性。密钥算法是现代密码学的重要研究方向，主要包括对称加密算法和非对称加密算法两类，区块链中主要使用非对称加密算法完成区块链交易的签名和验证。非对称加密算法包含公钥和私钥组成的公私钥对，用公钥加密的数据，只有对应的私钥才能解密，对应用私钥签名的数据，只有用对应公钥才能验证。区块链系统中普遍使用的密钥算法为椭圆曲线算法，每个区块链用户都至少拥有一对密钥，对外公开公钥并用公钥标识自身身份，同时安全掌握对应私钥，完成区块链交易签名。

对等网络。对等（p2p）网络技术，又称点对点技术，是一种去中心化、依靠用户群交换信息的互联网技术。与现有基于中心服务器的中央网络系统不同，对等网络中的每个用户端既是一个节点，也发挥服务器的功能，任何一个节点都无法直接找到其他节点，需要依靠其用户群进行信息交流。对等网络能够减少网络传输中的中继节点，有效降低资料遗失的风险，提高效率。区块链采用对等网络技术实现安全的分布式数据存储。区块链对等网络中，资源和服务分散在多个节点上，信息的传输和服务的提供都直接在节点之间进行，无须中间环节和第三方服务器的接入，为区块链带来了耐进犯、高容错等长处。区块链的对等网络保障"人人皆兵"，所有参与节点都能够参与验证其他节点交易信息记录的正确性，也让全网每一个节点参与记录。

共识机制。区块链中所有数据均记录在"账本"上，共识机制就是保障"账本"数据全网正确一致的措施。区块链网络是一种分布式的网络，多个主机通过异步通信的方式组成网络集群，主机之间状态的一致性则通过特定通信机制来实现。但由于区块链广泛地接入各种节点，可能会出现某些主机故障、恶意主机或者网络拥塞的情况，对数据的同步产生影响。共识机制凭借其高度容错的特性，能够有效解决以上问题，保证各主机达成安全可靠的状态共识。常规的共识机制实现方案中，节点将首先竞争获得记账权力。拥有记账权的节点向其他节点广播自己所缓存的区块信息，等待其他节点验证、链接，形成新区块。目前主流的区块链共识机制分为如下几种：工作量证明（PoW）、权益证明（PoS）、实用拜占庭（PBFT）系列、RAFT和有向无环图（DAG）。其中PoW、PoS多用于公有链，例如比特币和以太坊；PBFT系列多用于联盟链，例如超级账本；RAFT提供了一种在计算系统集群中分布状态机的通用方法，确保集群中的每个节点都同意一系列相同的状态转换，多用于私有链；而DAG是一种全新的区块链"账本"结构，拥有特殊的异步记账机制，能够实现交易验证的局部处理和并行结算。

智能合约。在区块链中，智能合约是一种特殊协议，用户通过编写代码函数生成合约，实现自动化事务决策、资料存储、代币交换等。从技术角度来说，智能合约是一种可以自主执行全部或部分与合约相关操作的计算机程序，这种程序可以产生相应的可被验证的证据来证明合约操作的有效性。与合约相关的所有条款的逻辑流程需要在部署智能合约之前制定完成，用户与已制定的合约通过特定接口进行交互，严格遵守此前制定的逻辑规则。区块链智能合约的实现依赖计算机语言，通常涉及的智能合约语言有 Solidity、Golang、Python、Java 等。目前，以太坊智能合约被认为是开发程度最高的合约，支持图灵完备的智能合约编程。以以太坊为例，智能合约的创建与运行主要包括四个阶段：一是完成代码编写并编译成 bytecode（字节码）；二是外部账户支付 gas（燃料），发起交易到以 0×0 开头的地址创建合约，其中合约代码放在交易数据域；三是在虚拟机上运行合约；四是等待用户调用合约。

数据存储。区块链数据由区块链节点存储和使用，区块链节点是运行在个人计算机、虚拟机或服务器上的计算机程序，分布在不同计算机或服务器上的区块链节点，通过网络互相连接组成了完整的区块链网络。区块链节点在本地存储数据的最常见介质就是磁盘。但区块链节点不会直接访问磁盘，它们会通过特定的数据库，如 LevelDB、RocksDB 或 MySQL 等单机或分布式数据库来操作数据。相比于直接操作磁盘，数据库抽象了特定的数据访问模型，对区块链节点更为友好。目前，区块链所使用的数据库主要分为 SQL、NoSQL 两种。区块链数据包含区块数据和状态数据，其结构可描述为 key-value（键-值）对，因此 NoSQL 数据库成为区块链数据存储的第一选择，如 LevelDB、CouchDB、RocksDB 等。同时，为提高整体性能，少量支持两种数据库架构的技术开始涌现。

扩展技术

可扩展性。为了促使区块链在医疗保健、金融服务等领域落地，使区块链真正做到更深度化的应用和普及，交易的吞吐量和交易速度的问题是当前亟须解决的关键问题。目前，业内主要通过分片技术、二层网络技术等技术扩展，提升区块链性能。分片技术将区块链网络分割成多个分区并将"账本"存储在不同的服务器上，从而实现数据扩容与高效管理，现有分片技术主要分为网络分片、交易分片和状态分片。二层网络技术通过扩展区块链的应用层和合约层能力，推动区块链扩容。目前主流的二层网络技术包括四类，分别是状态通道、侧链、Plasma 和 Rollup。状态通道是最早被人们广泛讨论的扩展解决方案之一，它可以让参与者在链外进行多次交易，而只向基础层提交两次交易；侧链是与主链并排运行并与之通信的独立区块链，与主链相互锚定创建双向桥；Plasma 是一种区块链副本框架，它可以有许多层，无限地拥有子链，Plasma 可以被形象地看作一个树形结构；Rollup 将数千个交易压缩捆绑在单个 Rollup 区块中，既有交易过程，也有交易结果，极大地提高了区块链吞吐量。

互操作性。区块链互操作致力于解决不同区块链系统之间跨链互通难、链上链下可信交互难的两大问题，包含两个方面：用于解决"链级孤岛"的链间互操作，以及用于解决链上链下安全可信交互的链下数据互操作。链间互操作目前主要包括公证人技术（Notary schemes）、侧链/中继（Sidechains/Relays）技术和哈希锁定技术（Hash-locking）三种技术。链下数据互操作方面，TEE（可信执行环境）、Oracle（预言机）、SMPC（安全多方计算）等数据安全交互技术得到初步应用。

去中心化存储。去中心化存储是一种通过分布式存储技术，将文件或文件集分片存储在不同供应方提供的磁盘空间上的存储模式。目前主要的去中心化存储解决方案有两种：一是 2015 年提出的星际文件系统（IPFS），二是美国 Storj Labs 公司提出的去中心化云存储平台。IPFS 是点对点分布式的文件系统，旨在寻找并连接所有具有相同文件系统的计算机设备。IPFS 提供了高吞吐量的数据存储模块，其中数据都是带有地址的，通过超链接地址可以查询到存储的数据。Storj 去中心化云存储平台是一个强大的对象存储平台，它对数据进行加密、分片，并分发到世界各地的节点进行存储。该系统不仅安全、高性能、可靠，而且比本地或传统的中心化云存储更经济。

支撑服务技术

增值服务。增值服务是指针对特定客户或特定的物流活动，在基本服务基础上提供的定制化服务。传统的核心基础技术已难以满足日益增长的业务场景需求，区块链增值服务技术随之涌现。该技术融合区块链，为业务需求提供附加服务，极大地提升了区块链应用侧的服务能力和客户感知。增值服务技术主要包括去中心化数字身份和可信存证技术。去中心化数字身份为 Web3.0 世界提供基于区块链的数字身份服务。可信存证技术让区块链具备高数据安全、高性能低时延以及高可用集群灾备设计，使存证流转得到安全可靠的保证。

管理运维。为了扩展区块链技术，针对各种实际应用场景和各类开发人员的适用性需求，管理运维技术通过集成各类资源和能力，封装便捷易用的区块链项目管理运维方案，为开发人员提供安全高效的区块链项目应用开发途径。目前，管理运维技术主要包括区块链即服务（BaaS）和软硬件一体机两类。区块链即服务是指，客户可以在基于云的区块链网络基础设施上创建和运行自己的区块链应用程序。区块链即服务将区块链框架、开发工具等嵌入云计算平台，利用分布式基础设施的部署和管理优势，为开发者提供便捷、高性能的区块链生态环境和生态配套服务。微软于 2015 年推出区块链即服务，也是首家推出区块链即服务的公司。区块链软硬件一体机集成了区块链加密芯片、多方安全隐私计算、可信执行环境等硬件设备与技术，通过产品与服务融合应用构建区块链可信服务器基础设施。在政务、公共安全、金融、溯源等多场景中有良好的应用前景。

基础设施融合技术。基础设施融合可以帮助企业有效控制硬件成本，这种类似"打包"的产品简化了数据中心技术设施的部署、优化、日常管理与维护。目前，研究者针对区块链与边缘计算、区块链与物联网开展了融合技术研究。区块链和边缘计算融合技术可以让区块链应用服务部署和推广具有更高效率。区块链平台、应用服务等可以部署在边缘计算平台上，方便不同行业、领域的机构组织定制专业区块链服务。区块链与物联网融合技术为解决上链前的数据真实性问题提供了可行的解决方案。在区块链与物联网融合过程中，从芯片内部到底层的软件和操作系统，到网络传输，再到上层应用，能够形成完整的端到端的可信闭环，使任何人都不能损害物联网设备的安全性，同时极大地避免了人为干扰等因素在数据具体来源、生成过程中引发数据的真实性问题。

区块链助力元宇宙打造新型治理模式

人们对元宇宙的未来设想复杂而美好，在各种技术支持下元宇宙将呈现出跨越虚实的全息空间形态。上至太空，下至海洋，包揽万千自然景观；跨越时空，容纳古今长河历史文明，所想、所求皆可被孪生至元宇宙世界。元宇宙的世界不再有时间、空间限制，所向之处即可到之处，而现实世界的人类该如何化身数字符号穿梭其中，如何去领略、去交互、去创造更进一步的完美数字世界呢？

区块链为解决以上问题提供了有力的支撑。对于区块链来说，去中心化网络的设计完美地契合了元宇宙关于构建虚拟数字世界的治理构想。区块链用户在密码算法支持下所拥有的匿名数字身份可以成为元宇宙用户所需要的具有现实意义的个人身份数字符号；区块链所具有的去中心化价值传递体系能够有效保障元宇宙中个人虚拟资产的安全，实现虚拟价值与现实价值的统一，激励用户发挥创意；区块链所形成的去中心化计算、存储、通信服务体系可以助力元宇宙不断扩展，形成永久存在的数字世界；区块链智能合约实现的透明公开、不可篡改的运行规则让元宇宙无需监管，公平公正、安全可靠。

如图 5-31 所示，未来元宇宙用户和元宇宙服务提供商之间将建立可靠的供需关系，由用户提出需求，由服务提供商提供服务。而区块链将作为底层技术提供支撑，在分布式自治组织的运维下，感知用户和服务提供商状态，提供新型元宇宙治理手段，维护元宇宙健康运行。

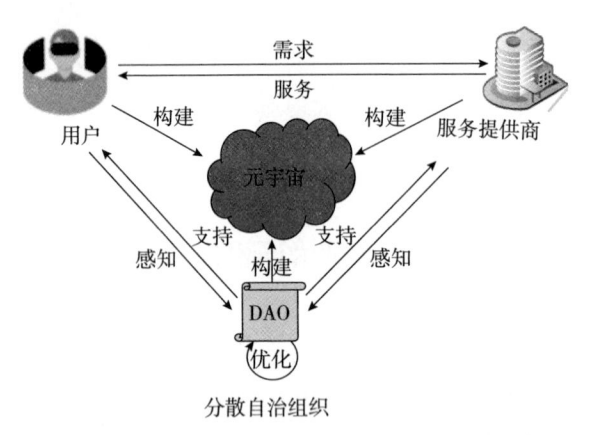

图 5-31　区块链助力元宇宙打造新型治理模式

资料来源：作者整理。

区块链为元宇宙构建数字身份体系

有研究者认为，数字人是人类参与元宇宙的替身，也是人类在元宇宙中参与各类活动的身份证。而面对数字人形象的可复制性，如何才能分辨出两个使用相同数字人形象的不同用户呢？正如"区块链技术及特性"部分所述，区块链具有防篡改和可追溯性的特性，这使区块链天生具备了数字信息不可复制的特点，能够有效解决数字人形象可复制的问题。

目前已有的多种元宇宙相关系统中，实现的依旧是借助生物特征、加密密钥、手机验证码等完成身份认证的传统方案。这些方案一方面存在泄露用户真实身份信息的风险，另一方面无法实现身份标识的全球唯一性，无法支持跨元宇宙系统、空间的资产保护。只有保证了元宇宙身份的唯一性、安全性，保证了用户信息的隐私性，我们才能真正地畅游元宇宙，而不会担心自己的信息资产受到侵害。因此，利用区块链构建元宇宙身份认证体系将会成为未来元宇宙的重要研究方向之一。未来，元宇宙中每一个真人驱动的数字人都将拥有全球唯一的区块链数字身份标识，而这些数字人作为现实用户在元宇宙中活动的载体，将凭借唯一的身份标识完成跨元宇宙平台的畅游。但同时需要考虑的是，区块链技术带来的数字身份的匿名性，在很大程度上会使数字身份脱离现实用户的实体公民身份而独立拥有权利和义务。如何实现区块链数字身份标识与现实公民身份的相互映射，使用户数字身份与现实公民身份的权利与义务能够一致和统一，是区块链为元宇宙构建数字身份体系过程中亟待解决的问题。

区块链助力元宇宙构建可信价值传递体系

在元宇宙中，可信的数字资产价值传递非常重要，因为自由的元宇宙中不存在统一管理的中心机构，每个人在元宇宙中都只受自己的管理。未来，用户既是元宇宙的消费者，也是参与者，更是创造者。用户在元宇宙中能够实现多种多样的价值创造，生成各类数字资产，这些数字资产既有机会实现虚拟交易，也有可能通过虚拟社交等方式创造现实价值。而这些数字资产相关的所有价值传递只发生在交易双方之间，在这种情况下元宇宙必将逐渐发展出全新的特有价值传递体系。

构建元宇宙价值传递体系需要在去中心化的环境下，完成可信的数字资产的价值认证、数字资产的确权、数字资产的安全流通交易，这一切都离不开区块链技术的支持。以当前发展火热的NFT数字资产为例，区块链支持下的NFT为元宇宙中数字资产的全面价值赋能提供了参考。NFT是一种利用区块链技术锚定的数字作品，通过在区块链上生成包含唯一所有权或使用权的数字凭证，保证该作品不可篡改、不可拆分，实现数字作品真实可信地发行、流转和使用。NFT 可以以图片、音乐、视频、3D 模型、电子票证等形式出现，支持实物的数字化映射和数字化原创作品的创作，完美符合元宇宙中数字资产价值认证和确权的需求。另外，区块链作为一种起源于数字货币的分布式账本技术，天生具有支撑数字资产安全流通交易的能力。将元宇宙中如 NFT 等的数字资产记录在区块链上，可以在保证资产安全的同时，完成资产的实时交互。元宇宙作为一种复刻现实物理世界生活的虚拟数字世界，要想从根本上保证用户的自由，就需要区块链支持下的安全、可追踪且透明的可信交易方式。区块链作为一种不可篡改的分布式账本，在助力元宇宙构建可信价值传递体系方面具有其他技术不能比拟的优势。

区块链构建元宇宙分布式资源支撑体系

相比于现有基于中心服务器的应用实现方案，未来元宇宙将形成去中心化的服务体系，元宇宙中的所有数据都能以去中心化的方式被分布式地存储、计算和传输。在这样的资源体系下，元宇宙中的用户不再害怕服务器崩溃造成自身数字资产的丢失，也不再恐惧因自身资源能力不足而无法加入其中。

面向以上需求，区块链技术支撑下的分布式资源共享方案将成为元宇宙资源支撑体系的重要组成部分。目前已有众多研究者开展了关于区块链支持下的资源共享技术的研究，区块链的去中心化技术与一些新兴技术，如人工智能技术的结合，可以有效地实现计算、存储、通信等资源的共享和管理，可以构建元宇宙所期望的去中心化网络基础设施，使用户在元宇宙中的资产和数据都属于个人，不会出现被其他人随意支配和破坏的情况。

区块链建立元宇宙运行规则

如前所述，元宇宙是一个"自己当家做主"的世界，一大特点就是没有统一的第三方管理。但作为现实世界的"数字化身"，元宇宙在一定程度上也需要拥有与现实世界相似的运行规则，以保障用户在沉浸式体验的同时不会受到他人损害，也不会对他人造成损害。具体来说，现实生活中人们的行为都是在法律的约束和保护范围内，以此保障正常的社会生活。元宇宙中同样需要这样的规则约束，来保障元宇宙中虚拟生活的正常运行。

区块链所支持的智能合约恰能为元宇宙提供自动化运行的社会规则。代码即法律一直是区块链为人津津乐道的显著特征之一，区块链公开、透明、不可篡改、去中心化的特性结合可自动执行的智能合约，支持将获得公众共识的元宇宙"社会规则"提前写好。这样不仅能够保障"规则"的制定没有暗箱操作，也能保证"规则"不被人轻易篡改。"规则"一旦部署完成，除非大部分元宇宙"居民"同意更换，否则将一直存在。当触发了"规则"所设定的条件后，区块链智能合约就会被"唤醒"，依据"规则"处理事务。如此一来，元宇宙便可在区块链的支持下构建特有的运行规则，做到公平公正、安全可靠，元宇宙也将变得更加稳定和谐。

元宇宙的发展势不可当，在数字技术发展的驱动下，元宇宙将与现实世界共同形成虚实相生的未来生活空间。而区块链作为元宇宙实现的重要支撑技术，将为未来元宇宙筑牢运行的基石，通过打造全球统一的元宇宙身份体系，构建可信的元宇宙价值传递体系，形成分布式元宇宙资源支撑体系，建立元宇宙的特有运行规则，推动元宇宙健康发展。总的来说，只要元宇宙一直以形成开放、自由的网络空间为目标，区块链技术在其中就一定占有一席之地。

本章小结

元宇宙归根结底是一个虚拟的数字世界，它的构建既离不开基础设施的支持，也离不开新兴数字技术的推动。数字孪生与数字原生将创造出"以假乱真"的元宇宙世界；数字人将成为元宇宙用户的虚拟化身，实现元宇宙世界的沉浸式探索；下一代人机交互将打造通往元宇宙的"仙境之桥"；通用人工智能与AI建模将加速优化元宇宙虚拟世界的建设；区块链也将推动形成元宇宙的新型治理模式，筑牢元宇宙运行基石。在可预见的未来，元宇宙将形成有序而美好的世界，与现实世界互补激发人们的创造力与活力。未来已来，元宇宙将在！

第六章
元宇宙应用视图

各种文化和科技产品都秉持着各自的理念，裹挟着资本，试图抢占元宇宙竞速高地，消费者已经开始迷失在协议和标准各异的平台之间，看不清元宇宙的真正方向，对那个似乎指向寡头企业垄断的未来感到恐惧。

各种各样"装扮光鲜"的元宇宙"入口"一字摆开，元宇宙的应用呈现出万千可能。到底穿过哪一扇门才能通往真正的未来世界？或者，那些纷杂的应用是否都在展现着元宇宙庞大体系的冰山一角？我们从资本泡沫渐渐消退的产业市场上，拾取了一些依然闪闪发亮的初代元宇宙应用。从游戏到社交、从工业到文旅、从新零售到未来城市，这些应用描绘了未来元宇宙生活的雏形，带领我们向着元宇宙的终极形态，展开一场精彩的星际探索旅行。

游戏元宇宙

千百年来，在中华文明及其他璀璨文明中，游戏在文学、艺术、发明创造等的诞生与发展中都扮演着浓墨重彩的角色。仅从电子游戏技术说起，它是20世纪50年代人工智能领域推进、验证创新性理论的重要场域。电子游戏技术几乎与计算机科学同时诞生。计算机之父图灵曾在论文中提到人工智能研究与游戏的关系，他认为棋类游戏最能展示计算机的"思维"能力。他还曾编写了一段当时的计算机无法运行的游戏代码——国际象棋程序。

事实上，游戏世界里曾诞生并验证了诸多技术，只是它们的趣味性过于夺目，以至于掩盖了游戏技术本身的光芒。

中国游戏产业研究院、中国科学院自然科学史研究所在2022年发布的报告《游戏技术——数实融合进程中的技术新集群》中，通过回顾游戏技术与相关前沿技术近半个世纪的发展历程，对游戏技术在推动前沿科技领域进步中的贡献进行了量化评估。报告提出，2020年，游戏技术对我国芯片产业的科技进步贡献率大约为14.9%；对于5G和XR（AR/VR），游戏技术的科技进步贡献率分别达到46.3%和71.6%。许多本来为游戏而开发的设备和技术，已经广泛地应用到其他领域。

在漫长的岁月中，人类一直致力于对真理的探索、对宇宙空间的探索，从内部空间和外部空间追寻着未知的未来。如今，游戏的世界能让普通人拥有"上帝视角"，甚至赋予我们"预测未来"的超能力。游戏中的沉浸式体验，更像是对未来虚实融合新世界的预演。

在游戏中，我们使用技术手段，不断勾勒着想象中的未来世界。除了预测，另一个关键问题是，我们要如何进化到那个未来，我们该如何面对未来带来的影响？美国未来学家库兹韦尔在《奇点临近》一书中描绘过这样一种未来畅想：现实和虚拟之间的界限将进一步模糊，工作和娱乐之间的界限将进一步模糊，人类将有可能得到数字化永生。游戏元宇宙恰恰在向着这样一个方向展开探索。

可以说，游戏是元宇宙产业发展的第一站。元宇宙概念本身源自科幻小说《雪崩》中的一款大型多人实时在线电子游戏；2021年，在纽交所上市的元宇宙第一股Roblox也提供在线游戏服务；在2021年元宇宙泡沫鼎盛时期，国内外游戏赛道一级市场火热非凡，腾讯在半年间出手投资了43家游戏公司，平均每4天就投资一家游戏公司。

游戏业的出圈并不令人意外。毕竟，实时社交、沉浸式体验、虚拟化身、自主创作、数字资产、赛博空间等元宇宙最基本的特征，早已为电子游戏玩家所熟悉。在产业界的认识中，元宇宙其实正脱胎于游戏，准确地说，脱胎于古老的MUD游戏。在这类游戏中，玩家进入虚拟世界后即开始以虚拟化身的形象进行角色扮演。通过与其他玩家的虚拟化身、NPC（非玩家角色/电脑人）进行互动，共同编织游戏故事线，获得技能或游戏装备，不断升级和丰富自己的虚拟角色。可以说，MUD既是一种游戏，也是一种自由开放的虚拟生活。

随着计算机图形学（CG）、人机交互界面（HMI）、基于图形用户界面（GUI）的操作系统（OS）和硬件设施在不同程度上迅速发展进化，早期的MUD玩家和开发者们已经成为资深的电子游戏设计师，MUD从文字界面进化到图形界面，逐渐改头换面成为今天的商业化游戏弄潮儿MMORPG。从此出发,当游戏的交互性、沉浸式体验、创作自由度和数字价值体系进一步集中升级后，也就演化出了今天游戏元宇宙的前身——虚拟世界游戏，其中最为人所熟知的代表应当是《第二人生》。

《第二人生》：平行时空中的第二人生

《第二人生》由美国Linden实验室在2007年推出。玩家可以通过设置虚拟化身，成为游戏中的"居民"，在这个与现实平行的虚拟游戏社会里经营自己的生活，包括吃饭、购物、旅行、运动、社交、创造等。最初，Linden实验室推出的《第二人生》网络虚拟平台仅提供土地，宛如开天辟地后的一片鸿蒙，土地上的一切均由居民自由创造。虚拟社会也拥有自己的经济体系，官方发行的游戏币长期锚定美元，并可以进行兑换，以此维系着这个虚拟世界的经济平衡。居民可以出售自己制造的东西，甚至可以在游戏里开办企业。游戏中的一位玩家甚至把其在虚拟世界里的公司嫁接到真实世界中，真正实现了两个世界的梦幻联动。

随着《第二人生》的影响力不断提升，更多真实世界的玩家大量涌入，其中包括明星、政治家、互联网企业高管等。瑞典等国家甚至在游戏里建立了大使馆。IBM（国际商业机器公司）在虚拟社会里设置了销售中心，并从世界各地的分公司派遣员工入驻《第二人生》，这些员工利用虚拟形象，用多种语言和客户进行沟通。如果在虚拟世界里，客户希望购买软件、硬件或者其他服务，IBM公司的虚拟办事人员可以完成从交流到签约的整个过程，一些业务需要链接到IBM公司的网站或者拨打电话进行。BBC（英国广播公司）、路透社、CNN（美国有线电视新闻网）等当时的主流媒体，在《第二人生》的虚拟社会里发行了报纸。西班牙政党在《第二人生》里举办了电视辩论，美国议会议员用虚拟化身进行演讲，等等。随着虚拟世界的边界不断扩展，一些玩家甚至辞掉了现实世界的工作，专心投身于虚拟空间积累财富。

这款十多年前的游戏已经在创造性、经济属性、互动连接等方面带给玩家诸多元宇宙元素体验。可以说，在游戏行业中，《第二人生》是元宇宙的早期拓荒者。

《我的世界》：在像素块间自由创作的我的世界

《我的世界》（*Minecraft*）发行于2009年5月，是一款沙盒类建造游戏，适用于移动设备、PC端、游戏主机、VR设备。玩家可以在游戏中利用各种基础的方块元素创建属于自己的三维空间，构建精妙宏大的艺术品、建筑物甚至城市，用户的虚拟形象同样由方块构成。游戏中包括一些生物、植物和物品等元素，除了建造场景之外，游戏中的活动还包括与敌对生物战斗、收集资源、采集矿石、合成新的方块等。游戏的其他功能还包括可以执行逻辑运算的红石电路、矿车和轨道等。《我的世界》提供了五种游戏模式：生存、创造、极限、冒险、旁观。

在《我的世界》的第一个版本中，仅允许单人用户在有限的平台上挖掘和搭建方块，在之后的版本中，加入了生存模式和多人联机模式。自 2011 年开始，《我的世界》开始逐渐登陆各个移动平台，2012 年，登陆微软 Xbox360 主机平台，2013 年登陆索尼 PS3 主机平台。2014 年 11 月，微软以 25 亿美元收购了《我的世界》的游戏开发商，2017 年 8 月《我的世界》官方正式开启中国版的运营。

《我的世界》激发了玩家的创作欲望，用户在视频网站中能够欣赏到基于《我的世界》创造的或是充满想象力，或是还原真实场景的宏大建筑。此外，用户在游戏中还可以搭建电路，构造计算机系统甚至人工智能神经网络，基于红石电路搭建的卷积神经网络在 MNIST 手写数字识别上达到了 80% 的识别准确度。新冠肺炎疫情期间，一些高校在《我的世界》中举办毕业典礼，很多学术研讨会也在其中召开。《我的世界》的优势在于其广泛的用户基础与极高的创作自由度，不断吸引新玩家的加入。经过多年的发展，《我的世界》已成为有史以来最畅销的游戏之一，来自全世界的玩家在游戏中贡献了创意与时间，《我的世界》成为充满想象力、亲民、内容丰富的原生态元宇宙。

Web3.0 游戏：从 Play to Play 到 Play to Earn，再到 Play to Own

过去 10 年是移动互联网高速发展的 10 年。10 年间，从面向主机和 PC 的付费游戏到免费手机游戏的崛起，随着技术的进步，电子游戏的体验和商业模式也发生了翻天覆地的变化。2022 年，根据埃森哲和游戏风投基金 BitKraft 的数据，全球游戏市场的价值已经超过了 3 000 亿美元，并预测未来 6 年，还会以每年 12% 的速度飞速增长。

2021 年以来，Web3.0 游戏和区块链 NFT 的浪潮一轮接一轮袭来，Web3.0 元素的引入，开始将游戏从 Play to Play（付费游戏）、Free to Play（免费游戏）的传统互联网模式，向 Play to Earn（P2E，玩即赚取）的新方向引领。而我们认为，它的下一个目标，应该是向着 Play to Own（P2O，玩即拥有）大步前进。随着以 *Axie Infinity* 为代表的 Web3.0 游戏和一众 Web3.0 游戏"打金"公社的涌现，Play to Earn 模式已经展现了解锁虚拟社会价值体系的巨大潜力。通过价值创造和可以联动现实世界的价值流转，游戏产业中规模巨大的虚拟经济市场将得以撬动。丰厚的市场空间又会进一步激励玩家的虚拟价值创造活动，从而形成正循环。

Axie Infinity 是一款以精灵宝可梦为蓝本的宠物饲养、繁衍、战斗游戏。玩家需要至少先购买 3 只 NFT 宠物精灵才能加入游戏，通过让宠物精灵繁殖新品种、参与宠物战斗任务或售卖繁衍出的宠物可以赚取加密游戏代币。稀有的宠物精灵可以在市场上卖出天价，一位菲律宾的年轻玩家曾靠出售稀世精灵的收益买了一套房。

图 6-1 中的这只特别的小精灵摆在 *Axie Infinity* 的网上橱窗中，售价为 26 亿美元（2021 年 9 月 26 日）。尽管你会说，天啊，它只是游戏世界里的一串数字而已。但是，在 *Axie Infinity* 的虚拟大陆上，它可是一只迷人的小精灵，它拥有 4 张能力卡牌，可以在每一局 battle（战斗）中将对手击晕。从它的家族树来看，它的祖辈也是英勇的粉色爬行类，它自己也繁衍了两只后代。

从图 6-2 它的转卖记录中，可以看出它流通了两次，显然，这一次它的主人对它寄予"厚望"。不管这次交易是否会成功（答案当然是不会，这次出价显然是"白日梦"式的），前两次的流通至少证明了，它同那些摆放在曼哈顿第五大街上精美橱窗中闪闪发光的商品没有什么区别。

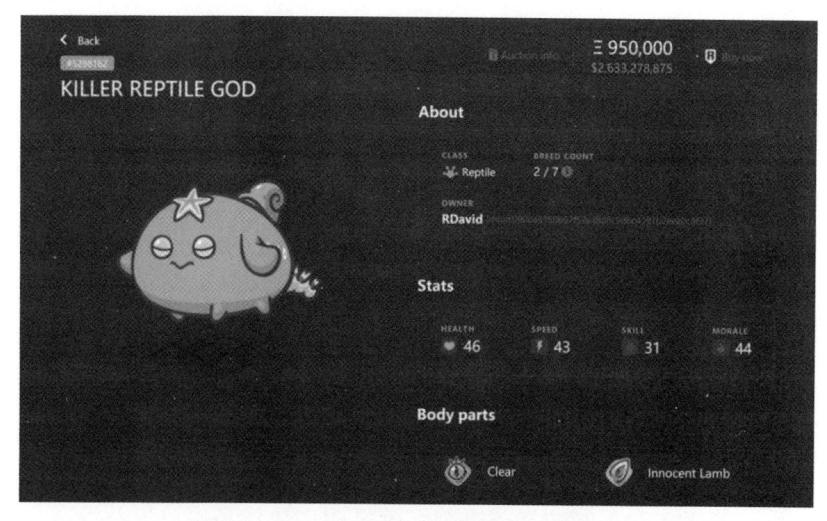

图6-1　*Axie Infinity* 精灵宠物市场中的精灵售价

资料来源：*Axie Infinity* 官网页面，https://axieinfinity.com/。

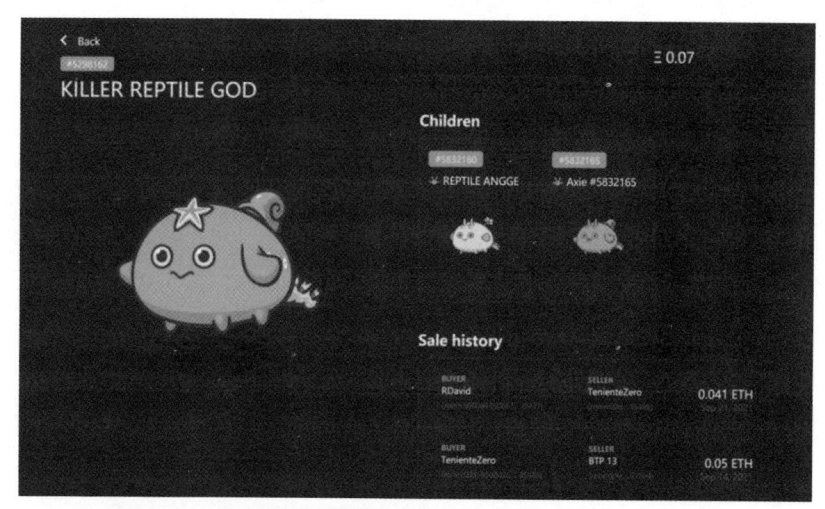

图6-2　*Axie Infinity* 精灵宠物市场中的精灵家族图谱及历史交易记录

资料来源：*Axie Infinity* 官网页面，https://axieinfinity.com/。

在新冠肺炎疫情的巨大冲击下，全球许多国家的民众都经历了失业潮。一些处于失业潮中的菲律宾居民加入YGG（Yield Guild

第六章　元宇宙应用视图　　187

Games，收益公会游戏），成为 Axie Infinity 的职业玩家，赚取收入补贴家用。通过分析 YGG 的数据，处于高 MMR（匹配等级）的玩家，最高日收益曾一度超过 200 美元。很多人的收入不仅超过了当地的最低工资（日工资 10 美元），甚至比他们原本的工资还要高。当然，玩家的收益也会受到代币价格波动的影响，同时，玩家对于游戏世界的创造和参与贡献也是至关重要的。毕竟，如果所有玩家只是为了从游戏中提取价值，而非贡献足够多的有价值的内容，这个新兴游戏经济体也终会走向难以为继的境地。

这也是很多 P2E 游戏面临的问题，在 P2E 游戏泡沫高峰时期，很多游戏曾盲目效仿 Axie Infinity 的模式，但最终由于缺乏支撑游戏代币价值稳定和平衡的经济机制，投机用户数量和用户权益没有得到限制，大多都昙花一现。随着代币价格的崩溃，大量玩家退出，游戏的模式无法持续。那么究竟什么样的模式才是 Web3.0 游戏的未来？Web3.0 游戏又为元宇宙虚拟世界的游戏设计提供了哪些思路？

Web3.0 游戏最终走向的 Play to Own 的方向才是未来元宇宙虚拟世界游戏的恰当模式。可持续运行的元宇宙社会需要一个良好的 Play to Own 类型的经济和管理体系，维持它的有效运转。从 Axie Infinity 的例子可以看出，这一类 Web3.0 概念游戏吸引早期参与者的重要方式，就是为其提供可观的经济回报。早期的参与玩家是虚拟世界中的拓荒者，他们最早承担了资产价值波动的风险，并努力挖掘资源，创造内容和价值，建设这片未开垦的大陆，并预备将创造出的价值出售给后来的参与玩家。

当然，游戏提供给早期参与玩家的激励是有限的，项目方在初期可以通过调整代币发行量和引入新的代币/资产来保持激励的吸引力，但这种模式不能随着游戏进度持续增长下去，且很有可能引发严重的通胀。那么，要保持对玩家的吸引力，就必须在游戏世界内部形成可持续的经济发展模式，即在游戏内形成管理良好的数字资产市场，使谋求收益的玩家有时也转变为数字内容的消费者，在这个虚拟世界内部形成健康的数字资产交易生态。如此一来，经济飞轮将逐渐飞速旋转起来。为了获得更多收益，更多玩家会开始投身于高质量内容的建设，这将推动虚拟世界的发展繁荣，而纯粹为了赚取早期参与激励的投机性玩家会在这个过程中逐渐被过滤掉，不劳而获将无法维持可观的收入水平，他们因此会大规模退出游戏。

良好的元宇宙游戏经济体系，需要合理的经济体系设计、有效的管理模式和源源不断的高质量数字内容来维持运转。在一个如真实世界一样丰富多彩的沉浸式平行空间中，玩家将心甘情愿地为那些新奇、独特、为人偏爱的数字内容付费，恰如在现实世界中，他们也会为喜爱的视频、非凡的照片或者明星周边买单一样。更何况，在元宇宙游戏中，这些数字内容在 AI、区块链等技术的加持下，将更富有魅力，也具备更广阔的价值空间。更重要的是，在这里，每一个人，都可以自由地选择是成为创作者还是消费者。

Play to Own 模式的一个重要目标是：在一个具备 Web3.0 概念的元宇宙游戏世界里，数字内容的所有权将进一步被改善，自由度被充分释放，玩家与游戏所有者的关系被重新定义；任何参与游戏且做出贡献的玩家都可以以游戏代币或其他数字资产的形式获得游戏所有权。在这样的模式下，元宇宙游戏将更贴近真实世界的运转模式，而不仅仅是一个短暂猎奇、赚钱的空间。

Decentraland："孤独"的 Web3.0 版《第二人生》

Decentraland 是基于以太坊构建的开放世界的在线多人游戏。可以说，是一个 Web3.0 版的《第二人生》。玩家可以在这里购买土地、建设创造、交易物品、制作小游戏、赚取游戏代币等。与 2007 年推出的《第二人生》不同的是，在 *Decentraland* 游戏中构建的所有数字资产以及交易记录，都被记录在区块链中。

Decentraland 被认为是最有潜力的真正的元宇宙游戏，因为它在《第二人生》丰富的元宇宙特征基础上，引入了真正的 Web3.0 经济体系。

在 Decentraland 世界里有两个核心元素——土地和 MANA 代币。虚拟土地被划分为 9 万个方块，由直角坐标（X，Y）标记并可以在 Decentraland 的市场中挂牌出售。土地的交易也极其贴近现实世界的情况。在 Decentraland 大陆，土地按照黄金地段、普通区域、边缘郊区划分，其价格存在显著的差异。不过，即使是最边缘的小方块，也是这片大陆上的稀缺资源。随着玩家数量的增加，土地价格也在疯狂提升。黄金地带的一个方格的价格，绝不逊于东京市中心一平方米的房价。根据去中心化应用分析平台 DappRadar 的数据，仅在 2021 年 11 月的最后一周，去中心化虚拟世界（Decentraland、Sandbox 等）中"土地资产"的销售总额便超过 1 亿美元。在 Decentraland 世界中，购买土地使用的是加密货币 MANA。玩家可以在 Polygon（以太坊侧链）或者以太坊上直接购买 MANA，也可以通过兑换、交易商品、玩 Play to Earn 小游戏、向其他玩家提供服务等各种方式获得 MANA 代币。在 Decentraland 大陆的市场上，除了土地，可交易的商品还包括各种各样的数字藏品 NFT。

目前，一些 Web3.0 的机构、全球知名品牌、企业甚至明星都开始在 Decentraland 中购买土地，建设自己的虚拟地产。玩家可以在其中搭建场景、创造游戏、发布各种服务。Decentraland 中既有可以体验造酒流程的龙舌兰酒厂，也有 24 小时营业甚至提供兼职岗位的赌场，还有虚拟世界中的时代广场和大牌云集的时装秀等（见图 6-3）。

不过，当前的 Decentraland 还是一个相当"孤独"的元宇宙世界，因为根据 DappRadar 的统计，2022 年 10 月 7 日，Decentraland 24 小时内的活跃用户数量仅为两位数（日活跃用户 38 个）。不过，

DappRadar 是按照与平台智能合约交互的钱包地址数量进行统计的。换言之，你得拥有加密钱包，且在 10 月 7 日使用 MANA 货币进行过交易，才算得上是活跃用户。而那些在虚拟世界大陆上漫游闲逛、听音乐会或者参观展览的用户，并没有被计算在内。据 *Decentraland* 的统计，日均用户量大概在 8 000 个。

图 6-3　*Decentraland* 中的元宇宙时装周

资料来源：https://hypebae.com/。

社交元宇宙

在元宇宙激发的巨大市场中，社交和游戏占据着重要地位，二者又具有重要的关联。在当前的元宇宙产品中，社交和游戏往往相互融合，模糊了元宇宙游戏与元宇宙社交的界限。其实，一方面，元宇宙游戏中的多人在线的合作或对抗，以及游戏的好友机制都属于其中的社交因素；另一方面，元宇宙社交平台中也通常包含多种趣味游戏，但这些游戏相对轻量级，目的更多是促进元宇宙社交平台中用户的相识、沟通与交流。此外，元宇宙社交应用与元宇宙游戏相比，更加注重强调用户虚拟形象的创建，为用户提供更多的个性化"捏脸"选择，一些社交应用还允许用户上传自定义的三维模型，或是在数字商店中为用户提供数字形象藏品，虚拟形象的构建和玩法是元宇宙社交应用的核心之一。

移动互联网时代的典型社交应用如 WhatsApp、QQ、微信等，在这里统称为传统社交应用，核心要素是交流和交友，人与人之间的沟通方式以文字、语音为主，还包括 4G 通信时代的视频通话，交友则通过漂流瓶、摇一摇、群聊等。元宇宙社交平台在继承这些沟通和交友方式的同时，最主要的革新在于两个方面：增强了玩家的自我表达，以及社交的沉浸感。同时，元宇宙社交将移动互联网社交的两要素拓展为五要素，本书将其总结为交友、交流、形象、场景与活动五个方面，其中形象、场景与活动是元宇宙社交与传统社交应用最显著的差异。

首先，每个用户在注册元宇宙社交平台时，都需要创建个性化的用户形象化身，用户通过选择性别、体形、发型、服装、面部等属性创建虚拟形象，与传统社交平台中二维的用户头像相比，元宇宙社交平台给用户提供了更多的表现个性的空间。拟人化的形象能够拉近用户之间的距离，提供交流的沉浸感，三维的用户化身可以通过动作表达情绪。

其次，元宇宙社交应用与传统社交应用的另一个显著差异是场景。与二维的用户对话框不同，元宇宙社交中的沟通一般发生于三维的场景中，该场景或是由用户搭建而成，或是官方平台利用虚拟的会客厅、会议室、歌舞厅、广场、酒会等空间，为用户提供身临其境的社交场景。从某一个角度来讲，元宇宙社交应用体现出社交的"返璞归真"，通过还原移动互联网出现之前人们的社交方式，即基于空间和位置的社交，提供更加真实自然的社交体验，而非二维的聊天背景与消息对话框。

最后一个主要差异是活动，元宇宙社交应用仅靠形象和场景的三维化不足以留住用户，还需要通过运营各具特色的活动提升用户的活跃度、培养用户的使用习惯以及增加用户的黏性。活动主要可分为游戏、会展、基于兴趣的社交等。

Meta Horizon Worlds：承托 Meta 元宇宙愿景的社交平台

  Facebook 在 2019 年 9 月的第六届开发者大会（Oculus Connect 6）上发布了 Facebook Horizon，作为其全新的社交虚拟世界。2020 年 8 月，Facebook 宣布为更多的受邀用户提供访问权限；2021 年 12 月 9 日，Facebook 宣布在美国和加拿大向 18 岁及以上用户提供服务，此外，手机版本的 Horizon Worlds 将于晚些时候推出。自 2021 年 10 月，Facebook 正式更名为 Meta 并全力进军元宇宙以来，Horizon Worlds 一直是其元宇宙版图的核心项目之一，马克·扎克伯格曾称其为"元宇宙愿景的核心"，用户通过 Meta 旗下的 VR 头显产品 Quest 可以登录 Horizon Worlds，创建虚拟形象，使用工具设计和创建自己的世界，并利用虚拟形象与世界各地的用户进行社交，在应用中旅游、交友、玩游戏、参加演唱会以及与现实世界活动类似的众多活动。

  虽然被寄予厚望，Horizon Worlds 目前仍面临用户数量不足的难题。根据 Meta 内部文件，到 2022 年底，Horizon Worlds 的目标每月活跃用户数量为 50 万，然而截至 2022 年 10 月中旬，该平台用户数量还不足 20 万，Meta 也下调了目标用户数量到 28 万，但用户增长势头并不理想。大多数用户在初次访问 Horizon Worlds 的一个月后便不再登录平台，这反映出该应用难以提供对用户的持续吸引力。Meta 旗下其他的传统社交平台，如 Facebook、Instagram、WhatsApp 每月活跃用户数量可达数十亿，相比之下 Horizon Worlds 的运行并不理想。此外，根据 Meta 内部的统计，在 Horizon Worlds 中已经建立的 1 万个独立世界中，只有 9% 的世界的访问量大于 50，甚至大量的世界根本没有被访问过。根据科技媒体 The Verge 的报道，Meta 内部员工都很少使用 Horizon Worlds，Meta 元宇宙副总裁维沙尔·沙阿在内部信中写道："如果我们自己都不喜欢这一平台，又怎么能指望用户喜欢它？"同时，他也要求员工至少每周登录一次该平台。从目前的情况来看，Horizon Worlds 是一个空荡荡的、孤独的世界，造成这一现状的原因很多，其中一个很重要的原因在于，该应用并没有满足用户对元宇宙的想象。一项用户调查显示，用户并未在平台中找到喜欢的虚拟世界，并表达出对游戏建模精细程度的不满，虚拟人物形象并不真实并且没有腿部。

2022年8月16日，Horizon Worlds 正式宣布在西班牙和法国上线，为此扎克伯格在 Facebook 上发布了一张在 Horizon Worlds 里，自己站在虚拟版埃菲尔铁塔和圣家族大教堂前的自拍照，然而该自拍照引发了广泛的吐槽，图中的人物、场景和建筑物的建模都极其粗糙，令人纷纷质疑耗资百亿美元的 Horizon Worlds 的水平。

Horizon Worlds 已经在着手改善这一点，2022年10月12日，Meta 在 Connect 大会上发布网页版 Horizon Worlds，并对平台中的虚拟形象进行了改进，发布了全身版本，在大会上，扎克伯格也首次展示了其在元宇宙世界中的完整全身人像。

元宇宙社交是十分烧钱的生意，2022年8月，Meta 首次发售公司债，筹资100亿美元，此前 Meta 的利润已经连续三个季度下降，其中元宇宙业务每季度几十亿美元的巨额投入是重要因素之一。Meta 对 Horizon Worlds 的巨额投入何时能取得真正的回报，取决于其提供的用户体验能否真正满足用户对元宇宙的要求和想象，以及能否真正积累广泛的忠诚用户，为此 Meta 还有很长的路要走。

ZEPETO：元宇宙娱乐圈

ZEPETO（中文名：崽崽）于2018年3月由韩国 Snow 公司推出，该公司此前专注于相机应用的开发，ZEPETO 的核心玩法为"捏脸"和"拍照片"，用户通过智能手机应用在社区中创建具备个人专属特点的角色，并可以随意调整发型、服装、妆容等造型元素，享受打扮自己的乐趣。通过 ZEPETO 强大的合照功能，用户可以与其关注的其他用户合照，也可以选择不同的拍照背景和网红打卡点，并发在朋友圈（见图 6-4）。用户在 ZEPETO 中还可以与自己的爱豆（idol，网络用语，指偶像）合影，只需知道爱豆的用户代码，用户就可以随心所欲地与爱豆一起拍照，因此 ZEPETO 也受到追星一族的喜爱。韩媒称 ZEPETO 为 Z 世代的电子游乐园。

与市面上其他元宇宙平台主打游戏不同，ZEPETO 的用户群体定位为年轻女孩，ZEPETO 平台上充满了韩国流行音乐、时尚服装等元素，这些元素对年轻用户具有很强的吸引力，目前 ZEPETO 已积累了 3.4 亿用户，平台已获得了韩国娱乐巨头 JYP、YG、Hebe 等企业的投资，投资方还包括软银集团的愿景基金二号。ZEPETO 平台的优势在于其出众的营销能力，包括其与众多时尚品牌和明星的联名活动，如与 Nars、Gucci、Gentle Monster 等时尚大牌合作。

ZEPETO 与韩国的偶像文化深度绑定，韩国的偶像文化也在 ZEPETO 的推广中起到了重要的作用。新冠肺炎疫情期间，Blackpink（韩国女子演唱组合）的音乐公司 YG Entertainment 和 ZEPETO 合作，尝试将 Blackpink 与赛琳娜·戈麦兹首次合作的新单曲《冰激凌》（Ice Cream）的 MV（音乐短片）在元宇宙社交平台上呈现。ZEPETO 的 App 生成了五位艺人的虚拟形象，虚拟形象与明星真人在形象、舞蹈动作上都具有很高的相似度。在 ZEPETO 中，用户能够与明星进行跨越时空的互动和交流，带给粉丝真实的互动感与参与感，提供了传统社交平台难以提供的追星体验。ZEPETO 的成功在于其将元宇宙社交与年轻人所喜爱的追星、时尚等元素有机结合，找到了与虚拟偶像、虚拟服装等前沿元素最佳的契合点与展现方式，形成了相比"平面"社交平台的独特优势。

图 6-4　ZEPETO 中的虚拟世界

资料来源：ZEPETO 官网，https://zepeto.me/。

VRChat：最具互联网基因的自由元宇宙

　　VRChat 应用于 2014 年 1 月 16 日上线 Windows App（微软应用商店），2017 年上线 Steam 商城（中国版名称为"蒸汽平台"）。与近期涌现的各类元宇宙社交应用相比，VRChat 并未贩卖高深的概念，但给用户提供了欢快的体验，因此在 Steam 商城上有着高达 90% 的好评率，是 Steam 和 Oculus（傲库路思）商城中排名第一的免费 VR 应用程序，最高同时在线用户人数超 4 万人，拥有数百万用户和 1 000 多万自定义虚拟形象。

　　VRChat 提供虚拟的社交体验，用户可以通过自定义的游戏角色，在虚拟房间中交流、游戏，既可以使用 VR 设备，也可以在电脑端进行。VRChat 支持在 Steam、Oculus 系列产品（Oculus Rift、Oculus Quest）和 VIVEPORT 等多个平台上使用。VRChat 的优势在于极高的自由度和可塑性，玩家可以导入自定义的角色模型，自由创作虚拟形象，呈现更多样性的风格，玩家还可以自定义玩法，创建独特的游戏、世界、环境、活动。

　　VR 设备通过头盔和手柄捕捉用户的动作，一般玩家只能控制角色的头部和双手的运动，在 VRChat 中，一些高级玩家甚至会利用全身动作捕捉技术，在游戏中呈现更丰富的动作和曼妙的舞姿。在中外视频网站上，众多基于 VRChat 的创意创作视频，以及基于各种互联网文化中的"梗"在 VRChat 上的二次创作广为流传。VRChat 的独特优势在于其创作的自由性，使得其与互联网文化高度融合、密切相关，该平台不仅成为各种兴趣文化社区的虚拟聚会场所，还成为一种独特的互联网文化现象。VRChat 联合创始人兼首席执行官格雷厄姆·盖勒说："VRChat 所建立的社区充满活力，拥有很高的创造性和参与性，这些为其持续发展起到了关键作用。" VRChat 的确丰富了社交类型，增加了更多的社交的可能性。

针对企业用户，VRChat 定期举办虚拟展会（Virtual Market），一年举办两届，展会中既有个人玩家搭建的小摊位，也有企业建设的大场馆。个人参展商可以在展会上举办个人艺术展、售卖 3D 模型及周边。企业参展商可以展示新产品、推广品牌、打造线上线下场馆联动、举办虚拟商场活动等。在虚拟展会上，商家利用精心设计的场景与互动体验，吸引游客，巧妙地传达了品牌的推广信息，游客也在其中收获了独特的乐趣。

Mesh for Teams：企业级元宇宙

新冠肺炎疫情导致的人与人在工作上的隔离，激发了庞大的在线会议市场，这也成为元宇宙进军办公领域的关键时机。2021 年 11 月，微软在 Ignite 技术大会上发布其首个面向企业的元宇宙产品——Mesh for Microsoft Teams（简称 Mesh for Teams）软件。2022 年 10 月，微软又发布了私人预览版 Mesh avatars for Microsoft Teams，帮助用户定制个性化的元宇宙虚拟形象。元宇宙提供的空间感与存在感，有助于提高在线办公的沟通、交流效率和效果，通过 Mesh for Teams 在手机端、PC 端、混合现实头盔上提供的服务，用户可以创建个性化的形象，体验协作办公的沉浸式空间。

利用个性化的形象，用户在会议中无须打开摄像头展示其真实的面部，可利用虚拟形象表达情绪以及进行眼神交流，虚拟化身可同步唇形、模拟面部和手势等。企业可以创建模拟物理空间的会议室、展厅、咖啡厅、设计中心等。在虚拟办公空间中的大屏幕上，可以显示 Office365 文档、网页等内容，模拟真实空间中的共享与协作体验，员工聚集在其中可以讨论、学习、喝咖啡、演讲，甚至举行招聘活动等。Mesh for Teams 的意义在于，其提升了在线会议的趣味性和吸引力，在增强用户个性化表达的同时，提高了在线协作的生产效率。

Soul：传统社交应用的元宇宙升级

　　Soul 上线于 2015 年 9 月 14 日，应用定位于陌生人交友，其广告语为"不开心就来 Soul 吧"，"在 Soul，没有人知道你的身份"，虚拟身份和匿名性是 Soul 的主要特点。Soul 的主要功能模块有五个，分别是"星球""广场""发布瞬间""聊天""自己"，其通过人工智能算法向用户推荐可能喜欢的人和内容。例如，在"星球"模块中，系统会基于用户的兴趣和喜好，推荐陌生人进行聊天。"广场"模块则类似于微信的朋友圈，呈现各种动态信息。2022 年 6 月 30 日，Soul 正式向香港交易及结算所有限公司（简称港交所）递交了招股书，根据招股书所披露的内容，其 2021 年月活跃用户数量为 3 160 万人，平均日活跃用户数为 930 万人。

　　在 Soul 所布局的社交元宇宙中，头像是生态中非常重要的一环。2022 年 9 月 9 日，Soul 首次发售数字藏品头像盲盒，该系列数字藏品名为"莫比乌斯"，采用盲盒玩法，用户购买后会随机获得一款数字藏品，此次发售的数字藏品共 15 996 个，包括 15 200 个基础款和 796 个隐藏款。"莫比乌斯"系列数字藏品是用户进入元宇宙的身份卡。与其他主流社交应用不同，Soul 不允许用户自行上传头像，只能使用系统内置的头像或者"捏脸"设计头像，Soul 定位于兴趣社交，除了系统推荐的兴趣标签之外，头像具有很高的显著度和区分度，在 Soul 的产品设计中，头像与社交具有很强的关联性。Soul 的流行也使"捏脸师"这一职业兴起。2021年 6 月，Soul 上线个性商城功能并邀请捏脸师入驻，捏脸师将自己创作的个性头像通过商城销售并获取分成收入。

Soul 在最初推向市场的时候，元宇宙的概念还未像现在这样火热，Soul 也是近两年才提出主打元宇宙社交的口号，并增加了元宇宙元素，虚拟形象也逐渐向三维化方向发展，然而其仍保留着"约会"型移动互联网社交应用的内核，Soul 的发展更像传统互联网社交应用的元宇宙升级。

AIGC 创作与社交平台

元宇宙的发展壮大带来了海量的内容生成和创作需求，PGC 和 UGC 已逐渐无法满足元宇宙的构建需求，AIGC 有望成为元宇宙时代的主流内容创作形式。AI 算法从海量数据中习得抽象的概念，并衍生出三大能力：孪生能力、编辑能力、创作能力。孪生能力包括三维重建、数字人生成、场景生成、图像音频修复和增强、语音合成、视觉内容描述等；编辑能力包括唇形同步、数字人驱动、图像和音频编辑、图像风格变换等；创作能力包括作画、作曲、作诗、编舞、创作剧本、生成 3D 模型、创作短片、写代码等。

在众多 AIGC 应用中，AI 作画是算法能力相对成熟并在近期得到大量关注的领域，国内也涌现出众多的 AI 作画与社交的平台，很多短视频应用、修图工具中也集成了 AI 作画的功能，相关应用包括抖音、灵境、意间、无界版图、美图秀秀、滴墨社区等。AI 作画的火热一方面正是由于近年来相关公司，如谷歌、OpenAI、Stability AI 等在该领域的大力投入；另一方面，随着视觉生成模型不断成熟，包括生成对抗网络、变分自编码器、扩散模型等技术的发展使 AI 算法的想象力与创作能力大幅提升，仅需几个关键词、一段文字描述或一张照片，AI算法就可以根据要求生成风格多样、细节精美、创意十足的画作，生成的作品令很多专业画师都为之惊叹。最近，国内外社交平台上涌现出大量AI创作的绘画，人们在称赞AIGC创作能力的同时，也认识到AI算法存在的一些问题，比如在AI算法模型的训练阶段，大批原创画师的画作被免费"喂给"了AI，AI生成的作品可能在风格或内容上与某些画师的作品高度相似，其版权归属存在争议，具有版权风险，因此AI生成的作品可能会因无法提供商业版权而不能直接使用。此外，AI作画常常会生成令人啼笑皆非的画作，在理解用户的创作意图和要求上仍有很大的改进空间。

工业元宇宙

相比元宇宙在商业和休闲领域获得的广泛社会关注与火热资本竞速，元宇宙的工业应用市场尚处于初期阶段，但随着资本市场对元宇宙由热捧概念逐步趋于冷静挖掘落地场景，以及元宇宙技术本身的广泛部署和应用，工业元宇宙正在稳步发展，并且有望实现爆炸性增长。那么，什么是工业元宇宙？

未来学家凯西·哈克尔表示，元宇宙即"空间互联网"，它利用虚拟空间以及3D渲染等技术对互联网数据和连接进行全新的呈现。而工业元宇宙是元宇宙相关技术在工业领域的应用，通过利用元宇宙技术，它将现实工业生产中的元素与相关数据充分地融合与展现，帮助决策者更加高效地掌握准确的信息，使业务流程能够以最高的效率运行。这将有助于形成全新的工业体系，实现成本降低、效率提高、高效协同。

实际上，工业元宇宙的起源甚至可以追溯到互联网时代之前，其基础在计算机时代的早期就已经初步奠定了。计算机辅助设计一词早在20世纪50年代已诞生，第一批计算机绘图系统的开发主要面向军事国防领域,但随着计算机在企业中逐步得到广泛的使用,CAD也水到渠成地进入了民用领域,计算机辅助制造时代也随之而来。自此,在数字空间中完成对物理世界中工业产品的设计与创造成为可能。这种对现实世界的数字化表现正是工业元宇宙的核心要素,不过工业元宇宙的规模已经大大提升了,它不再只是对单个工业产品的数字化表现,而是致力于构建一个完整的工业数字宇宙,将工业环境中的研发设计、生产制造甚至营销、售后等环节在数字空间中进行全面部署,以实现由虚到实的工业流程优化。

数字孪生是工业元宇宙的重要组成部分,它建立了现实世界到虚拟世界的映射,通过控制虚拟世界中的工业生产过程来对现实的工业生产过程进行模拟。随着算力、网络等基础设施的不断升级和物理仿真、人工智能等技术的快速发展,通过数字孪生技术为传统工业制造赋能也成为工业元宇宙目前的主要落地方向。近年间,英伟达公司通过将其打造的3D设计和协作平台Omniverse与传统工业相结合,完成了在工业元宇宙领域的初步尝试。

宝马携手英伟达构建数字孪生工厂

在德国汽车制造商宝马集团的未来工厂规划中,工厂可以在尚未开工建设、尚未安装、尚未调试真正的设备的情况下,首先在虚拟的数字孪生环境中模拟构建完整的汽车生产线,将生产流程、机器设备配置等过程在虚拟世界中进行预演,提早发现生产流程中存在的潜在问题和风险,并预先解决,使得现实中的工厂在正式开工建设的时候,生产线已经达到了优化后的状态(见图6-5)。

图 6-5　虚拟汽车工厂模型

资料来源：https://blogs.nvidia.com/blog/2021/04/13/nvidia-bmw-factory-future/。

为了实现这个目的，宝马公司和英伟达公司共同利用 Omniverse 平台，为规划高度复杂的制造系统创造了一种全新的方法。在宝马的数字孪生工厂中，设计师可以将利用各种设计软件生成的设计数据导入英伟达的 Omniverse 平台中进行 GPU 渲染，高度还原现实中的工厂形态，从而基于三维模型进行优化设计。同时，在物理世界建造任何东西之前，借助 GPU 的高逼真度渲染能力，数字孪生工厂可将生产过程中的设备、零件及仿真数据进行可视化呈现，提供虚拟的设计、规划与运营工厂的能力。此外，利用 Omniverse 平台提供的用户间实时协作的能力，工程师可以在共享的虚拟空间中完成协作，位于不同时区、不同地点的员工可以随时访问，共同规划和优化工艺或生产系统的细节（见图 6-6）。

基于数字孪生工厂，宝马公司可与处于不同地点的客户、供应商以及第三方顾问等相关人员共享物理属性准确、渲染效果逼真的可视化概念模型。此外，还能实现与世界各地的供应商和制造商一起快速地评审工程变更，高效地做出决策。同时，也可借助人工智能训练与测试工具来完成生产线机器人的智能训练和模拟。

图 6-6 通过真实员工数据训练数字人,模拟测试新的工作流程,以规划工人的工作效率
资料来源:https://blogs.nvidia.com/blog/2021/04/13/nvidia-bmw-factory-future/。

宝马数字孪生工厂是宝马集团与英伟达共同在虚拟、数字规划领域开展的新尝试,宝马集团负责生产的董事会成员米兰·内德利科维奇表示,借助英伟达的 Omniverse 平台打造的数字孪生工厂极大地提高了规划流程的速度与精度,进而提高了生产效率。

现代汽车集团的"元工厂"

同为汽车制造商的现代集团也在尝试涉足工业元宇宙领域。现代集团提出了"元工厂"(Meta-Factory)的概念,这是一个由元宇宙平台支持的实际工厂的数字孪生模型。通过构建元工厂,现代集团可以实现虚拟试运行工厂以优化工厂的运营和管理,并使负责人无须亲临现场即可解决工厂车间中的问题。元工厂将利用数字孪生,让工程师可以在虚拟空间中进行最佳驾驶条件的评估和测量,全程无须员工的现场参与。在现代汽车集团的规划中,2020 年 10 月宣布建立的现代汽车集团新加坡创新中心(HMGICS)将成为首个实现现代元工厂的机构,希望借助元宇宙和数字孪生技术来提高工厂的效率与产量。

为此，现代汽车公司与实时 3D 互动内容创作和运营平台 Unity 于 2022 年初正式宣布合作，共同设计、打造元工厂的发展路线与平台。除了提供汽车工厂的虚拟运营能力，合作双方还致力于形成一个实时的 3D 虚拟平台，能够面向现代汽车的广大客户群体，为客户提供更全面的营销和客户体验服务。这也意味着消费者将能够以数字方式试用、测试以及参与现代汽车相关的解决方案。现代汽车集团总裁兼首席创新官 Chi Young-cho（音译为池永朝）表示，现代汽车集团新加坡创新中心将通过世界级的元工厂成为游戏规则改变者，其将通过引入 AI、5G 以及 XR 等先进技术到下一代智能工厂平台中，进一步加速智能制造领域的创新。

此外，现代汽车集团还与新加坡电信建立了合作关系以作为元工厂建立的基础设施支撑。新加坡电信将在现代汽车集团新加坡创新中心部署 5G 网络基础设施解决方案。现代汽车集团新加坡创新中心将结合新加坡电信在 5G、人工智能、物联网等领域的能力和现代汽车在智能汽车制造解决方案和机器人领域的专长，引领制造业的元宇宙开发。

西门子与英伟达推动制造业变革

作为最早在市场上提出"数字化孪生"模型概念的企业之一，工业制造巨头西门子也在大力发展基于模型的虚拟企业和基于自动化技术的现实企业的"数字化孪生"，力求通过数字化助力企业整合横向和纵向价值链，重塑工业生态系统。西门子总裁兼首席执行官罗兰·布施（中文名为博乐仁）曾经表示，将现实世界和数字世界结合起来，可以实现更高水平的灵活性，可以更快地将新产品推向市场。

为此，西门子推出了开放式数字商业平台 Xcelerator。该平台包括来自西门子的支持物联网的硬件、软件和数字服务，提供全面的数字孪生，能够实现工厂和制造业的可视化，助力工业、楼宇、电网和交通领域不同规模的企业加速数字化转型和价值创造。随后，西门子公司宣布与人工智能硬件和软件供应商英伟达公司建立了合作伙伴关系，通过在工业环境中应用数字孪生技术，将虚拟世界和物理世界结合在一起，并通过物理精确的虚拟世界模拟、数据分析和人工智能，为产品设计和制造赋能。两家公司宣布将英伟达 Omniverse 和西门子 Xcelerator 平台进行连接。英伟达 Omniverse 的 3D 协作和模拟开发平台将为西门子 Xcelerator 生态系统提供逼真的渲染功能和先进的 AI 技术支持，使数字孪生能够真实呈现并实时运行（见图 6-7）。

图 6-7　西门子 Xcelerator（左）和英伟达 Omniverse（右）之间的连接将使客户能够开发完全设计保真度的闭环数字孪生

资料来源：https://new.siemens.com/global/en/company/insights/siemens-and-nvidia-partner-to-build-the-industrial-metaverse.html。

通过 Xcelerator 和 Omniverse 连接带来的 AI 驱动的实时物理仿真环境，任何规模的制造业客户都能够立即分析问题、确定根本原因并模拟和优化解决方案。假如工厂生产线出现了问题，世界各地的用户能够迅速以虚拟方式开会进行协作，并借助数字孪生技术进行快速识别，从而排除故障并解决问题。同时，用户可以轻松地将来自车间传感器的数据用于训练人工智能模型，这些模型可用于持续优化性能、预测故障、降低能耗，并且简化整个车间的零件和材料流动。

在各行各业都迈入数字化的今天，具有显著复杂性的工程项目，往往都需要在真正投入生产之前对产品进行模拟以实现降本增效。西门子与英伟达合作构建的工业元宇宙平台，结合了西门子在机械、电气等各个工业领域丰富的设计、制造数据模型以及英伟达的人工智能、物理仿真和高逼真度渲染能力，有望为不同行业、不同领域的工厂提供技术支撑。

尽管数字孪生是工业元宇宙的一种重要应用形式，并且当前尚处于起步阶段的工业元宇宙的大部分应用案例也是以数字孪生技术为核心，但是工业元宇宙并不仅仅是数字孪生，其具有更加广阔的想象空间。工业元宇宙所呈现的虚拟世界不仅包含真实世界工业流程的数字映射，而且包含真实的工业环境中并不存在的或者难以实现的流程的模拟仿真。成熟的工业元宇宙的应用场景应该覆盖工业产品从研发到售后的全生命周期，通过建立虚拟空间与现实空间的协同联动来推进完整工业流程的优化与升级。例如，在研发设计阶段，工业元宇宙可以模拟产品应用中的环境因素，可以仿真产品在不同环境中的作用方式，从而可以预先直观验证所设计产品的性能。同时，工业元宇宙可以支持多方协同设计，提升研发设计过程的效率和用户体验。在生产阶段，工业元宇宙能够模拟虚拟工厂的建设和运营过程，通过对虚拟工厂中的设备以及生产线进行预先测试，能够更加直观地优化生产流程，建设生产线。同时，工业元宇宙也可以对现实工厂中的生产状态进行实时模拟，并对现实的生产流程进行精确仿真、故障预测、提高生产规划效率等。此外，工业元宇宙还可以作为员工技能培训的平台，为学校、企业等提供培训生产技能的虚拟空间，使学员能够更加直观、低成本地体验设备的操作，学习完整的生产流程。在产品销售阶段，工业元宇宙还可利用 XR 技术为消费者提供虚拟试用等体验，甚至可以将生产工艺直观地呈现给消费者，以增强消费者的兴趣和品牌认同感。此外，还可以通过打造虚拟品牌形象以及数字藏品的方式进行营销，拓展消费者群体。

从另一个角度来看，工业元宇宙也可以作为人工智能的试验场，推动人工智能在工业领域的落地应用。工业元宇宙能够成为人工智能的安全试验环境，它通过在数字模拟中反复地迭代现实世界的输入，并不断地进行测试和优化，可以帮助企业建立更加灵活、性能更强、更加安全的人工智能设备。例如，针对汽车行业，工业元宇宙不仅能够通过数字孪生技术模拟汽车制造的整个流程，而且可以为所制造的智能汽车提供虚拟的人工智能训练环境，用于训练智能汽车的识别、检测、路径规划等能力。

商业元宇宙

随着元宇宙概念的火热及其在沉浸式游戏、实时线上社交等新应用领域中展现出的巨大潜力，食品、零售等传统商业如何更好地适应新的发展格局，进行转型升级，成为诸多企业发展的难题。是否要投身元宇宙的浪潮之中？如何借助元宇宙的"东风"为传统产业数字化转型赋能？这成为传统行业必须面对的问题。

在消费升级和技术升级的双重背景下，对于商业企业来说，尽管转型升级是一场挑战，但也提供了更多的创新与发展的可能性。此外，元宇宙的到来不仅意味着机会，而且意味着颠覆与重构。随着元宇宙相关技术的不断革新，每一个行业都可能被重新定义，传统行业如果不能在即将到来的元宇宙时代抢占先机，很有可能会被时代淘汰。因此，立足于行业本身，抓住元宇宙概念与技术带来的机遇进行创新升级成为传统企业的破局之道。本节将以餐饮、零售、数字人直播以及商业综合体为例，介绍商业元宇宙的应用布局。

餐饮

对于食品餐饮行业来说，元宇宙是一种新型的生活空间，如何在这种新型生活空间中进行产品的营销成为餐饮企业首先需要考虑的问题。连锁品牌可以从包装视觉、IP设计等角度，打造符合自身产品调性及形象的"元宇宙"产品，以创造更多的营销可能性。

可口可乐元宇宙

作为全球最畅销的汽水品牌，可口可乐的营销创意一直是实体企业的标杆，随着元宇宙的热度上升，可口可乐也紧跟潮流，通过限定产品的发布、沉浸式的互动体验以及符合年青一代的文化创意等，赋予自身全新的表达方式和意义，赢得了年轻消费者的喜爱和支持。

为了紧跟元宇宙的潮流，可口可乐公司推出了一款根据元宇宙题材设计的新产品——"零糖字节"，并且该产品在可口可乐品牌的实体货架上架前一个月，就在可口可乐的《堡垒之夜》（Fortnite）体验店上架了。可口可乐公司表示，"零糖字节"是一款跨越了数字世界与物理世界，并融合了元宇宙元素的可乐。为了推广新产品，可口可乐公司与英佩游戏（Epic Games）合作，在广受欢迎的游戏《堡垒之夜》中打造了一座名为"Pixel Point"（像素岛）的数字海岛，用户可通过扫描"零糖字节"可乐罐体的二维码来进行沉浸式互动挑战小游戏。可口可乐还与流行歌星艾娃·麦斯合作，通过举办"Concert in a Can"演唱会对"零糖字节"可乐进行推广。

第一家 NFT 餐厅——Flyfish Club

NFT 的使用成为餐饮界投身元宇宙的重要方式之一。Flyfish Club（飞鱼俱乐部）是世界上第一个 NFT 会员制的私人餐饮俱乐部，它将于 2023 年在纽约开业，客人可以在区块链上以 NFT 的形式购买它的会员资格，以获得进入餐厅体验的机会。会员可以无限制地进入位于纽约市一个标志性地点的私人餐厅，该餐厅面积超过 10 000 平方英尺[①]，包括一个鸡尾酒酒廊、一个高档海鲜餐厅、一个专为高级会员服务的 Omakase（主厨定制菜单）风格的房间和一个户外空间。会员可以将 NFT 形式的会员资格在二级市场上租赁或出售，这对餐饮业来说是个较新的概念（见图 6-8）。另外，购买的 NFT 只是作为会员入场的资格，进入餐厅后，食物与饮料的费用将会使用传统的货币来进行支付。这意味着会员资格本身将变成一种资产，会员可以通过将其租赁或者高价售出来产生收入。Flyfish Club 的建立为高级餐饮品牌利用 NFT 为 VIP（贵宾）体验和社会地位设定新的数字标准提供了可能性。

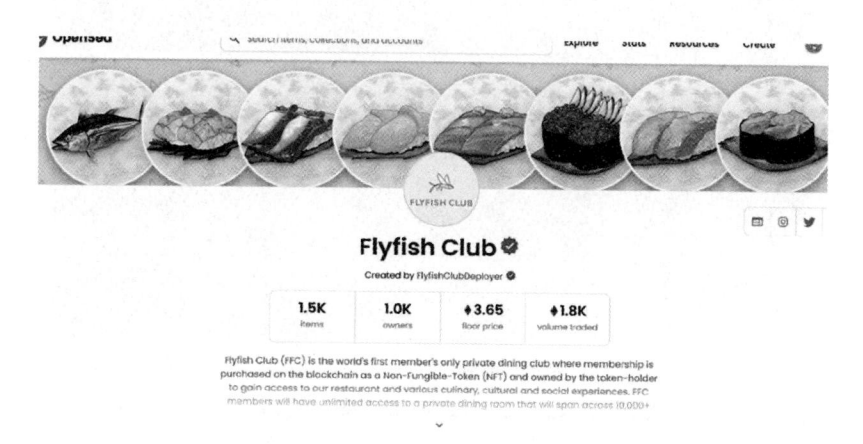

图 6-8　Flyfish Club 在 OpenSea NFT 交易平台上的主页

资料来源：https://opensea.io/collection/flyfish-club。

[①] 1 平方英尺约等于 0.093 平方米。——编者注

第六章　元宇宙应用视图

第一家元宇宙"威士忌"酿酒厂——Jose Cuervo

有些餐饮企业则将产品的生产流程搬进了元宇宙中。龙舌兰酒品牌 Jose Cuervo（豪帅快活）开设了第一家酿酒厂体验中心——Jose Cuervo Metadistillery（豪帅快活元酿酒厂）（见图 6-9）。该酒厂位于 Decentraland 平台上的 Vegas City（维加斯城），旨在邀请客户以在现实生活中不可能存在的方式与品牌互动，其中的景点包括桶形迷宫、泳池派对等。游客可以在其中进行各类挑战游戏，如培育龙舌兰植物、通过打一场排球比赛完成发酵、收集龙舌兰酒液滴等。完成所有挑战的游客可以为自己在 Decentraland 的虚拟形象获得一套数字装扮，并能够在 La Familia 酒吧一起"享用"自己酿造的龙舌兰酒。

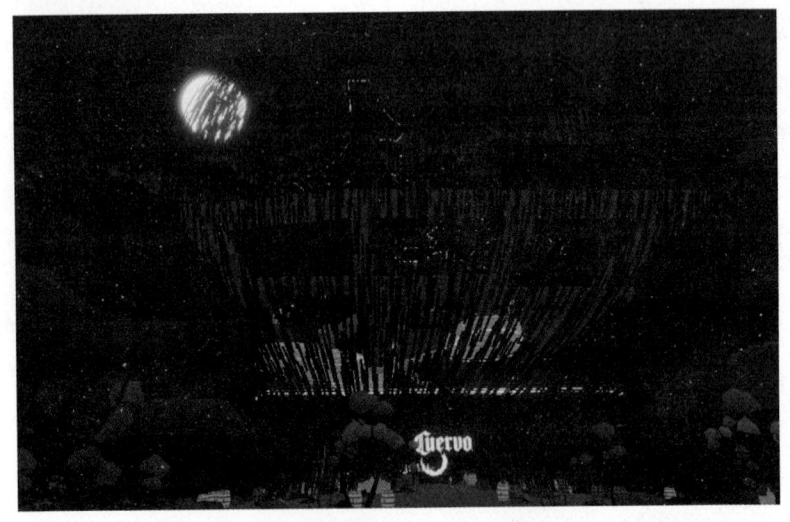

图 6-9 第一家元宇宙酿酒厂体验中心——Jose Cuervo Metadistillery
资料来源：https://play.decentraland.org/?position=-76%2C124&server=dg&realm=baldr。

零售

近几十年，随着互联网时代的到来和不断更迭，零售行业也进行了一次又一次的变革。一方面，技术的更新推动了零售行业基础设施的升级，引领了消费的不断升级；另一方面，消费的升级和基础设施的完善也推动着新技术的发展与应用。零售行业的商业模式和交易行为在不断地更迭。随着元宇宙时代的到来，以及人工智能、虚拟现实、区块链等技术的不断发展，零售行业又将迎来全新的变革。

知名零售品牌耐克在元宇宙平台 Roblox 中打造了元宇宙空间 Nikeland（耐克乐园），借助 Roblox 平台将粉丝见面会、社交、促销活动等一系列品牌体验汇集到这片虚拟世界中。在 Nikeland 中，游客可以观看勒布朗·詹姆斯等体育明星的化身，并购买独家的数字产品来装饰自己的形象。这些物品不仅限于 Nikeland，也能够准确地显示在其他 Roblox 定制世界当中。在这种模式下，每位穿戴耐克虚拟服饰的游客都自然成为该品牌的宣传志愿者。每位光临 Nikeland 的访客还将拥有自己在耐克世界中的个人空间，并在这里展示自己的收藏品和个性装饰。耐克一直将"生活方式"与品牌形象进行绑定，而事实证明，这种能力在数字世界中同样可以发挥作用。以此为基础，耐克成功地将消费者的心理需求转移到了虚拟空间。

此外，耐克对 NFT 收藏品开发商 RTFKT Studios 的收购也表现出其对于 NFT 的浓厚兴趣。耐克与 RTFKT Studios 联手打造了首个 NFT 运动鞋系列——CryotoKicks Dunk Genesis。用户购买之后可以通过由不同设计师设计的"皮肤瓶"，为基础款运动鞋添加更多的特殊效果和图案。

综上所述，耐克分别通过虚拟现实平台和 NFT 来进行元宇宙布局，以实现品牌的维度升级，并充分挖掘个性化元素在零售行业中的价值。耐克的这些尝试也体现出零售行业突破传统零售模式、迈入元宇宙的决心。

数字人直播

当前电商直播带货已经成为品牌获客、产品推广与销售的重要手段，中商产业研究院预计 2022 年中国电商直播市场规模将达到 15 073 亿元，艾瑞咨询统计，企业自播成交额已占到整体电商直播成交额的 32.1%，预计 2023 年该占比将接近 50%。由于真人主播雇用成本较高并且直播时长有限，由 AIGC 技术驱动的虚拟数字人在直播带货中得到越来越多的应用，"数字人主播 + 虚拟直播间"有效降低了主播的雇用成本和直播间的搭建成本。

百度智能云曦灵数字人直播带货平台

2022 年 7 月，百度联合创匠科技发布"百度智能云曦灵数字人直播带货平台"，由 SaaS（软件即服务）驱动的超写实数字人能够 24 小时全天候直播。该平台针对电商卖家和 MCN（Multi-Channel Network，多频道网络）机构，以标准化 SaaS 的形式，将超写实数字人应用于电商直播。在数字人形象构建上，平台支持类似 3A 游戏[1]的捏脸功能，如自定义数字人的发色、睫毛和瞳孔颜色、肤色和质地等，同时，数字人的声音、服装也可以进行自定义。对于数字人驱动，平台支持真人驱动直播和 AI 自动直播两种方式。真人驱动直播只需利用普通的 RGB 摄像头对真人进行拍摄，即可实现表情动作的迁移，对虚拟数字人进行控制。AI 自动直播则可利用预设脚本实现数字人 24 小时全年无休直播。同时，百度技术人员表示，目前的产品仍处于初期阶段，还有很多不够完善的地方，随着产品的迭代升级，数字人外形模板种类、虚拟直播间场景等方面会更丰富。

---

[1] 3A 游戏泛指高成本、高质量、高体量的单机游戏。——编者注

京东灵小播直播数字人

京东云旗下的言犀基于电商经验积累以及人工智能算法推出灵小播虚拟数字人直播产品，提供多种数字人形象、声音和直播间场景，为观众提供丰富的视觉和交互体验。灵小播可以实现 24 小时无人值守直播、直播话术自动生成、营销抽奖活动等。灵小播提供代播服务和产品技术支持，为商家打造低成本、高效率和高体验感的直播间。在功能方面，数字人主播不仅能够完成对商品的介绍，而且能够对用户的评论和提问进行实时回复并与客户进行交流，提高商品的成交率。灵小播拥有 4 层知识体系、40 多个独立子系统，覆盖超过 1 000 万种京东自营商品的电商知识图谱，能够理解用户提问，判断用户情绪，判断客户的购买意向，并主动推荐商品。灵小播的底层技术包括语音合成、情绪识别、方言识别、智能打断等 AI 算法，多模态数字人平台已经通过信通院首批数字人系统基础能力评测。目前灵小播已经在数百家店铺中投入使用，累计带来数百万元 GMV（商品交易总额）转化。

商业综合体

商业综合体是将城市中商业、办公、居住、旅店、展览、餐饮、会议、文娱等城市生活空间的三项以上功能进行组合，并在各部分间建立一种相互依存、相互裨益的能动关系，从而形成一个多功能、高效率、复杂而统一的综合体。对于商业综合体这样的线下商业空间来说，"流量"和"存量"是其发展的永恒主题，吸引消费者是保障商业综合体可持续发展的手段之一。随着互联网商业模式的日趋成熟，人们的消费需求也发生了质的变化，单纯的购物逐渐无法满足人们的消费需求。突破常规消费形式，提供更加新奇、更有代入感的沉浸式消费体验以刺激消费成为商业综合体现阶段发展的新目标。另外，受新冠肺炎疫情影响，近年来实体经济受到巨大影响，商业综合体作为实体经济的重要组成部分，经营更是遭遇重重困境。

元宇宙概念兴起所带来的技术赋能，为商业综合体赋予了新的定义，也带来了新的发展机遇。AR、VR、AI、5G 等热门技术让现实空间得到延展，使打造出虚实融合的沉浸式购物空间成为可能。元宇宙助力下，商业综合体将不再局限于有限的现实物理空间，而是逐步拓宽边界，向现实物理空间与虚拟数字空间结合的新世界推进，塑造出"千人千面"的平行购物空间，让购物变得更加随心、有趣。对于行业而言，实现元宇宙所描述的高度数字化虚实融合场景还有一段距离，但元宇宙概念所引导的技术已经逐渐渗入商业综合体中，形成数字购物新体验，中国商业对元宇宙的初步探索已取得了超预期的转化效果。例如，在重新定义商业空间，打造新型消费场景方面，西单大悦城、深圳益田假日广场、南京 AR 元宇宙商业街区等都是取得初步成功的应用案例。

天翼云图赋能西单大悦城 AR 导航与导览服务

在西单大悦城中，消费者拿出手机便可以找店、找车、找优惠，贴心的实景导航让消费者不用担心自己会在商场中"迷路"，同时，还能在手机屏幕上通过 AR 红包雨、AR 集卡等活动领取品牌优惠券。这种虚实结合的逛商场体验便是中国电信渠道运营中心利用天翼云图为西单大悦城打造的 AR 导航与导览服务。目前该服务使用的 V1.0 版本发布于 2021 年 10 月 25 日，消费者通过搜索进入西单大悦城 AR 导航小程序后，便可使用 AR 导航寻店 / 寻车、找卫生间、接收商户优惠推送等，极大地丰富了顾客的消费体验。

西单大悦城作为北京市西单商圈最大的商业综合体，是时尚达人、潮流先锋、潮流新贵休闲购物的首选之地。西单大悦城探索 5G+ 智慧商业领域的创新玩法，给顾客带来了耳目一新的逛游体验，形成了独特的吸客力。顾客可以在商场中沉浸式领略虚实融合的增强现实场景，有效提升了商场内顾客的活跃度，提高了综合体用户的到店转化率，推动了商业综合体的积极正向发展。

深圳益田假日广场智慧综合体打造高效激活客流新玩法

深圳益田假日广场地处深圳华侨城，紧邻深南大道，有着中国首家"5G+五星购物中心"之称，是集体验式购物中心、生态写字楼、五星级主题酒店等于一体的大型建筑综合体。作为引领深圳"体验经济"潮流的先锋队，深圳益田假日广场联合中国电信深圳分公司等将有趣、有料的数字生活体验融入互动营销玩法，重新定义商业文化模式，以最具体验特色的消费理念促进城市商业的升级。

在深圳益田假日广场中，顾客只需扫描二维码进入小程序，点击"立即开始"便会获得一张电信益田联名卡，为客户提供最高6 480元的益田假日购物储蓄卡。之后进入导航页面，点击"选择楼层"，系统会根据顾客所在位置推送附近的"5G未来大使"（宝箱），顾客根据AR导航即可开始寻宝之旅（见图6-10）。

图6-10　AR营销活动

资料来源：https://mp.weixin.qq.com/s/QiVLGbBIWjgGLnyIFfh9ww。

深圳益田假日广场智能综合体与北京西单大悦城类似，二者均依托中国电信天翼云图平台，联动 AR 礼券、新品推荐等营销活动，为商业综合体元宇宙打造全新的流量入口和营销闭环。截至 2022 年 9 月，天翼云图还携手金科集团、德百集团、合肥万象城、杭州湖滨银泰 in77、广州悦汇城、马鞍山万达广场、南京商厦等打造了多项"5G+MEC（移动边缘计算）"智慧商业综合体，正持续发力元宇宙赛道。

南京 AR 元宇宙商业街区推动生态可持续发展

2022 年 9 月 29 日，"心动南京·星推鼓楼秋季消费节"启动暨 IN BOX 元宇宙街区开幕活动在南京鼓楼创新广场隆重举行。长三角地区首个以生态可持续发展为切入点的 AR 元宇宙商业街区——IN BOX 云中未来城正式亮相。IN BOX 选取南京鼓楼创新广场为基景，结合元宇宙的宏大叙事背景，通过"三维场景扫描+SLAM（即时定位与地图构建）空间场景识别"的 AR 科技手段，致力于带来全新的 AR 增强现实体验，打造"潮玩街区＋沉浸式体验"的云中未来城的元宇宙场域。在其未来愿景中，IN BOX 元宇宙街区还将持续丰富场景，同时呼吁更多人参与科技与自然的议题讨论。

IN BOX 元宇宙街区商业体量约 3 万平方米，从年轻客群的生活方式出发，规划餐饮、零售、体验业态，以距离优势为基础，以高频、刚需的餐饮业态为抓手，打造集购物、餐饮、休闲、娱乐于一体的高品质办公生活 MALL（购物中心）。在最初的设计思路里，基于近年来环保、碳中和、海绵城市概念，IN BOX 元宇宙街区从元宇宙的宏大叙事中选取可持续生态为切入点，在 AR 科技的帮助下，解锁了四个云中未来城的故事场景及故事线。消费者打开手机即可实现忽而现实、忽而虚幻的云中城穿梭体验，一站式打卡"初入云中城""时空隧道""空中云台""生态试验场"四个科技空间。

目前IN BOX元宇宙街区中还建有"量子雕塑""数字拓荒""碳中和检测区"等科技打卡点，消费者基于"华开IN BOX"公众号的AR元宇宙板块，便可在街区现场与领航员Lucky Buddy（幸运伙伴）一起穿行次元，体验云中未来城的互动玩法（见图6-11）。在城市之际、场景之中，鼓楼创新广场IN BOX元宇宙街区用"年轻力"和"多元元素输出"为城市赋予了鲜活生命力，破局固定生活模式，打造城市社交空间。

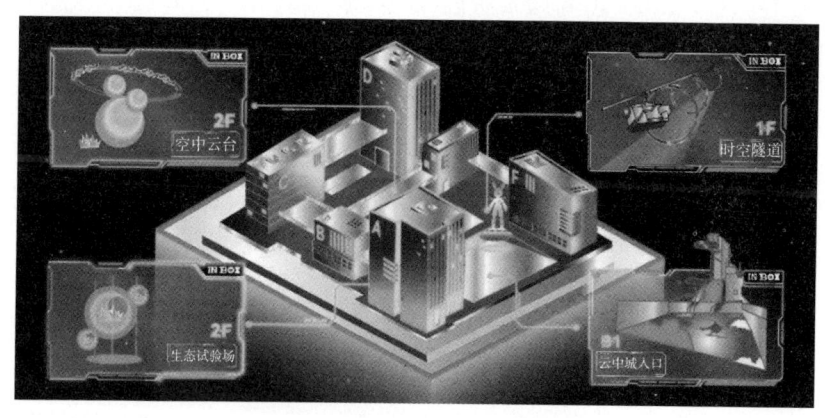

图6-11　IN BOX元宇宙街区布局

资料来源：https://mp.weixin.qq.com/s/k3t1hRfkEA47qTCl5o_oNg。

文旅元宇宙

文旅行业的数字化转型之路如今正在积极地开展，许多景区与主题乐园等文旅产业也开启了元宇宙的探索。在新冠肺炎疫情的影响下，线下的文旅活动正在逐步向线上转移，元宇宙作为连接现实世界与虚拟世界的桥梁，成为文旅产业转型的重要支撑。文旅元宇宙通过数字化手段将文旅资源进行要素转化，有助于实现文旅产业的虚实重构，为驱动数字文旅发展提供动力。现代化的文旅景区、园区通过利用信息技术、互联网技术、人工智能技术以及虚拟现实技术的发展成果，将为游客带来更多的沉浸式互动体验。

上海的文旅元宇宙探索

上海一直以来都将城市视作人工智能的最佳试验场，在推动城市数字化转型的过程中，上海通过选择典型领域、构筑标杆场景的方式，为在全社会更广阔的领域实现前沿技术落地探索方案、积累经验。在"2022世界人工智能大会"开幕式上，上海选择具备较好基础、有广泛影响力的领域发布了文旅元宇宙应用场景建设的方向和需求，希望吸引各类创新主体携手打造元宇宙的标杆应用。

中国共产党第一次全国代表大会会址（简称中共一大会址）作为其中一个重要的场景，将力争通过虚实跨时空融合的技术手段和表现方式，探索在元宇宙的数字世界中建设"中国共产党人的精神家园"。中国共产党第一次全国代表大会纪念馆（简称中共一大纪念馆）副馆长阮竣认为："每次科技上发生进步和突破，文化产业都会迎来一次繁荣契机，而文化产业的兴旺又能促进科学技术的商业化落地。近年来，随着物联网、人工智能、虚拟现实等技术逐渐进入博物馆领域，全球主流博物馆开始探索馆藏文物适应数字时代的价值传递，尤其是伴随着元宇宙概念的爆发，众多博物馆都开始了元宇宙的建构尝试。如何把博物馆更好地'搬'进元宇宙，成为业界关注的热门话题。"中共一大纪念馆发布了"数字一大，大力弘扬伟大建党精神"场景。该场景将以中共一大会址及上海众多红色遗址为基础，拓展红色纪念场馆的服务外延，让人与物穿越时空、虚实融合共生，形成新一代红色文化体验的讲述平台，从而在元宇宙世界中构建起讲述建党故事、彰显建党初心、诠释伟大建党精神的红色殿堂。

东方明珠广播电视塔（简称东方明珠）作为上海的城市地标，经过多年的发展，已成为上海乃至中国改革开放的象征、文化交流的纽带以及对外宣传和风貌展示的窗口，在国内旅游景点以及世界高塔行业中具有很高的知名度。上海广播电视台发布了"数字明珠，虚实融合遨游上海之巅"场景，聚焦东方明珠这一上海城市地标，通过全息投影、动作捕捉交互、三维重建、全息投影、人工智能风格迁移、数字孪生等技术，将东方明珠打造成为上海文旅元宇宙的虚实入口，使每个游客可以驱动数字分身在这里相遇和交互，成为时空穿越的体验者以及未来场景的设计师。东方明珠此前已经拥有了 3D Mapping（3D 投影技术）全息投影构建的穹顶投影秀，以及大量 MR 技术、体感追踪、实景造像构建的历史文化展陈。VR 过山车已接待超百万名游客体验穿梭陆家嘴云端。未来，这些既有项目将进一步改造升级。在东方明珠的 351 米高处，更将焕新升级航天主题太空舱，让游客一起学习航天知识，窥探宇宙奥秘。该场景将以东方明珠为入口，升级更新原有旅游区物理空间的沉浸式体验，同时构建数字孪生的数字世界，并实现两者的相互映射，激发游客和用户的创作灵感，用艺术工具共同提供全新的文化娱乐体验。

张家界元宇宙再现阿凡达世界

知名旅游城市湖南张家界属于较早参与到元宇宙浪潮之中的景区。2021 年 11 月，在武陵源区大数据中心吴家峪门票站举行了张家界元宇宙研究融合发展研讨会暨张家界元宇宙研究中心挂牌仪式，张家界成为全国首个设立元宇宙研究中心的景区。张家界元宇宙研究中心主要研究和探索旅游与元宇宙的融合发展，以"技术创新"驱动"应用创新"和"产业创新"，培育旅游产业新的产品形态、生产方式和消费模式。元宇宙研究中心的成立也意味着张家界向公众宣布其在努力进行数字化旅游的探索。

2022 年，张家界元宇宙研究中心联合湖南移动张家界分公司、咪咕公司等打造了首个运用 XR 融合互动技术沉浸式体验元宇宙万千奇峰景区的平台——"张家界星球"。该项目应用了 5G、UE5（虚幻引擎 5）游戏引擎开发、云端 GPU 实时渲染等多种融合技术，通过数字孪生构建了张家界景区虚拟世界，展现了大自然亿万年的鬼斧神工，还原了张家界武陵源景区的万千奇峰。"张家界星球"通过稳定、高效、低时延的云端 GPU 实时渲染能力以及高性能处理器与高速固态硬盘来保障高质量的云渲染效果，可将任意终端设备转变为可显示专业级质量图像的高清 XR 显示器，为用户带来沉浸式的震撼视觉体验。

为更好地推广张家界数字化、智慧化发展的新成效，湖南省自然资源厅创新服务首届湖南旅游发展大会，利用实景三维数字底座，结合 VR+AR 技术打造了实景元宇宙文旅宣传片《仙境张家界》。宣传片以"这山、这水、这人家"为主题，通过首届湖南旅游发展大会吉祥物串联起张家界的绝版山水和人文景观，打造了超越现实的奇妙场景。未来，张家界也将紧扣"空间＋科技＋融合创新"的策略，依托 XR、区块链、云计算等技术，实现文旅场景的融合创新，打造智慧旅游新体验，为用户提供更加丰富的文旅、社交、娱乐、消费多元应用场景。

"山海中国"元宇宙

随着国内各地政府纷纷出台元宇宙相关的支持政策和专项政策，以支持代表未来数字经济的元宇宙产业的快速发展。新华网旗下子公司和控股公司新华炫闻（北京）移动传媒科技有限公司、新华智云科技有限公司联手宣亚国际、国文聚（北京）文化科技有限公司以及技术支持方中国电信数字智能科技分公司宣布携手打造"山海中国"元宇宙，通过构建"元宇宙+"全生态，探索 Web3.0时代数实融合赋能产业新形态，助力文旅产业数字化升级，推动中华文化全景式传播。

"山海中国"主要聚焦"元宇宙＋文化""元宇宙＋旅游""元宇宙＋品牌"三大方向，以新华网客户端为核心载体，通过新华网融媒体矩阵全方位展示国家级文化和旅游资源，聚合非遗、文学艺术、美育课程等中华优秀传统文化，连接景区景点、博物馆、演艺剧团等文旅资源。通过整合全息影像、数字孪生、增强现实、数字影音等技术手段，为生态合作伙伴提供"云演播""云展厅""云课堂""虚拟主持人"等多样化的数字服务，推出数字云 MALL、云 XR 娱乐空间等元宇宙特色场景应用，创新文化传播方式，利用元宇宙讲好中国故事，传播好中国声音。

按照计划，"山海中国"将引入博物馆、名胜景区、艺术院团和演艺机构、数字科技企业和品牌各 100 家，以沉浸式空间体验作为切入点，推出两大示范项目——"中华文化云展馆"和"山海中国元宇宙发布厅"。"中华文化云展馆"将充分运用增强现实技术，全方位对博物馆资源进行整合，与国家博物馆、故宫博物院、三星堆、兵马俑、景德镇、苏州博物馆、陕西历史博物馆等重点博物馆联合举办线上展览，为用户提供数字门票、数字导览以及多维互动等服务。该项目旨在积极探索中华优秀传统文化"年轻化、数字化、IP 化"的有效路径，希望以智慧化服务提高文化传播效能，加速文旅资源普及推广和转化利用，推动文化和旅游产业转型升级。"山海中国元宇宙发布厅"将着力于演艺、文旅、文化、品牌四个方面，创新品牌多场景运营和商业模式融合，在 XR 虚拟发布空间举办虚实融合的元宇宙发布会，以时空拓展、高度沉浸、人机融生等特点对交互场景进行重塑，有望为演艺院团、品牌和企业等扩展全新的文化传播空间。

近年来，元宇宙对于优化文旅行业中的产品供给，拓展沉浸式文旅场景的应用，引导和培育网络消费、体验消费、智能消费等新模式的作用正在逐渐凸显。目前文旅行业面临的消费模式转型、数字化建设与实体服务深度融合、线上场景衍生等现状，也使其具备了元宇宙落地应用的基础需求。"元宇宙"不仅是科技概念、经济概念，更是社会概念，其虚实结合的属性，为文旅场景的拓展和应用开辟了巨大空间。同时，文旅场景在元宇宙中的拓展也在无形之中生成了一个庞大的社会治理新领域，需要政府提升决策和管理水平，完善文化创意产业知识产权保护和治理模式，完善数据治理制度，制定数据产权、安全等相关法律法规，建立有效的数字文化产业知识产权保护体系。

军事元宇宙

军事元宇宙利用计算机手段模拟战场上的物理环境、交战双方人员、武器、装备设施、作战策略等要素，对真实的战争情况进行仿真，并进行多次推演，进而总结经验、修订战法、优化作战策略、完善训练方法、改进武器装备，使虚拟战争世界反作用于现实世界。依托元宇宙空间中的兵力布置、地理地形特征、人群分布等信息的全景展示，军事元宇宙能够全面地映射真实战场上的多元环境，支撑军事指挥官的高效率决策和部署。

1978年，美国空军上尉杰克·索普发表了关于"分布式任务规划网络化模拟器网络"的论文，随后，美国国防部高级研究计划局和美国陆军接手了"虚拟战场网络模拟"项目。1980年，该项目被用于大规模训练与演习，是模拟技术在国防工业领域的首次应用，可以称之为军事元宇宙的雏形。自此以后，数字化技术的不断发展使军方能够在演习中更好地模拟战场环境，提升军事模拟训练的效果。

2022年2月，在首届"美国武装部队通信和电子协会太空部队信息技术日"，美国太空部队首席技术与创新官利萨·科斯塔宣称，美国太空部队将利用数字化卫星模型、数字模拟技术、协同技术，创建太空部队军事元宇宙。科斯塔表示，元宇宙对于太空部队尤其具有吸引力，与能够较容易地到达海上、野外进行军事演训的海军、陆军相比，太空部队依赖太空疆域作战，太空军官兵只有成为美国宇航局的宇航员，才有机会进入太空，因此在真实太空环境中进行训练成本高昂甚至难以实现，因此利用虚拟现实、增强现实技术对太空作战环境进行模拟尤为重要。通过构建太空军专用军事元宇宙，太空军官兵能够在其中进行学习、训练、协作以及开展其他活动，包括以数字化方式设计制造卫星等。由于太空军规模小，适合作为军事元宇宙的先行试点，试点成功后将推广至美军其他军种。

美国 ATARS 空战系统

军事训练所消耗的人力、物力、财力巨大，军事元宇宙有助于减少经费开支、降低训练伤亡等。2022 年 5 月，两名美军战斗机飞行员利用增强现实技术进行了高空模拟加油训练，他们乘坐一架 Berkut 540 喷气式飞机，到达加利福尼亚沙漠上方几千英尺的高空后，戴上定制的增强现实头显，视野中呈现出一架虚拟的空中加油机，他们与虚拟的空中加油机进行交互，完成了空中加油训练。2022 年 10 月，在美国国防高级研究计划局开展的一次空军训练中，一名战斗机飞行员在空中佩戴增强显示头显，与虚拟的敌机进行空中对决。以上两个案例中均使用了由 Red 6 公司（AR 空战培训系统开发商）开发的空战系统 ATARS（机载战术增强现实系统），该设备包含一个集成的增强现实显示器，具有 150 度视场角，能够在室外高亮度环境下使用，与消费级 AR/VR 产品相比，具有低延迟、高可靠的特性，并适用于极端战场条件。Red 6 的创始人兼首席执行官丹尼尔·罗宾逊表示，ATARS 系统可以自由设定作战难度，作战对手可由人工智能模拟或人工控制，丰富了军事训练的多样性。

美国 IVAS 集成视觉增强系统

除了与 Red 6 公司的合作，美军还与微软公司进行合作，2018年，美军与微软签订价值 4.8 亿美元的合同，由微软提供 IVAS（集成视觉增强系统）的原型设计，并由美军进行测试；2021 年，双方进一步签订价值约 220 亿美元的合约，由微软提供 12 万个 IVAS 定制头显设备以及配套的远端和边缘的支持服务。IVAS 基于微软的增强现实设备 HoloLens 进行开发并进行定制化升级，IVAS 包含增强现实显示模组、挡风镜以及集成的 GPS、传感器和电池模组，显示模组在 HoloLens2 的基础上增加了眼动追踪功能，传感器包括可见光摄像头、红外摄像头、微光摄像头，支持热成像和夜视等功能，提供更丰富的环境信息，能够提高士兵的感知能力，辅助训练和执行作战任务。IVAS 系统还包括一套 SiVT（小队沉浸式虚拟训练器），SiVT 能够提供 1 000 平方米的可扩展地形，模拟训练和战斗环境，用于战术班组的演训。美国第 75 游骑兵团下辖的第三营，曾在南美热带环境下对 IVAS 进行了测试，测试其在陆地导航、目标捕获和提高士兵感知方面的能力。

韩国 DEIMOS 军事训练模拟系统

2021 年，韩国军事训练模拟器公司 Optimus System 宣布推出面向全球市场开发的基于元宇宙的军事和国防解决方案 DEIMOS，用于模拟和创建各种军事训练环境，应用于士兵培训。该系统能够模拟作战任务，包括精确射击训练、观测训练、战士行为训练、跳伞训练等。DEIMOS 系统主要包括中程突击步枪模拟器（MARS）、战术突击射击训练模拟器（TAD）、基于 VR 的军事跳伞训练系统（VRTS）三个模块。其中，中程突击步枪模拟器利用空间同步技术匹配士兵的物理位置与虚拟环境的空间关系，提供精确的射击模拟；战术突击射击训练模拟器利用 VR 头显模拟军事任务环境，提供战术射击练习；基于 VR 的军事跳伞训练系统利用 VR 提供跳伞训练培训（见图 6-12）。自 2019 年开发完成以来，DEIMOS 一直为韩国武装部队提供模拟训练，并在 2021 年宣布开始向海外供应。Optimus System 首席执行官 Kim Nam-hyuk（音译为：金南赫）表示，基于第四次工业革命技术更有效、真实的战争训练系统，将以全新的理念和差异化的技术引领全球军事元宇宙市场。

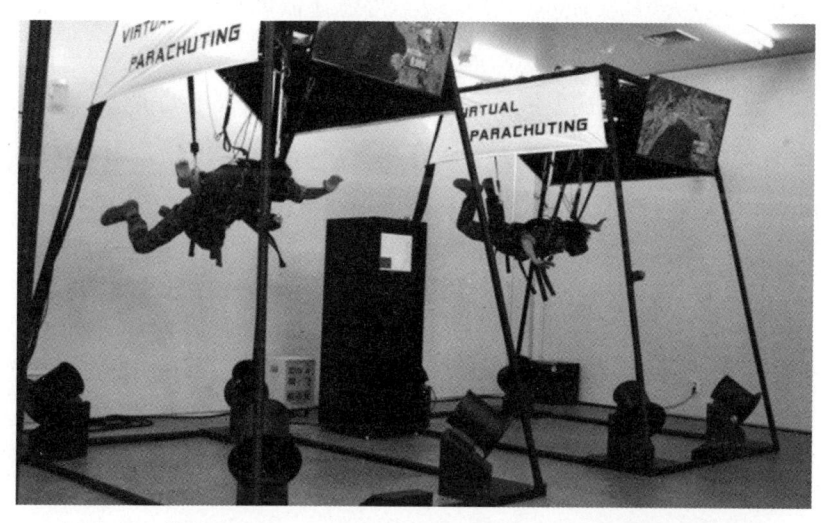

图 6-12　韩国 Optimus System 公司推出的基于 VR 的军事跳伞训练系统
资料来源：Optimus System 官网，http://www.optimus-military.com/eng/vpts。

除了在战场模拟、军事训练中发挥越来越重要的作用，军事元宇宙还有多方面的价值，如美国陆军利用军事游戏吸引年轻人，进行招兵宣传、吸引人才，目前电子竞技已成为美军招募士兵的有效手段。元宇宙还被用于加快系统研发、改进采购流程，美国空军新一代洲际导弹项目"陆基战略威慑项目"使用基于模型的系统工程方法，帮助采购部门快速评估海量场景下弹药在核导弹发射井中的设计方法和部署方式。元宇宙也深刻地改变着战争形态，未来士兵甚至无须亲临战场，利用无人机、战争机器人就能在真实战场上执行作战任务，利用传感设备捕捉周围环境，并将环境信息传输到远端，士兵佩戴虚拟现实设备并进行远程控制。军事元宇宙的应用还包括士兵管理、士兵社交、军属服务等。元宇宙作为融合众多前沿科技的系统，将成为推动现代军事发展的重要力量。由于军事任务对精确度的要求极高，军方对于元宇宙的利用仍保持清醒、谨慎的态度，Oculus的创始人帕尔默·勒基在接受美国《防务快讯》的采访时表示，真实质量的虚拟现实可能还需要10~15年，而准确地模拟活动对人体的反馈则需要更长的时间。

相信随着技术的发展，元宇宙能够为军事带来更大价值。我国也有必要继续完善和发展元宇宙在军事领域的前瞻应用，用好元宇宙这一利器，利用元宇宙相关技术支撑军事决策与指挥、战场模拟与预测、军事演习、空天作战等领域技术水平的进一步提升。

元宇宙城市

有专家定义，元宇宙城市是以城市为对象的元宇宙，通过AR/VR等设备，让人们以更沉浸的方式体验现实城市中的各种元素，并以更具体、形象的场景让不同地方的居民、商人、游客、学者一起社交、创作、游戏、交易、学习等，城市元宇宙中包括但不限于虚拟政府、虚拟文化旅游、虚拟医疗、虚拟教育、虚拟游戏娱乐、虚拟购物等内容的建设。

元宇宙城市概念的兴起打破了现实世界的地理格局限制，正不断拓宽人们的想象边界，让未来充满可能。随着韩国首尔将元宇宙写入城市规划，并对外公布元宇宙五年计划，新加坡、美国等地多个城市也陆续加入元宇宙的布局建设中，各个城市拉开了元宇宙建设的序幕。

韩国首尔：全球首个元宇宙城市计划

图 6-13 为首尔数字基金会在 2021 年 12 月建设的虚拟元宇宙办公室。员工可以登录该办公室，以虚拟头像的形式与同事见面，使远程工作的员工不再感到孤单，这便是韩国首尔元宇宙城市推进行动的一小步。

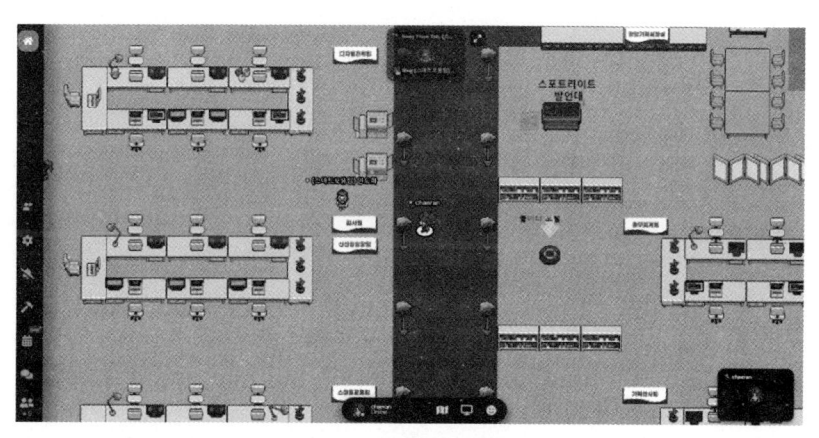

图 6-13　虚拟办公示意图

资料来源：https://baijiahao.baidu.com/s?id=1742814808999504994&wfr=spider&for=pc。

2021 年 11 月，韩国首尔对外公布打造"Metaverse Seoul"（元宇宙首尔）的五年计划。首尔当局表示将用 5 年时间打造价值 39 亿韩元的元宇宙平台，包括虚拟市长办公室、元宇宙 120 中心、虚拟旅游区等，用数字孪生来改善城市管理，让虚拟 AI 公务员与公务员的虚拟替身一同为市民提供更专业、高效和智能的咨询及一站式服务，提供 7 个领域的市政服务，包括经济、教育、旅游、通信、城市、行政和基础设施。

首尔市政府在上述 7 个领域设定了 20 个目标，畅想了未来的元宇宙生活。例如，在经济领域，首尔将在元宇宙中复制首尔金融科技实验室，提供经济领域的相关虚拟服务，帮助企业吸引外国投资；在元宇宙最活跃的教育领域，首尔市政府将创建首尔开放城市大学虚拟校园，同时在线教育平台 Seoul Learn（首尔学习）将为习惯虚拟世界环境的青少年提供各种沉浸式内容，如讲座、导师计划和招聘会；在旅游领域，首尔将在元宇宙中提供虚拟旅游景点，鼓节等节日庆祝活动和展览也将在元宇宙中举办。

首尔市政府将元宇宙平台建设分为三个阶段：引入（2022年）、扩张（2023—2024年）、定居（2025—2026年）。在第一阶段中，首尔将主要完成平台的搭建，在虚拟平台上安装市长虚拟办公室，允许市民通过VR眼镜与官员沟通或者参加群众活动。在第二阶段中，首尔设计开发虚拟公共服务中心"元宇宙120中心"，公职人员的网络化身可以提供公共咨询等服务。在长期愿景中，首尔元宇宙希望能够增加对商业发展服务、教育和城市服务的支持，比如市民可以在元宇宙中进行投诉、咨询房地产政策和申报税收，所有面向民众的服务项目都将被运营为开放和免费的。在未来愿景中，首尔将成为"一个共存的城市、全球领导者、安全的城市和未来的情感城市"。首尔市政府在元宇宙建设上设定了三个主要目标：一是让民众与政府部门，以及民众与民众之间更容易取得联系；二是克服时间、空间和语言的限制；三是探索改善用户体验和满意度的新方法。首尔市政府在城市元宇宙上的布局，一方面将为首尔市民提供更便捷的服务，另一方面通过提高首尔数字城市管理水平，有效提升城市竞争力、行动力与吸引力。

首尔市政府在元宇宙领域行动迅速且投入巨大，这很大程度上取决于政府对元宇宙重要作用的肯定。2022年2月，作为"数字新政"的一部分，韩国政府宣布为开发元宇宙拨出2 237亿韩元的专款，还声明要努力在2026年成为全球第五大元宇宙市场。韩国政府建设全球首个元宇宙城市的计划任重道远。

新加坡：数字孪生城市

新加坡的数字孪生城市项目始于 2014 年，新加坡政府计划耗资 7 300 万新币（约合 3 亿元），用于研发新加坡 3D 城市模型综合地图"虚拟新加坡"，推动新加坡发展智慧国家的愿景。在项目开始不到两周的时间里，新加坡创业公司 Vizzio Technologies（维视科技有限公司）就使用卫星照片和人工智能制作了一个 1∶1 的 3D 新加坡模型，该模型被分成 728 000 000 个相同的 1 平方米瓷砖（见图 6–14）。

图 6–14　虚拟新加坡

资料来源：https://www.nrf.gov.sg/programmes/virtual-singapore。

截至目前，新加坡创业公司 Vizzio Technologies 已完成了虚拟新加坡的完整 3D 模型构建，据世界经济论坛报道，这是世界上最大、最复杂的数字孪生体。虚拟新加坡可以被理解为一个集动态三维城市模型与数据协作于一体的平台，该平台将所有的传感器和摄像机汇集在一起，实现城市环境的动态监控与管理。虚拟新加坡的模型不仅有逼真的效果，而且能够真实地反映实际的城市现状。通过模型，管理员能够可视化地知晓每栋楼的精确数据，虚拟新加坡还能够进入每栋楼的内部去了解形状与结构。虚拟新加坡除收集了三维模型的基本地理信息，还整合了政府机构的数据、互联网信息、物联网设备的实时动态数据。它能够帮助不同行业的用户开发复杂的工具和应用程序，用于提供测试床和服务、完成规划和决策的制定、开展技术研究，以解决新加坡面临的新型和复杂挑战。

虚拟新加坡包括语义3D建模，其中包括详细信息，例如纹理、几何对象的材料表示等；地形属性，例如水体、植被、交通基础设施等。建筑物的模型对几何形状和一些设施的组件（例如墙壁、地板和天花板）进行编码，直至完成对精细细节的描述，例如建筑材料中的花岗岩、沙子和石头。

虚拟新加坡基于从各种公共机构收集到的几何和图像数据进行开发，通过整合不同的数据源，以必要的动态数据本体来描述城市。通过地理空间和非地理空间平台，如OneMap（电子地图）、人脉中心、商业中心等协调2D数据和信息丰富的3D新加坡城市模型。先进的信息和建模技术将使虚拟新加坡能够注入不同来源的静态、动态和实时城市数据和信息。

虚拟新加坡所提供的能力主要包括：虚拟实验、虚拟测试床、规划和决策、研究和开发。虚拟实验能力方面，虚拟新加坡可用于虚拟测试或实验。例如，虚拟新加坡可用于检查3G/4G网络的覆盖区域，提供覆盖较差区域的真实可视化，并突出显示3D城市模型中可以改进的区域。虚拟测试床能力方面，虚拟新加坡可以用作验证服务提供的测试平台。例如，虚拟新加坡内具有语义信息的新体育中心的3D模型可用于建模和模拟人群分散，以在紧急情况下建立疏散程序。规划和决策能力方面，在丰富的数据环境下，虚拟新加坡是一个整体和集成的平台，可用于开发各类应用程序。例如，可以开发一个用于分析交通流量和行人运动模式的应用程序。研究和开发能力方面，当虚拟新加坡丰富的数据环境向研究界开放，提供必要的访问权限时,研究人员将获得创新和开发新技术的能力。例如,具有语义信息的 3D 城市模型可以为研究人员提供开发高级 3D 工具的机会。

目前,新加坡高度精细的数字孪生体正走向元宇宙。在元宇宙的概念中,虚拟新加坡算是迄今为止最全面的版本,其以虚拟形式重建了现有的城市基础设施,通过连接城市对象、采集城市数据,让参与者在虚拟环境中发现城市元宇宙的奥秘。

美国波士顿:元宇宙城市模型推演

早在计算机软件能够生成数字城市之前,波士顿规划与发展局(BPDA)就为波士顿市中心雕刻了一个木制模型,该木制模型能够帮助规划者和开发商设计这座城市的未来。从木制模型开始,波士顿就一直在寻找城市建模的方法,希望能够在模型中捕捉城市的变迁,以便在现实世界中实施决策之前就有对应的指导方案。木制模型为波士顿提供了引人注目的有形孪生,但它的实用性仅局限在能见的部分,规模有限且不易操作。随着城市的变化,它们的制作和更新成本也会不断增加。自 2005 年以来,波士顿一直在讨论如何将这座城市的大量数据整合到 3D 模型中,其中可用数据包括供水和下水道、交通、税收等方面的地理空间数据。得益于波士顿近年来对数字化 3D 城市建模方案的不断探索,最终于 2015 年完成了基于地理信息系统(GIS)软件的孪生城市构建。

波士顿孪生城市模型于 2018 年向公众开放,该模型包含建筑物、交通、树木、日光、阴影以及景点等景观,还囊括了众多拟建和在建的建筑,为波士顿城市的推演提供支撑。通过数字孪生,城市的发展规划可以细化到每一个街区,满足不同社区的具体需求。现在,波士顿的数字孪生图书馆就包含这个数据库。城市规划者可以使用该模型来查看开发建议,分析住房、分区和停车等多方面对社区的影响，也可以利用该模型来衡量城市发展对交通、能源使用、碳排放和垃圾投放的影响。在该孪生城市模型的支持下，开发商提交的项目能够直接集成到模型中来推演工作流程，并最终设计出具有适用性且包含趋势分析的模型。图 6-15 为 GIS 城市模型指导波士顿附近及其他地区开发的示意图。

图 6-15　GIS 城市模型指导波士顿附近及其他地区的开发

资料来源：https://www.esri.com/about/newsroom/blog/3d-gis-boston-digital-twin/。

波士顿孪生城市所使用的 3D 智能模型还能够记录波士顿城市景观变化的历史，保存城市规划、发展、变迁的故事，帮助城市决策者和居民讲述、展示城市规划和发展是如何随着时间的推移而变化的，同时帮助所有波士顿人共同想象可实现的未来。

总的来说，波士顿数字孪生城市是波士顿的一种 3D 虚拟复制品，允许城市和人们在孪生世界中探索城市运营的真谛。除波士顿外，美国境内从洛杉矶到得克萨斯州沿海以及其他地区的城市，越来越多地使用这项技术来研究城市必须面对的发展、交通、气候变化和无数其他情况的影响。因为在允许不断尝试的情况下，孪生城市使决策更加基于数据驱动，能够以更低的成本达到更好的决策效果。但是，孪生城市的不足之处在于需要花费大量的时间和精力来确保数字孪生保持最新状态。

全行业应用视图

元宇宙创造了新的虚实交互方式，重新定义了人与世界的关系，正改变和颠覆着人们的生活方式。在VR、AR、云计算、区块链等新兴技术的发展推动下，许多元宇宙应用已经开始落地。基于对元宇宙的研究，本节分析整理了元宇宙全行业应用视图（见图6-16）。除本章详细说明的游戏、社交、工业、商业、文旅、军事、城市等领域的元宇宙应用探索外，艺术、教育、会展、能源、地产、医疗、立体直播、数字资产、农业、金融、建筑工程、电子竞技、数字人等诸多领域也开始了元宇宙应用初探。

当前，元宇宙应用尚且处于起步发展阶段。从起步期到成熟期，无论是元宇宙技术难题的攻克、行业应用的创新、商业模式的探索，还是法律法规的制定等，都将成为各个国家、企业需要面临的挑战。正因如此，元宇宙的落地应用目前仍是一片蓝海。相较于已经被巨头公司掌控的传统社交媒体、短视频等应用，元宇宙应用仍然处于群雄逐鹿的状态。可以预见，未来元宇宙应用领域的竞争将会更加激烈，科技、时尚、金融、零售、文旅等各领域的企业将全力以赴构建自己的元宇宙平台，积极拓宽元宇宙应用的领域，深入挖掘元宇宙应用更多的可能性，以占领行业高地。本书认为未来元宇宙应用的发展将会呈现以下两个趋势。

第一个趋势是，游戏行业仍将是元宇宙应用发展的主要着力点。游戏行业作为元宇宙的产业切入点，是目前元宇宙应用发展时间最长、最成熟的领域。该行业所积累的强大的服务器运营能力、丰富的知识产权和庞大的用户群体，使整个游戏行业在元宇宙中的布局占得了先机。另外，游戏应用中依赖的核心技术也是众多其他元

行业	案例
游戏	Second Life / Minecraft / Web3.0游戏 / Decentraland
社交	Horizon Worlds / ZEPETO / VR Chat / Mesh for Teams / Soul
能源	数字孪生电网 / 数字孪生综合能源系统 / 数字孪生开关柜 / 数字孪生微电网
农业	南昌市红谷滩区：元宇宙+VR数字农业示范基地 / 元宇宙农业电商："元宇宙+农产品"模式的深圳商场 / 物泽生态农业：农业元城
艺术	金陵图数字艺术展 / Metaverse Art Gallery / 虚拟艺术家 SANTU SONG
文旅	上海元宇宙 / 张家界元宇宙 / 阿凡达世界 / "山海中国" / 大唐·开元
地产	CIFI沉浸空间项目 / HUMAN智慧健康2.0操作系统 / "不夜花园小区" / 虚拟地产
金融	中国银行：沉浸式元宇宙体验空间 / 工商银行："工行数字空间" / 中信银行：数字员工 / 建设银行：金融业务推进虚实共融元城
教育	Gather.town: 教育+元宇宙 / 玩学世界 / 萌科技VR智慧教室 / 职业培训
会展	世界人工智能大会线上"元宇宙" / 31会展平台 / 澳门首届BEYOND国际科技创新博览会
医疗	GIBLIB医疗教学 / Osso VR手术培训 / Vicarious Surgical / XSV：手术中的AR / EaseVRx：背部疼痛
建筑工程	裸眼3D展示城市风貌 / "天外来物"开启未来社区新经元 / 宜春阳关：宣城市数字城·未来也 / 嘉兴万科·造里未来社区 / 书写宇宙故事、邀游奇幻星原 / 上海曹路招商雍溪城市
城市	韩国首尔元宇宙城市计划 / 新加坡数字孪生城市 / 美国波士顿元宇宙城市模型
商业综合体	餐饮：可口可乐、Flyfish Club、Jose Cuervo / 零售：Nikeland、NFT运动鞋 / 西单大悦城、深圳益田假日广场、南京AR街区
立体直播	咪咕世界杯XR虚实直播 / 元宇宙x直播互动平台Pwnk / ViVi子函元宇宙直播演唱会
电子竞技	英特尔：元宇宙电竞VR电地对战 / 卓远：元宇宙电竞运动平台 / "电竞北京2022"城市挑战赛
工业	宝马联合英伟达打造数字孪生工厂 / 现代汽车探索"元工厂" / 西门子Xcelerator
军事	美国ATARS空战系统 / 美国IVAS集成视觉增强系统 / 韩国DEIMOS军事训练模拟系统
数字资产	FunPlus Phoenix："创世·翎"数字藏品：电竞 / 江小白联手NFT艺术家 / Bilibili与蒂芙尼"NFT活" 领域与数字资产新尝试
数字人	凤凰筑元宇宙数字人&主播 / 虚拟数字AJP：苏小妹、柳叶熙等 / 虚拟员工 / 真人数字人分身

图6-16 元宇宙全行业应用视图

资料来源：作者整理。

宇宙应用所需要的关键技术。例如，数字身份是用户一切数字活动的基石，为了使元宇宙数字社会能够健康发展，建立更加成熟可信的数字身份体系将是所有元宇宙应用共同的发展趋势。此外，元宇宙游戏应用最关注的沉浸性和交互性等特征也是其他元宇宙应用的基石。因此，游戏行业在未来的元宇宙应用中将会继续保持领先的地位。

第二个趋势是，数字经济在未来元宇宙应用领域将会体现出越来越重要的价值，数字资产和数字交易将是元宇宙应用的核心基础设施。元宇宙在未来的应用发展不会是脱实向虚的，而是要以虚强实，为产业赋能。因此，未来的元宇宙应用需要实现数字经济与实体经济的深度融合，切实助力实体经济升级，为各行各业带来新的发展空间。

尽管目前元宇宙应用除了在游戏、社交等泛娱乐领域的落地相对成熟，在工业、军事、农业等其他领域的应用仍处于初期探索阶段，但元宇宙已经在众多的应用领域展示出巨大的可能性。未来，随着元宇宙相关技术和产业的不断成熟，其落地应用的范围也将不断扩大。由于有望打破现实世界的规则，未来元宇宙将以全新的方式激发产业创新，与不同产业进行深度融合，带动相关产业的升级和跃迁。虚实交融的未来元宇宙中，"占领"虚拟世界将使各行业以全新的方式丰富体验、增加能力。元宇宙在各行业的不断尝试之下，终将打破边界，扎根于真实世界，蓬勃于虚拟元宇宙。

本章小结

元宇宙概念的兴起，重新定义了信息技术与人类社会生活空间的关系。AR/VR、人工智能、5G 和区块链等技术为人类搭建通向元宇宙的桥梁提供了支持，也创造了现实物理空间与虚拟数字空间交互融合的机会，并持续改变和颠覆我们的生活。尽管目前元宇宙在游戏、社交、工业、商业、文旅、军事、城市等领域的应用仍处于初步阶段，但各应用领域的研究者正积极探索元宇宙的发展路径，其未来发展潜力巨大。

如何将元宇宙概念"变现"将是新时期、新阶段的重要内容，也将成为元宇宙可持续健康发展的关键。针对元宇宙未来应用发展，本书认为以下两点非常重要。第一，目前数量众多、层出不穷的元宇宙应用虽然增加了用户的选择、丰富了用户体验，但也导致了用户群体的分散和用户注意力的分散，各自为政的格局难以实现元宇宙的美好愿景——构建与现实社会规模相当的虚拟社会。为了能够实现真正具有规模的元宇宙，需要通过竞争与淘汰机制使少部分元宇宙社交平台脱颖而出，或者通过众多小圈子的融合与兼并，量变引起质变，构建每个人都离不开的社交元宇宙。第二，元宇宙能够脱离或部分脱离其游戏和娱乐的内核，真正地影响社会生产，真正的元宇宙社交应用一定不仅仅是用于娱乐的，元宇宙仍须在技术、产品创新上持续发展，期待其能够早日像移动互联网一样，革新社会的生产方式，重新塑造社会的价值创造。

第七章
元宇宙产业生态

2021年是元宇宙概念席卷全球的一年，元宇宙呈现出宏大的愿景，涉及的技术和产业种类繁多，其终极形态具备广阔的想象空间，吸引了产业界大量的关注。本章将为读者全面梳理全球元宇宙产业生态全景，分析重点赛道的现状、问题与发展趋势，剖析国内外10家巨头和重点企业切入元宇宙的初衷与目标、主要布局和优势，并尝试基于现有的产业生态从政、产、学、研、用、投多个维度给出奔向元宇宙的方向与路径。

元宇宙产业总体情况及赛道分析

产业生态概览

元宇宙作为移动互联网发展的下一站，已开启了一个长达数十年的创新巨浪，通过持续拓展人类的数字化能力，驱动数字产业化蓬勃发展，有望带领人类进入数字化生存时代。

元宇宙产业全景图

目前，元宇宙产业生态正在逐渐形成并快速发展，基于对元宇宙产业参与方的系统性梳理，本书将元宇宙产业分为基础设施层、核心层、应用层、人机交互和价值体系五大部分（见图7-1）。

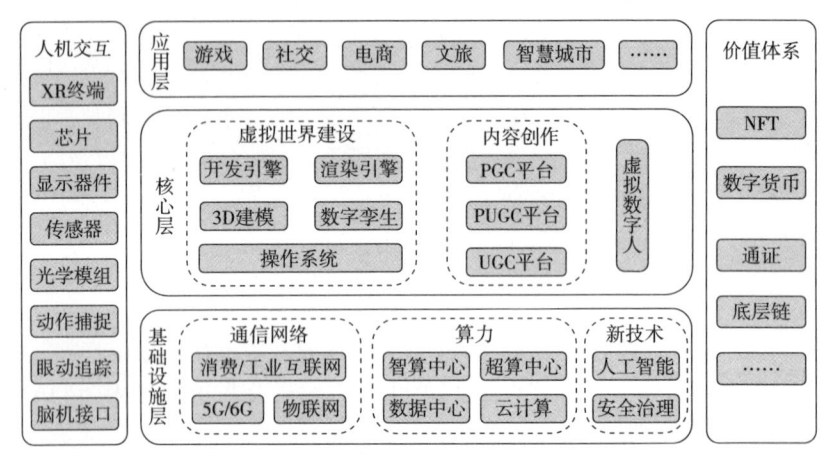

```
人机交互          应用层: 游戏  社交  电商  文旅  智慧城市  ……           价值体系
XR终端                                                                    NFT
芯片            核心层: 虚拟世界建设              内容创作                  数字货币
显示器件                开发引擎  渲染引擎       PGC平台      虚
传感器                  3D建模   数字孪生        PUGC平台    拟数           通证
光学模组                操作系统                  UGC平台    字人
动作捕捉                                                                  底层链
眼动追踪        基础设施层: 通信网络        算力            新技术
                           消费/工业互联网   智算中心  超算中心  人工智能     ……
脑机接口                   5G/6G   物联网   数据中心   云计算   安全治理
```

图7-1　元宇宙产业链全景图

资料来源：作者整理。

基础设施层包含通信网络、算力和新技术三种基础设施，主要负责元宇宙中数据智能安全高效的传输与分发、存储计算与处理、挖掘与分析决策、系统性安全和治理等。

核心层实现虚拟世界建设和内容创作两大基础功能，并提供虚拟数字人这个基础功能，其中虚拟世界建设包含将真实物体数字化所需的技术平台和工具，如操作系统、渲染引擎、3D建模、数字孪生、开发引擎等；内容创作包括UGC、PUGC（专业用户创作内容）和PGC平台。

应用层包括消费、产业和政府领域的各种应用，通过创造新业态、新模式，赋能日常生活、工业生产、医疗健康、文化娱乐、城市发展等传统行业，颠覆现有的人类生活和生产方式，引领人类数字化生存的变革。

人机交互是元宇宙的入口，包含各类提供沉浸式体验的终端、相关软硬件和关键技术。

价值体系包含对于数字资产和虚拟身份的承载，包括底层区块链、数字货币、通证、NFT等分布式数字生态价值机制，能够保障元宇宙的价值归属和流转。

基于以上元宇宙产业链全景图，相关重点企业详见表7-1。

表7-1　元宇宙产业链重点企业

产业链环节		重点企业
基础设施层	通信网络	Verizon、AT&T、T-Mobile、Sprint、三星、LG、KT、SK电讯、西门子、爱立信、华为、中兴、中国移动、中国电信、中国联通
	算力	亚马逊、微软、戴尔、ClearBlade、思科、谷歌、IBM、英特尔、微软、三星、阿里巴巴、华为、腾讯、百度、中国电信
	新技术	谷歌、微软、亚马逊、阿里巴巴、腾讯、百度、字节跳动、微众银行
核心层	虚拟世界建设	Unity、英佩游戏、英伟达、Autodesk、Roblox、
	内容创作	Meta、微软、Roblox、字节跳动、腾讯、奈飞、Bilibili
	虚拟数字人	腾讯、百度
应用层	工业、文娱、消费	Meta、微软、谷歌、腾讯、字节跳动
人机交互	交互软硬件	谷歌、苹果、三星、微软、Meta、Magic Leap、德州仪器、高通、阿里巴巴、字节跳动
	交互技术	Nuance、Xsens、MVN Animate、Virtuix、Neuralink
价值体系	底层链	蚂蚁链、京东智臻链
	NFT	OpenSea、阿里巴巴、腾讯、京东、百度

资料来源：作者根据本章参考文献［2］的部分内容进行整理。

元宇宙产业投融资现状

通过对当前元宇宙相关产业投资方向的梳理，分析当前重点投资赛道和投资趋势，我们发现国内外互联网公司、投资机构和政府普遍认可元宇宙作为下一代互联网平台的投资趋势，资本热度持续攀升。从2021年元宇宙元年开始，大量互联网公司开始进入元宇宙赛道，全球投融资总额突破了百亿元级别。2022年以来，全球元宇宙市场投融资在数量和规模上都实现了大幅增长，且高额融资事件更多，融资额占比更高：2022年上半年全球投融资事件达到205起，总额322.4亿元；达到2021年全年投融资总数的3.2倍，总额的2.3倍；融资过亿元的事件53起，总额289亿元。

从赛道分布来看，全球元宇宙市场投融资涉及领域主要包括硬件、软件、基础设施、场景应用四大板块。2022年上半年，硬件板块共发生25起投融资事件，占比为10.56%，融资总额34亿元，占比为10.6%；软件板块共发生42起投融资事件，占比为19.11%，融资总额61亿元，占比为18.9%；基础设施板块共发生59起投融资事件，占比为34%，融资总额110亿元，占比为34.2%；场景应用板块共发生80起投融资事件，占比为36.33%，融资总额117亿元，占比为36.3%。从资金分布来看，融资额最多的是场景应用类企业。

在中国，2011—2017年是元宇宙的萌芽期，2018—2020年是元宇宙的加速发展期，最终，元宇宙在2021年爆发。截至2022年3月，全国元宇宙概念相关企业共计1 532家。尤其在2021年，共计新成立企业711家，2021年元宇宙概念的企业数量正式进入爆发期。2022年1—6月，国内融资数达41起，融资总额达54.6亿元，融资额几乎是过去10年融资额的总和。2022年，中央政府与各级地方政府都把元宇宙作为数字经济发展的战略引擎和重要内容，为鼓励扶持元宇宙产业的发展，多地政府牵头成立了元宇宙投资基金。

- 2022年3月，通州产业引导基金成立，成为国内首支元宇宙母基金，采用"母基金＋直投"的方式，联合其他社会资本，支持元宇宙初创项目和重大项目并延长支持周期，支撑产业生态建设。
- 2022年4月，重庆市元宇宙发展基金成立，重点投资虚拟现实/增强现实、数字孪生、智能穿戴设备、数字渲染、智能算法等领域，支撑重庆市元宇宙产业生态建设。
- 2022年5月，广州市天河区联合其他7家投资机构设立天河区元宇宙联合投资基金，总规模超过200亿元。基金将聚焦数字孪生、人机交互、虚拟现实/增强现实/混合现实等多个领域，推动元宇宙相关技术、管理、商业模式的产业化与规模化应用，培育产业新业态、新模式。

国内元宇宙市场的投融资无论在数量上还是金额上都远低于海外市场，主要投向游戏、社交及娱乐相关应用领域，基础技术领域投资较为谨慎。此外，还有一些投融资聚焦于AR/VR技术领域，融资方多为在虚拟现实细分领域具有一定知名度，且具有深耕技术、扩大市场、招引人才等需求的企业，整体上价值驱动特征更为明显。而NFT、链游等涉及合规风险的融资事件非常少，这与国内相对严格的监管政策高度相关。2022年上半年，元宇宙领域融资规模排名前10的企业中，2家国内企业分别主攻芯片和内容消费平台。

以美国为代表的海外元宇宙风险投资基金，主要投向元宇宙基础设施、泛娱乐及创新探索领域，其中，各领域的底层技术是元宇宙产业生态中最亟待攻克的环节，也是资本优先聚焦的领域。另外，NFT是近两年热度提升最快的赛道，近两年投资方向从加密货币本身往更多元化的NFT产品转变，投资标的公司包括：加密货币技术与交易平台的FalconX、FTX Trading，NFT产品开发商Dapper Labs［区块链球星卡平台（NBA Top Shot）的开发商］，区块链游戏基础设施提供商Forte Labs等。泛娱乐内容与消费者体验息息相关，包括元宇宙游戏，以及虚拟办公、社交、购物平台等，其中的代表性投资标的公司包括：元宇宙游戏开发商Mythical Games、虚拟社交平台Rec Room、虚拟活动平台Hubilo等。2022年上半年，元宇宙领域融资规模排名前10的企业中，8家海外企业均为 NFT、加密货币、元宇宙游戏赛道企业。

基础设施层

通信网络基础设施发展现状及趋势

通信网络基础设施支撑了元宇宙的海量数据的交互流通，是元宇宙运行的"循环系统"。通信网络涵盖了 5G/6G 移动通信、消费/工业互联网、光纤通信、物联网等多种类型的设施。大量元宇宙创新应用需要高速率、低延迟的通信网络支撑，从而使用户获得实时、流畅的应用体验。

2019 年开启的 5G 通信元年，有望逐渐满足元宇宙应用对高传输速率、低时延、高吞吐量的通信要求。5G 提供了独立并且可以定制部分网络（切片）的能力，可以满足客户或未来各种虚拟应用的需求。例如，德国电信（Deutsche Telekom）与爱立信（Ericsson）和三星（Samsung）共同完成的端到端 5G 网络切片试验，抽取了一个切片用于移动宽带，另一个切片经过优化，具有更高的吞吐量和更低的延迟，可支持 VR 游戏。

5G 在元宇宙细分领域进行了大量标准化工作，为元宇宙应用更快落地提供了重要支撑，其中较为典型的是 5G 针对 XR 的标准化。3GPP（第三代合作伙伴计划）在 R17（Release 17 标准）中完成了 5G NR（New Radio，新空口）支持 XR 的评估研究报告，全面研究了 5G 对 XR 支持的多个方面，包括在 5G NR 环境下，AR、VR、MR 的容量、功耗、覆盖、移动性等性能的评估，以及在不同流量模型和无线电频谱范围条件下各种性能的评估。随着 5G 针对 XR 业务的深入研究，目前 5G 及其生态可以基于其稳定的广域覆盖和连接能力满足用户通过 XR 设备随时随地访问多元化元宇宙应用的需求，推动了大量元宇宙创新应用的广泛落地。

IMT-2030（6G）推进组发布的《6G 总体愿景与潜在关键技术

白皮书》提出未来 6G 网络将助力真实物理世界与虚拟数字世界的深度融合。6G 网络满足的大部分场景与元宇宙规划的未来场景重合，有望成为"为元宇宙而生"的技术。在 6G 通信技术的超低时延和超高带宽的加持下，VR 技术有望达成完全沉浸，为元宇宙的应用开拓新的天地。推出高质量、稳定可靠的 5G（未来 6G）网络是运营商在元宇宙生态系统中扮演的重要角色。中国的电信运营商正在加速整合数字新媒体业务，提升网络承载能力支持 XR 应用的发展，2021 年，国内首家元宇宙行业协会——中国移动通信联合会元宇宙产业委员会成立，成为推动元宇宙产业健康与可持续发展的聚合平台，共筑"元宇宙共识圈"。

目前，以"双千兆"网络为代表的通信网络基础设施部署完善尚须等待时日；5G 基站能源消耗巨大；面向 5G 毫米波频率规划政策等须待进一步明确；5G 融合 VR、AR、AI 等新一代信息技术的行业应用在能力开放、开发共性平台以及相关检测认证平台搭建方面都还处于起步阶段；各应用标准没有统一，互联互通、安全隐私、安全评测认证等要求尚无法得到有效保障，技术、标准及商业可行性须进一步摸索验证。

为了夯实元宇宙应用发展的底座支撑能力，未来仍须稳步推进网络基础设施部署。利用国家顶层设计指导，推动电信运营商持续展开 5G 接入网、承载网、核心网网络部署。

在 3GPP 最新立项的 R18 标准中，XR 增强的课题是最重要的研究方向之一，内容包括支持 XR 及触感业务（如手、肘、膝等多部位）的多流协同传输，增强网络开放，针对 XR 服务和媒体服务传输进行服务质量保证和策略增强，流量模式进行增强，以保证端到端体验。针对 XR 的业务体验，启动新兴沉浸式媒体、XR 服务、媒体分发增强的研究。

许多 6G 愿景、技术报告都对全息通信、XR 等提出了更高目标，有望满足元宇宙的通信需求。6G 构建"万物智联、数字孪生"

的全新世界愿景，有望实现元宇宙虚实融合、随需接入、感官互联等典型应用需求。

算力基础设施/数据中心发展现状及趋势

疫情导致生产和生活中的远程和在线需求激增，信息处理和存储量随之剧增，加速了数据中心数字化进程，全球各地对数据中心等基础设施的投资持续扩大。此外，随着物联网、工业互联网等应用持续发展以及超高清、虚拟现实等边缘刚需场景的涌现，传统云计算能力由中心下沉到边缘，以云边协同的方式满足多业务场景需求，超大规模数据中心与企业级数据中心正持续将运营能力下沉到边缘计算站点。

目前，国内外都在持续开展分布式存储与计算、超级计算、云计算、雾计算、图计算、智能计算、边缘计算、量子计算等元宇宙算力基础设施的建设。

- 国外科技巨头中，英伟达提出的3U一体（GPU+CPU+DPU）的数据中心新计算架构，构建Omniverse服务器和Omniverse数据中心，布局自动驾驶、机器人、VR等应用领域。谷歌数据中心不断强化数据中心设施能源效率，2021年PUE（电能利用效率）约为1.1，显著优于行业平均值1.59，并计划于2030年实现全部数据中心无碳能源运行。英特尔2022年发布了新版数据中心路线图，基于首款采用10nm（纳米）制程的第三代至强可扩展处理器构筑全新数据中心平台，并搭配傲腾持久内存与存储产品组合、FPGA等方案，提供数据中心、云、5G和智能边缘等领域计算性能与工作负载优化服务。
- 国内政策面的利好驱动算力基础设施布局日趋优化。2022年2月17日，国家发展改革委等部门联合印发文件，同意在京津冀、长三角、粤港澳大湾区、成渝、内蒙古、贵州、甘肃、宁夏启动建设国家算力枢纽节点并规划了10个国家数据中心集群，全国一体化大数据中心体系完成总体布局设计，"东数西算"工程正式全面启动，推动算力资源有序向西转移，将提升国家整体算力水平，促进绿色发展，扩大有效投资，推动区域协调发展。

目前，算力基础设施建设中存在的问题有如下三个方面。

- 随着数据和应用数量的爆发式增长，以传统手段维持数据中心运作需要耗费大量的能源，因此，数据中心的PUE还有较大的提升空间。
- 一些地方政府盲目跟风，投入巨资在本地建设大数据中心，但对大数据中心的内容和作用认识并不明晰，没有形成完整的生态，机架租用率陷入低迷，无法带动产业发展。
- 中国西部地区数据中心高效运维管理以及人才问题越发凸显。

未来，随着元宇宙海量应用对实时高效的算力需求的不断提升，数据中心将逐步转向探索减碳、零碳排放的可行路径，加强数据中心绿色集约建设，实现数据中心节能减排。如能充分考虑动力环境系统与IT设备运行状态的精准适配，采用智能化系统和平台优化数据中心整体能效，有望持续降低数据中心PUE。同时，可以通过完善数据中心等算力基础设施的标准、监管评价体系，进一步提升运维管理能力。

新技术基础设施发展现状及趋势

近10年，随着数据、算法与算力三大驱动因素的发展，人工智能技术快速提升，已经在多个方面取得较大突破，成为元宇宙的新技术基础设施之一。在数据方面，互联网的快速发展提供了越来越多高质量、大规模的大数据，海量数据为各种人工智能技术的发展提供了充足的原材料。在算法方面，以多层神经网络模型为基础的算法，使得机器学习在音视频识别等领域的准确性取得了飞跃性进展，为元宇宙应用奠定了重要的技术基础。在算力方面，以GPU和NPU（神经网络处理器）为代表的新一代计算芯片使得算力提升突破瓶颈，同时，在集群上实现的分布式计算可以帮助算法模型在更大的数据集上高效运行。

元宇宙是人工智能时代的网络空间，面临的安全问题有三个新特征：一是攻击者开始运用人工智能发起新型网络攻击，例如基于人工智能的高级持久威胁；二是出现了针对人工智能系统本身的攻击或欺骗，导致分类或预测结果不正确；三是人工智能赋能安全，基于相似或先前的活动而利用人工智能来自动识别或响应潜在网络威胁。

数据是构建元宇宙的基石，有效保护和合理使用数据是元宇宙安全治理的基础。2021年，中国出台了《数据安全法》和《个人信息保护法》，与《网络安全法》共同形成了数据治理法律领域的"三驾马车"，初步搭建了我国数据安全法律架构。在此基础上，聚焦重点行业、新兴技术的数据安全法律法规和司法解释也在2021年密集出台，为加快培育数据要素市场、保障数字经济健康发展奠定了坚实的制度基础。

人工智能发展到今天，硕果累累，已经成为替代互联网技术的下一代基础设施技术。但是，目前人工智能依然面临着许多根本性的问题。

- 缺乏可解释性。目前的深度学习技术，是对一个由神经元网络所构成的非线性函数在大数据上做拟合，其结果的合理性、可靠性无法得以完备的验证，我们无法完全理解机器学习结果生成的逻辑，无法解释学习的认知行为。所以，深度学习技术的稳定性分析和可靠性验证都是有待解决的难题。

- 缺乏因果逻辑。目前在数据驱动的 AI 中，我们还只能发现事物之间的相关关系。这样的相关性对于组成一个知识体系来理解世界是远远不够的，如果一个智能体仅仅具备了对相关性的理解，那么它对于这个世界的认识将远远低于一个普通的儿童，而如何让智能体发现因果关系是另一个大难题。

- 缺乏主观能动性。目前的强化学习是在模型和观察上一致性的推动，在策略模型的驱动下，针对环境观察做出相应行动，以求达到回报激励机制下的一种有益的状态。模型和观察一致性衡量是机器学习中常用的"损失函数"提出的基础，但总体而言，智能体依然没有形成主观意志的能力。因此人工智能虽然可以完成一些艺术创作，但是，这些创作也仅仅在于对人类已有的作品和形式的模仿、形变和叠加，尚无法在艺术美学和表达意义层面上进行真正的创作。

随着以深度学习为代表的机器学习算法，以及以计算机视觉、智能语音、自然语言处理、生物特征识别为代表的关键技术取得重要突破，更快、更高效的算法模型与部署效率、更庞大且标准化的行业数据、更强大且成本更低的计算芯片，将进一步推动强人工智能技术的发展。

- 更强大的语言建模。语言建模允许机器以人类理解的语言与人类互动，甚至可将人类自然语言转化为可运行的程序及计算机代码。OpenAI 正在开发 GPT-4（第四代生成式预训练模型），尽管细节尚未得到证实，但一些人估计，它可能包含多达 100 万亿个参数（与人脑的突触一样多）。从理论上讲，它距离创造语言以及进行人类无法区分的对话近了一大步。

- 低代码和无代码人工智能。低代码和无代码人工智能工具异军突起并风靡全球，从构建应用程序到面向企业的垂直人工智能解决方案等应用不一而足。这股新鲜势力有望持续发力，并成为科技巨头的下一个战斗前线。
- 创造性人工智能。在 GPT-4、谷歌"大脑"等新模型的加持下，人们可以期待人工智能提供更加精致且看似"自然"的创意输出。
- 因果科学驱动通用人工智能的发展。要实现通用人工智能，就需要智能体在复杂的环境中根据有限的数据进行推理，通过因果学习，建立因果推断模式。智能体通过观察、操控甚至设想环境中的有限信息（小数据），建立信息和行为之间的因果关联，从而做出复杂的行为，才能完成强人工智能之类的大任务。

元宇宙中先进技术的发展也造成传统防护、识别、预警等信息安全手段的整体颠覆，带来个人信息窃取、信息系统泄密等日益严峻的元宇宙安全监管问题。

- 作为与现实世界平行存在的"真实世界"，元宇宙中将出现虚拟人身份、虚实生活生产方式、虚拟经济等新模式、新业态，但目前对元宇宙资本运作方式、虚拟世界金融支付、NFT 缺乏成熟的监管。
- 元宇宙带来的虚实共存世界的法律、伦理、经济问题尚不明确，针对虚拟数字世界中社交、商贸、金融等方面的相关法律法规尚不完善。

在元宇宙的监管方面，由于元宇宙全球化的特点，以及早期影响力小、交易少等原因，政府对元宇宙的发展可能持有观望、了解的态度，体现出一定的包容审慎。而当元宇宙发展到一定阶段，尤其在工业和消费领域达到一定影响力，开始涉足数字经济的新大陆后，政府的监管将会变得严厉而稳健，包括对资本运作方式、虚拟世界金融支付、信息安全等方面进行全方位的监管和引导，以规避隐私安全等风险。

核心层

虚拟世界建设

虚拟世界建设包括渲染引擎、3D 建模、开发引擎和数字孪生等，国外企业已建立深厚的技术壁垒，我国企业尚未推出市场主流产品。

渲染引擎。渲染指对三维物体或虚拟场景加入几何、视点、纹理、照明和阴影等信息从而达成从模型到图像的转变。元宇宙更加注重实时的沉浸式交互，需要图形数据的实时计算与输出，其每一帧都是针对当时实际的环境光源、相机位置和材质参数计算得出的图像，也就是实时渲染技术。得益于图形处理器与算法突破，实时渲染面临的可渲染时长短、计算资源有限的问题已有明显的改善。

3D 建模。3D 建模包含静态扫描技术与动态光场重建两类。静态扫描技术中相机阵列扫描重建快速发展，目前可实现毫秒级高速拍照扫描，已经广泛应用于电影、游戏创作。动态光场重建技术在搭建精细几何模型之外，还可以获得动态数据，高品质呈现光影效果，目前微软、谷歌、英特尔、Meta 等巨头公司都在积极开展相关研究。

开发引擎。随着第三方商业引擎占比持续提升，2021 年 Unity（游戏引擎）的全球市场占有率达 49.5%，Unreal Engine（虚幻引擎，简称 UE）的全球市场占有率达 9.68%，行业双寡头格局基本稳定。动视暴雪（无尽引擎）、艺电戴斯（寒霜引擎）、Take-Two（雷霆引擎）等游戏巨头和国内头部游戏厂商均独立开发自研引擎，且仅限于内部游戏使用。越来越多的游戏厂商在商用引擎 Unity 和 Unreal Engine 基础上，针对开发特性对引擎进行深度定制化，以适配特定项目的开发。

数字孪生。2016 年，Gartner（高德纳）公司将数字孪生技术列为十大战略科技发展趋势，其应用开始渗透各行各业。2021 年，中国将数字孪生技术列入"十四五"规划，全球数字孪生市场规模快速增长。根据 IDC 的数据，2020 年全球数字孪生市场规模为 52.2 亿美元；预计 2025 年整体市场规模将达到 264 亿美元，行业有望持续良好地发展。根据埃森哲的数据，在产品设计研发阶段，数字孪生能够帮助企业提升 10% 以上的研发效率；在生产制造环节，能够帮助企业减少 30% 的生产错误，减少约 70% 的处理时间；在预防性维护阶段，能够减少 20%~25% 的保修成本。

渲染引擎和开发引擎方面存在如下两个问题。

- 渲染效果与效率难以兼顾。实时渲染每秒至少需要渲染 30 帧，即在 33 毫秒内要完成一帧画面的渲染，这么短的时间内计算资源尚不能及时调整。
- 我国内容开发企业大部分采用 OpenXR、WebXR、Unity 等美国企业牵头的标准规范与开发工具，存在"卡脖子"风险。

虚拟世界建设的发展趋势有如下四个方面。

- 跨平台的开发技术将成为未来开发引擎技术发展的关键。既要保障一款应用在多种终端上快速移植，也要保障流畅的运行和高质量的画面。

- 云渲染不仅能够为交互硬件的轻量化、便携化提供基础支持，也能降低终端硬件制造成本，有助于元宇宙消费级硬件的快速渗透。
- 开发工具开放式、简单化、模块化和可视化发展。开发工具将能够支持多个 XR 平台开发，无须针对特定配置进行内容制作，支持零编程基础 3D 内容开发。
- 多维度的数字孪生。随着中国工业互联网规模的持续攀升和千行百业的数字化变革，由国际工业龙头引领的多维度数字孪生，最终将带来城市、工业等多方面效率和成本的优化，实现数字经济与实体经济的融合发展。

内容创作

在当前互联网内容领域中，腾讯视频的电视剧、腾讯游戏的产品等是典型的 PGC 内容；抖音、Bilibili 等平台中带有一定专业能力、拍摄能力、制作能力的专业用户生产的内容是典型的 PUGC 内容。随着日益丰富的 PUGC、UGC 内容与算法结合，短视频行业将迅速成长为全球互联网的热门新兴赛道。

Roblox 以元宇宙为旗帜上市，成功打造了一个包含经济系统（平台虚拟货币 Robux）在内的 UGC 平台，构建了一个良性的循环——"用户娱乐/用户社交—用户消费—创作者获得收入—创作者进一步创作更好的内容—用户参与度增加"。在 Roblox 中，用户和创作者的身份可以同时存在、随时切换。同时，Roblox 还打造了 Roblox 客户端（适配多平台）、Roblox Studio、Roblox Cloud 三大基础设施，尽量降低 UGC 的创作门槛，为创作者提供尽量多的保障。

- Roblox 客户端。支持 PC、手机、主机、VR 的多平台用户终端，提供跨平台同步的用户体验，用户无论在哪个平台登录游戏，都可以同步自己账号的所有体验和设置，是当前游戏行业受到较多关注的跨平台游戏。
- Roblox Studio。用于给创作者提供进行内容创作、构建、发行、运营的工具的平台，性质介于游戏引擎和内容编辑器之间。Roblox Studio 使用 Lua 语言（一种脚本语言），学习成本相对较低，并且包含众多较为通用的游戏编程模块，面向青少年群体，提供了较为友好的创作体验。
- Roblox Cloud。由 Roblox 自行开发的云架构，基于其自有基建，具备全球服务能力，为用户提供快速响应的游戏服务。

目前 3D 数字内容的创作门槛极高，3D 模型、贴图、渲染、动作、调试、运行等多个环节都还处在需要专业团队合作完成的阶段，与实现用户独立创作还有较大的距离。因此，需要平台公司在创作工具、商业模式等多方面进行大量突破。

UGC 所拥有的内容生产力、内容丰富度、同用户现实生活的贴近度和及时性、多类型用户的需求匹配性等特点，都是 PGC 和 PUGC 难以比拟的。在向元宇宙发展的过程中，UGC 有望逐渐成为互联网内容领域的重要组成部分。互联网平台类公司的角色，也将从现在的内容提供商向内容创作消费平台演进，最终成长为元宇宙时代的基础设施供应商之一。

虚拟数字人

按照虚拟数字人的应用场景和拟人方式，可以将虚拟数字人分为两大类：人格型虚拟数字人和功能型虚拟数字人。人格型虚拟数字人是指通过技术和运营，打造一个具备外貌特征、情感、爱好等各方面人格特质的虚拟数字人，突出虚拟数字人本身的人物形象和人格魅力，与受众建立情感纽带，最终走向虚拟偶像、虚拟代言人、虚拟主播等。功能型虚拟数字人的主要应用是替代或协助人类完成部分工作，在提高效率的同时降低人力成本。功能型虚拟数字人不追求外表和性格特征，更强调完成相应工作的能力，主要的应用方向是虚拟客服、虚拟助手、虚拟主播等。

虚拟数字人的发展在经历了萌芽、探索、初级三个阶段后，随着人工智能发展对内容生产能力的极大提升，同时伴随元宇宙对虚拟数字人赛道的催化，出现了如 Lil Miquela（利尔·米奎拉）、柳夜熙等一批在社交媒体上受到极大关注的虚拟数字人。相关应用也开始从虚拟主播、虚拟偶像的范畴向外拓展至教育、医疗、金融等诸多行业，常见的应用案例包括虚拟客服、语音助理等，这些虚拟数字人的形象也脱离了单纯的二次元风格，出现了类写实、AI 合成真人等，行业逐步进入成长阶段。

在产业链方面，虚拟数字人的创作、制作、运营需要多环节合作。上游以"技术+内容"作为输入，通过中游的"内容产出"环节，提供虚拟数字人的人设、形象设计或提出需求，继而向下游输出不同类型（服务型、身份型、服务/身份型）的虚拟数字人，实现丰富多样的功能，进行不同模式的变现。

由于大多数公司只是虚拟数字人制作与运营全流程上的一环或其中几环，在制作和调优上存在较高壁垒，目前虚拟数字人规模化落地还面临不少难题，如产业链各节点相对割裂、场景尚未有效打通、满足高频需求成本高等。同时，虚拟数字人的制作还需要大量的手工操作，速度慢、效率低、成本高。另外，客户对虚拟数字人表现力不断提出更高的需求，不只是算法与技术的进步，还要融合审美、心理学等知识，超越技术实现，追求动人表现，这是一场跨学科的挑战，还面临跨界人才稀缺的问题。

根据量子位的数据，我国当前虚拟数字人市场规模已超过 2 000 亿元，预计虚拟数字人整体市场规模将在 2030 年攀升至 2 700 亿元，其中人格型虚拟数字人将在未来发展中占据主导地位，预计 2030 年人格型虚拟数字人市场规模占比达到 64.6%，功能型虚拟数字人占比达到 35.4%。

虚拟数字人将沿着人格型和功能型两条路径持续发展，在向元宇宙愿景发展的过程中，虚拟数字人有望成为更智能的角色，应用在更多的场景中，带来生产、生活效率的提高，成为构建元宇宙基础应用的核心功能角色。

生态应用层

相较于国外巨头在元宇宙领域的全面布局，国内企业更热衷于在元宇宙的生态应用层实践，绝大多数风险投资也投向了游戏、社交和娱乐等应用领域。

游戏。游戏作为天然具备虚拟空间、追求玩家沉浸感的娱乐性产品，与元宇宙概念高度契合，是元宇宙最具代表性的应用。相较于元宇宙的其他赛道，元宇宙游戏在投融资规模上遥遥领先，在2022年上半年融资总额中的占比接近1/3。目前元宇宙游戏的盈利方式主要依赖于游戏模式：一是用户付费模式，二是游戏内DeFi模式。典型的公司包括任天堂、索尼、2K GAMES（Take-Two旗下游戏品牌）、Blizzard Entertainment（暴雪娱乐）、Electronic Arts（艺电公司）、腾讯游戏、网易游戏、Valve Software（维尔福软件）等。

文旅。元宇宙创建结合虚拟现实和增强现实的沉浸式数字环境是虚拟旅游领域的一个突破。充满现实内容的数字空间有望在一定程度上取代传统旅游业。目前典型的公司包括Visualize、Travelzoo（旅游族）、Metaverse Travel Labs（元宇宙旅游实验室）、xTripz（旅游预订网站）等。

社交。元宇宙拉近了人们的距离，消除了物理和地理限制。元宇宙作为一个中立的环境，让身处其中的每个人都可以平等地见面，发现和结识具有相似兴趣和观点的人，并且帮助用户足不出户更轻松地结识新朋友。目前典型的公司包括Meta、AltspaceVR

（微软实时混合现实体验平台）、VRChat、Janus VR（雅努斯 VR）、LiveLike（体育社交 VR 平台）、SuperSocial（超级社交）等。

电商。元宇宙让传统的在线购物从二维交互演变为不受物理世界限制的虚拟体验。例如，用户有机会试穿、感受和测试产品或从卖家那里获得在线建议。人们将不再需要去物理世界的商场逛街，元宇宙超市的虚拟购物也可以取代网上购物。目前典型的公司包括 Zara、ZEPETO、Nikeland、RTFKT、ByondXR（沉浸式购物平台解决方案商）等。

教育。元宇宙有望从根本上改变传统的学习方式，虚拟现实可以将教育过程的视觉部分提升到一个全新的水平，让学生获得特定的体验，提供更密集和高质量的知识吸收渠道。虚拟世界学校和虚拟学习空间的引入，使来自世界最偏远角落的学生也能平等地接受优质的教育。目前典型的公司包括微软、Invact Metaversity（3D 沉浸式虚拟学习平台）、Tomorrow's Education（教育科技创业公司）、Sophia Technologies Ltd（索菲亚科技公司）、Metaverse Group（虚拟房地产平台）、WU Executive Academy（维也纳经济大学 WU 商学院）、21K School（印度 K12 在线学校）、Luca & Friends（儿童英语学习及运动应用程序）等。

元宇宙时代的到来会全面改造社会各领域，为许多现实世界的应用程序转移到虚拟世界提供丰富的机会。目前，元宇宙商业应用还面临着一些关键挑战。

- 数字身份安全。理论上任何其他人甚至机器人都可以在元宇宙中轻松模仿一个物理世界的用户，如何在虚拟商业环境中识别一个人仍然面临着身份安全的挑战。
- 数据安全。在元宇宙应用中，用户可能会提供比现在更多的个人数据，需要创建新的方法来保护个人数据、隐私和数字财产。

- 社区问题。在虚拟现实应用中，一个人以不同的方式感知时间和空间。完全沉浸在虚拟世界中可能会导致用户在虚拟现实中花费的时间比他们计划的要多得多，如何让用户在体验虚拟世界的同时与现实世界保持联系也是元宇宙应用面临的新挑战。

游戏、社交和电商是移动互联网时代渗透率较高的主要应用领域，元宇宙相关技术的突破也将率先影响这些应用领域的发展。

- 游戏作为元宇宙的重要入口之一，有望达到"游戏即平台"的下一发展阶段，成为承载元宇宙活动的基础平台。科技革新推动游戏形态随硬件平台迁移，从以移动终端为主进入基于 VR、AR 等技术的可穿戴设备时代。内容方面，元宇宙游戏社区或将借助 AI 辅助使创作者经济有效拓展，叠加社交强化，精品内容以及独特服务的价值进一步凸显。NFT 及区块链相关技术或将支持元宇宙游戏中经济系统的完善，助力数字经济发展建设。
- 社交元宇宙将具有虚拟化身、社交资产、沉浸感、经济体系和包容性五大特征，在元宇宙中，线上"第二身份"的构建有望使陌生人社交成为主流社交方式之一。AR、VR 等技术将为元宇宙社交实现具身传播的场景建构，助力社交平台形成沉浸式场景化。用户可以在社交空间中打造"创作者经济"模式，形成元宇宙社交平台经济体系。
- 元宇宙时代将全面实现沉浸式购物体验，向虚实交互的电商生活迈进。电商行业或将通过实现"人—货—场"的虚实交互进入元宇宙发展阶段。Z 世代有望成为元宇宙电商的消费主力军，虚拟身份和数字人技术的发展将带动电商行业形成可以兼顾社交、娱乐、服务的私域闭环。在 NFT

等技术支持下，商品将逐渐从实体世界拓展至虚拟世界。元宇宙将为电商提供更广泛的消费者触达渠道，通过 XR 等新技术带来视听、触觉等多感官交互的购物体验，实现"在线即在场"的沉浸感。元宇宙电商去中心化趋势明显，品牌和商家将通过定制化内容更直接地触达消费者。

人机交互

元宇宙中的人机交互的主要特征将会是"沉浸体验型、情感型、创造型"，其关建诉求是"全息输入"和"全能感知"，这样才能保证用户在元宇宙中有全方位的深度沉浸感。人机交互既包括动作、触感、裸眼 3D、激光全息、脑机接口等多模态融合交互的软硬件技术，也包括 XR 类的整机设备。对比来看，海外 VR/AR/XR 投融资更倾向于应用平台和特定场景解决方案；而国内则更侧重技术和应用场景，如 AR 光波导技术、AR 眼镜、XR 手术模拟台等，侧面反映出国内 VR/AR/XR 产业仍处于创新期，竞争格局尚未形成。

XR 终端

VR/AR 终端产业由来已久，2016 年至今已经走完一个完整的行业"繁荣—衰退—繁荣"周期，很多软硬件企业已经实现盈利，并且在行业中的影响力越来越强，全球领先的科技企业在 XR 终端产业的布局如下。

- Meta 是当前全球绝对领先的 VR 终端商，根据 IDC 数据，Quest 2 占据全球 VR 出货量的 50% 以上。据陀螺研究院分析，2022 年上半年 Quest 2 出货量约为 590 万台，Quest 系列累计出货量达 1 770 万台。Meta 还发布了一系列面向开发者的平台和工具，包括 Oculus Developer Hub、Presence

Platform 等，助力开发者持续打造 VR 相关的软件开发生态。

- 苹果自 2017 年开始就持续发布和更新 AR 开发工具 ARKit，一方面注重软硬件等底层技术的开发，另一方面积极收购产业链相关公司，完善能力布局。苹果同时注重在软件、硬件中的储备和发展，由于苹果在智能手机、智能无线耳机、智能手表等领域都展现了定义硬件赛道的能力，市场对苹果的 AR 产品期待度较高，期望它在 AR 设备上也能延续出众的软硬件结合能力。

- 微软在 MR 领域投入较多，MR 产品 HoloLens 主要面向 B 端（企业端）客户，包括向美军供货 HoloLens 的改装军用版本 IVAS。微软正在开发下一代产品 HoloLens 3，并预计有消费者版本，微软有望在 MR 终端设备上走出"军用—民用"的发展路线。

- 字节跳动 2021 年 8 月以 90 亿元的高价收购了全球第二、国内领先的 VR 厂商 Pico。国内其他 VR/AR 终端厂商大多处于 B 轮融资阶段，集中在研发布局上，能够在市场上直接销售产品的较少。

整体来看，国内 XR 终端设备厂商在出货量、技术能力、成本等方面，与国际科技巨头相比尚有较大差距，国内 XR 终端市场还处于流量及营销阶段。长远来看，须完成从营销驱动转向优质内容驱动。

虽然 VR 终端的多项技术已经逐渐成熟，可以应用在实际的产品中。但是 AR 光学和显示的相关技术仍在研发攻关阶段。当前行业较为认可的解决方案是"光波导 +Micro LED（微米发光二极管）"，其中表面浮雕光栅衍射光波导已经逐步具备初步量产条件，Micro LED 尚处于研发状态。根据半导体分析机构 Yole 预测，2022—2023 年，Micro LED 的应用有望实现较大突破，到 2025 年，

Micro LED 能够逐步迈向商业化。近年来，包括苹果、微软、谷歌、Meta、索尼、三星等在内的全球科技巨头，通过自主研发和投资持续投入光波导和 Micro LED 领域，有望推动关键技术的落地应用。

中长期来看，突破技术创新点后的 AR/MR 产品，得益于使用体验上大幅升级带来的数字与现实结合的用户体验，将在日常生活、娱乐、社交、工作应用、工业生产等多方面提供全新的终端体验，并最终替代智能手机实现元宇宙 3D 交互的核心特质。

由于 XR 终端设备在硬件、平台、交互模式等方面与智能手机有极大区别，急需下一代操作系统予以支持。XR 操作系统可能维持移动互联网时代的格局，一种是销量和体验领先带来的相对封闭的系统，在软硬件一体化上深度探索最优体验；另一种是完全开源、开放给全球终端设备商使用的完全开放系统，在全球化的发展中协同发展。

人机交互方式

元宇宙中的人机交互方式包括语音交互、手势交互、嗅觉、触感、脑机接口等，单一交互方式只可实现部分沉浸，只有多模态交互方式才能保障全场景的交互体验。多模态交互的核心是将物理人 100% 投射到元宇宙中，形成虚拟化的感官交互，增强交互体验，为元宇宙全场景落地提供技术基础。

动作捕捉。元宇宙中虚拟数字人的肢体动作的主要生成方式是动作捕捉，具体实现方式包括光学式、惯性式、基于计算机视觉。

- 光学动作捕捉首先跟踪、识别并命名目标身上各个反光标记点，得出目标的基本骨架，再通过空间中多个镜头对标记点位置进行持续跟踪，完成对运动的记录。光学动作捕捉精度较高，但需通过相机的位置、角度建立三维空间坐标，对环境要求高，软硬件造价高昂。

- 惯性动作捕捉首先把集成了加速度计、陀螺仪和磁力计的惯性测量单元绑在人体的特定骨骼节点上，随后收集运动目标的各部位速度、姿态、方位等数据，最后建立运动的三维模型。惯性动作捕捉技术高度适应不同的环境，成本相对较低，使用便捷，能在某种程度上弥补光学动作捕捉技术的缺点，但精度较低，随着连续使用时间的增加会产生累积误差，发生位置漂移。Xsens 是全球领先的 3D 动作捕捉系统，包括完整一体、可供穿戴的动作捕捉解决方案，可在所有户外条件下传送好莱坞级惯性动捕数据。
- 基于计算机视觉的动作捕捉技术使用多个不同角度的高速相机对目标进行拍摄，计算机视觉基于拍摄到的二维图像、三维形状特征还原各关节点运动信息。主要使用光学高速相机，捕捉对象通常不需要穿着设备，精确度高，成本相对低廉，但计算量庞大、受环境影响大。

眼动追踪。眼动追踪可以实现 XR 终端上注视点渲染、瞳距自调节、虹膜解锁等功能。科技巨头都在布局相关功能的产品：索尼 PS VR 2 具备眼动追踪功能；Meta 收购初创企业 The Eye Tribe，发布光场摄像机眼球追踪专利，Meta 下一代头显 Cambria 也将具备眼动追踪功能；苹果近年来曝光大量头戴式显示器的相关眼动追踪专利，例如结合近红外光源、反射镜、摄像头来对眼球活动进行捕捉和识别的专利，眼动追踪或将搭载在苹果 XR 产品上；HTC（宏达国际电子股份有限公司）推出眼球追踪版 Vive Pro Eye。

力反馈。允许用户借助力反馈设备触碰、操纵计算机生成的虚拟物体，并感知物体的运动和相应的力反馈信息，实现人机力觉交互。涉及的关键技术包括力反馈计算模型设计、碰撞检测、视觉与力觉的同步渲染。目前，主流的力反馈接口 penHaptics、CHAI3D 等都支持视觉与力觉融合的应用开发。业界已有 VR 触觉背心和虚拟现实交互手套，可模拟自由落体、高速、举重、昆虫叮咬、刀伤、枪伤、穿透伤和触痛等多种体感，让用户感知到物体的形状，同时每根手指都能感受到不同程度的触发力。

脑机接口。在人脑与计算机或其他电子设备之间建立直接交流和控制通路，用户可通过大脑直接表达想法或操纵设备，无须借助语言、手势或其他工具直接进行神经感知，带来超现实、完全沉浸的元宇宙体验。目前脑机交互可以实现听觉、视觉和前庭感觉，甚至编码肢体运动。当前，Meta、Valve、Neuralink、BrainCo（强脑科技）等企业均涉足脑机交互领域，但脑机接口技术的实现及应用场景落地难度较大，成熟周期预计在10年以上。

美国在交互技术成熟度以及终端普及程度上都超过了中国。交互技术需要使用各种声、光、热、力、指纹等传感器和微控制器（MCU）。高端传感器的主要供应商还是海外巨头。微控制器分为8位、16位、32位等不同规格，32位的高端MCU芯片主要来自国外企业，如德州仪器、NXP（恩智浦）、Microchip（微芯科技公司）、Cypress（赛普拉斯）等公司。

元宇宙时代，人机交互方式将日益注重看、说、动作的表达，由屏幕互动转向空间互动，交互界面由命令行界面和图形界面进入自然用户界面，通过手势、眼动等一系列更加自然的方式，持续向人类本能交互方式进化。

随着新兴交互技术的大量涌现，元宇宙将突破"2D视觉+听觉"双感官交互阶段，进入多感官融合交互时代，腕带式AR传感器、电子触觉手套/皮肤、嗅觉面罩等多形态体感设备将给元宇宙交互带来更丰富的可能性，有望同时进行3D视觉、触觉、嗅觉、味觉的交互。不过，尚在孵化期的技术还需要资金、资源和专业人才的推动发展。

第七章　元宇宙产业生态

价值体系

底层链。区块链具备去中心化、开放性、独立性、安全性及匿名性五大特征，可实现可信的数据协同，以此打造良性竞争的商业环境，以区块链融合云计算、物联网、大数据、移动通信及人工智能等为代表的数字技术，共同形成元宇宙生态，驱动数字社会生产方式变革。国内移动支付龙头公司蚂蚁集团全面布局了元宇宙底层链，其区块链品牌——蚂蚁链已实现多种场景的应用，包括正品溯源、区块链跨境汇款、区块链BaaS服务平台、区块链版权服务平台"鹊凿"、IP商业平台等。

数字货币。元宇宙中数字经济的发展离不开数字货币和NFT的发展。Roblox中的数字货币Robux，除了具备虚拟世界中劳动兑付及交易流通的功能，还能够与现实世界真实货币进行固定汇率兑换。

通证。通证是区块链系统中应用最广的技术，通常用来代表一切权益证明，指代区块链中可流通实体的凭证。通证在区块链中也被用来表示数字资产，具有交付权、交换权、使用权、收益权等多种属性。在国内业务应用之中，根据业务场景和指代权利的不同，通证也被称为共票。在公链的数字资产层面，通证也被称为代币。通证有三个要素：数字化权益证明、加密性、可流通性。加密数字通证是加密数字货币的自然延伸，从现金的数字化到加密数字货币，通用化之后直到加密数字通证。基于区块链构建的通证经济系统是可以中心化的，以链内原生通证为经济激励，以通证流转为中心，金融属性较强。

NFT。NFT是通证的一种，也是区块链系统中描述唯一性实物资产的技术。NFT可支持元宇宙游戏商机的开发，玩家可在游戏外出售、交易NFT或持久性数字物品，从而实现Play to Earn和Play to Collect（收集模式）虚拟现实价值交换。全球范围内的

NFT投融资火热，在元宇宙各相关赛道中处于中上游。2022年上半年，NFT融资主要集中在NFT发行、NFT交易平台、NFT游戏三个赛道。NFT投融资的主力在海外市场，国内普遍将本地化后的NFT称为数字藏品或NFR（非同质化权益），虽继承NFT的商品、收藏属性，但并不具备NFT的代币属性。

元宇宙场景的丰富性，对区块链技术提出新的要求。常见的比特币公链时延为10分钟、区块大小为2~32MB、TPS为1、燃料费为1U。而Ethereum公链虽然时延降低到15秒，但是燃料费高达20U，区块大小仅为20~100KB。现有区块链显然无法适应元宇宙业务场景对区块链的需求，例如，在物联网场景中可能要求时延达到秒级甚至毫秒级并且燃料费可以忽略不计，XR等场景可能要求区块大小达到1GB甚至更高。随着元宇宙应用场景的快速丰富，区块链作为元宇宙价值基建之一，必须实现同步的创新。

目前NFT的法律定位还没有完全清晰。虽然NFT代表的是虚拟资产，但从数字资产角度来看，NFT所映射的确实是实际的有价值的资产，属于实体经济的一部分。相比于海外NFT的高歌猛进，国内数字藏品市场在短暂爆发后，正逐渐回归理性。2022年4月，中国移动通信联合会元宇宙产业委员会发布《关于规范数字藏品产业健康发展的自律要求》，提出抵制无序炒作，引导合理预期，平台和发行企业应对数字藏品合理定价，避免过高定价，防止出现严重泡沫。2022年7月，近30家机构联合在京发起《数字藏品行业自律发展倡议》，反对二次交易和炒作、提高准入标准成为推动行业高质量发展的核心共识。在监管趋严以及消费者回归理性之后，未来市场内的投机行为将不断减少，数字藏品在赋能文创产业、丰富数字经济模式上的价值也将逐步凸显。基于区块链确权的数字资产都将是元宇宙中的底层资产。

国外科技巨头的元宇宙布局

卷进元宇宙的 Meta

元宇宙领跑者

在 TikTok（抖音海外版）的不断冲击下，Meta 的用户日均使用时间从 2017 年的 39 分钟不断下降至 2022 年的 33 分钟，在应用程序排名前五的国家和地区，18 岁以下用户的账户注册量比 2021 年下降了 26%，青少年的参与度不断降低。与此相对，青少年正不断涌入 TikTok，并在 TikTok 花费的时间越来越多。由于 Facebook 的主营业务单一，产业链上游受手机厂商掣肘，例如 Facebook 通过手机提供社交网络服务来获得的广告收入，由于手机厂商（特别是苹果）对数据、隐私的要求越来越高，Facebook 持续面临广告业务变现受损的风险。2021 年 4 月，苹果更新 iOS（苹果公司开发的移动操作系统）隐私政策，限制跨 App 跟踪用户信息，对 Facebook 的广告收入产生了重大不利影响。

面对日益增长的竞争压力，Facebook 于 2021 年 10 月正式更名为 Meta，表达了"All in 元宇宙"的决心，并计划 5 年内转型成为一家元宇宙公司。2021 财年，Meta 在元宇宙上已经累计投入 102 亿美元。

生态布局与优势分析

Meta 押注软件和硬件两大赛道，全面布局元宇宙，计划建立以技术为基础的一系列产品服务矩阵，涉及社交、游戏、教育等。Meta 在元宇宙的布局涵盖了硬件入口、内容场景和底层技术。

硬件入口。Facebook 于 2014 年收购领先的 VR 头显公司 Oculus 进入硬件赛道，随后收购了多家 VR 相关技术的公司（详见表 7-2），包括主攻视觉技术的 13th Lab、主攻手势追踪技术的 Nimble VR，投资了沉浸式音效、3D打印、二级显示、面部表情识别、脑机接口等技术研究，这一系列行为使得Facebook在2020年超越索尼，成为VR市场的领跑者。根据IDC相关数据，2021年全球VR头显出货量破千万台，Oculus份额达到80%。表7-3总结了Facebook公司2016—2022年在VR领域的发展历史。

表7-2　2014—2020年Facebook收购的VR/AR相关技术公司

主攻技术	公司名称
3D建模制作	13th Lab、Nascent Objects
游戏开发引擎	RakNet
计算机视觉	Nimble VR、Surreal Vision、Fayteq、Scape Technology
深度感测技术与计算机视觉	Pebbles Interfaces
空间音频	Two Big Ears
显示技术	InfiniLED
面部识别	FacioMetircs
虚拟购物与人工智能	Grostyle
脑计算/神经接口	CTRLLab
地图数据库	Mapillary
VR/AR变焦	Lemni

资料来源：作者根据本章参考文献［9］的部分内容进行整理。

表7-3　2016—2022年Facebook VR产品发展史

时间	VR产品
2016.03	Oculus Launch Pad、第一代VR头显Oculus Rift
2016.10	Santa Cruz作为Quest的原型发布，揭示了inside-out tracking（内向外追踪技术）的理念
2016.12	Oculus Touch发布，加入了手势追踪功能
2018.01	Oculus Start发布
2019.05	Oculus Quest1和Rift S发布
2020.10	Quest 2发布，提供全新内容体验，并降低内容产品价格，普及VR
2021.10	Project Cambria发布
2022.10	Meta Quest Pro，含控制器、手写笔附件、部分遮光罩和充电底座

资料来源：作者根据本章参考文献［9］的部分内容进行整理。

第七章　元宇宙产业生态

内容场景。Meta 发挥在社交平台上的优势，着重布局社交和办公领域，通过频繁收购游戏厂商（详见表 7-4），并将优质内容生产商融入公司自身业务生态，吸引新用户进入 VR 虚拟世界。推出虚拟家园 Horizon Home、线上协作办公平台 Horizon Workrooms，并于 2021 年 12 月 9 日发布社交平台 Horizon Worlds。基于这些平台的应用，用户可以打造自己的虚拟形象和家园空间，邀请好友一起访问、串门或玩 VR 游戏，在虚拟的 3D 环境中进行会议、演示等。

表 7-4 内容收购史

时间	投资版图
2017.09	投资 360 度视频与 VR 内容制作平台 Blend Media
2019.11	收购 VR 游戏开发商 Beat Games
2019.12	收购云游戏公司 Play Giga
2020.06	收购 VR 游戏公司 Ready At Dawn
2021.05	收购 VR 游戏公司 Downpour Interactive
2021.06	收购 VR 游戏公司 BigBox

资料来源：作者根据本章参考文献 [9] 的部分内容进行整理。

底层技术。除了 VR/AR 相关的技术版图扩张，Meta 还在机器感知、AI 等基础技术领域增强布局。Connect 2021 大会上，Meta 发布了一个涵盖一系列机器感知与人工智能功能的开发平台 Presence Platform，包括 Insight SDK（软件开发套件）、Interaction SDK、Voice SDK、Tracked Keyboard SDK 功能组件，为开发者提供了更逼真的混合现实、交互与语音体验，在用户的物理世界中无缝混合虚拟内容。公司的 Reality Lab 聚集产业链的多种 AR 能力，推出 Spark AR 核心产品，包括 VR 开发者协同平台、降低 AR 创作门槛的全新应用 Polar，并打造 AR 学习课程。

人机交互的霸主——苹果

蓄势待发的先行者

苹果在 2010 年的时候就已经注册了 VR/AR 相关商标，并进行了相关投资，比最早发布 VR 眼镜的谷歌都要早两年。虽然苹果对元宇宙的认知首先是谨慎的，对外保持沉默，但从苹果即将推出的硬件设备、投融资、创新技术、商业行为等方面，可以看出苹果在元宇宙领域具备深厚的积累。

苹果在美国、欧盟、英国、加拿大、澳大利亚、新西兰、沙特阿拉伯、哥斯达黎加和乌拉圭提交了"Reality One""Reality Pro""Reality Processor"三个商标的注册申请，三份商标申请文件都提到了"虚拟现实和增强现实头显"和"智能眼镜"。预计 Reality One 代表第一代 AR/VR 头显，Reality Pro 代表高端版本，而 Reality Processor 则代表苹果为 AR/VR 头显开发的专用处理器。

生态布局与优势分析

苹果在元宇宙领域的布局涉及操作系统和各类硬件设备，除了注重软硬件等底层技术的开发，苹果还积极收购产业链相关公司，致力提升 AR/VR 用户体验。从 2010 年起，苹果已申请超 2 000 项 AR/MR 的相关专利，投资或收购超 20 家 AR/MR 业务公司（详见表 7-5），积极整合 AR/VR 上下游的关键零部件供应商、关键技术，从软件、内容方面逐步完善生态布局。

表 7-5　2010—2020 年苹果收购的 VR/AR 相关技术公司

主要应用领域	公司名称
3D 运动捕捉	PrimeSense、IKinema
面部识别	Polar Rose、Faceshift、Emotient、RealFace、Regaind
室内位置追踪平台	WiFiSLAM、Indoor.io
人类感官输入的识别和分类	Perceptio

续表

主要应用领域	公司名称
3D 空间感知、室内定位、导航等	Flyby Media
眼球追踪智能眼镜	SensoMotoric Instruments
摄像技术、局部多角度 3D 建模	LinX
视觉方案、SDK	Metaio
AR 眼镜镜片	Akonia Holographics
深度学习和计算机视觉方面的高级功能	Camerai
音乐识别	Shazam
MR HMD	Vrvana
VR 线下体验及 VR 视频会议平台	Spaces
VR 直播	NextVR

资料来源：作者根据本章参考文献［1］和［9］的部分内容进行整理。

2022年，苹果的"RealityOS"（简称 rOS）商标在多国的注册，让专为增强现实而设计的操作系统的问世板上钉钉。这是苹果在推出 iOS、iPadOS、watchOS、tvOS、macOS 之后的一条全新的产品线，有可能成为苹果的元宇宙操作系统。如同当前移动互联网时代 iOS 搭载 iPhone（苹果手机），未来 rOS 将会搭载苹果的各个硬件设备，形成苹果在元宇宙的产品闭环。

2022年5月中旬，苹果公司演示了正在测试中的 MR 头显。这是一款一体机式的设备，重 200~300 克，配有 2 块 4K 分辨率的 Micro-OLED 显示屏，PPI（每英寸的像素）超过 3 000（当 PPI 超过 300 时，屏幕被认为达到了视网膜级别，一般情况下人眼已经较难察觉 300 以上的 PPI 之间的差别）。该头显能够结合 VR 和 AR 功能，向用户提供覆盖在真实世界之上的数字内容。MR 头显还能与 iPhone 或 Mac 等其他设备协同工作。

苹果在 AR 方面的积累雄厚，申请了大量与 AR 眼镜相关的专利，包括"视网膜直接投影技术"（Direct Retinal Projector）、"可变焦透镜系统"（Tunableand Foveated Lens Systems）等。近年来，苹果更趋密集的专利申请还包括可识别手势和眼球指令的 3D 传感技术、渲染 AR 细致流程、注视点追踪和预测方案、混合式眼球追踪方案、视力矫正、虚拟界面互动等。通过收购或投资，苹果还涉足了仿生芯片、Micro LED 屏幕、传感器、可追踪定位的空间声场技术等多个 AR 基础技术领域。苹果推出的 ARKit、Reality Kit、Reality Composer、Reality Converter 四个平台，构建了比较完整的 AR 开发生态闭环，可以轻松打造完整的 AR 创作生态。截至 2022 年第一季度，App Store（苹果应用商店）上已经有 14 000 款 AR 软件应用。只待 AR 硬件（AR 眼镜）的推出，就可以使苹果在整个内容生态变得极具吸引力。

在人机交互技术方面，苹果分别在听觉和动作两种关键的人机交互领域具备领先技术储备。

- 听觉人机交互。苹果于 2021 年 9 月与 iOS 15 系统一起发布了空间音频技术，有两大核心特点，一是支持声音的环绕效果，二是支持声音对头部动作的跟踪。iOS 16 系统利用其 TrueDepth 摄像头和神经引擎的强大功能为用户提供个性化空间音频设置，iPhone 的 TrueDepth 相机将从多个角度进行高分辨率扫描，了解用户的头部形状和耳朵几何形状，并使用新的 AI 算法为用户动态调整空间音频体验。
- 动作人机交互。苹果于 2019 年拿到授权的"环状计算设备"专利，描述了一种带显示器的基于环的可穿戴设备；苹果还有一项名为"带有手指装置的计算机系统"的专利，可以让用户在观看虚拟内容时，做打字的动作手势来操作，摒弃了实体键盘和鼠标这些现实世界的物体。2022 年 6 月，苹果公开了"可伸展环设备"专利，描述了智能指环专利，该智能指环包括力传感器、超声波传感器、惯性测量单元、光学传感器、触摸传感器和可用于采集来自用户输入的其他部件的传感器。智能指环的控制主板可以将捕获的信息传输到相关联的电子设备，控制电子设备的操作，相当于电子设备的一个控制中心。用户可通过由手势、手指发动命令来执行相关联电子设备的部分操作。

联系不同元宇宙世界的微软

支持多个元宇宙平台的拓荒者

2021年5月，微软首席执行官萨提亚·纳德拉在描述Azure产品线的未来愿景中提出了"企业元宇宙"这一概念。随着物理世界与数字世界的融合成为不可逆转的趋势，企业元宇宙将成为企业必备的基础设施，从设计、制造、分销、客户反馈等环节使企业的生产活动发生巨大变革。

2022年1月，微软以每股95美元、总价687亿美元的价格全现金对价收购美国第一大游戏公司动视暴雪。此举将为微软向消费元宇宙方向延展提供基础。在游戏领域，元宇宙是个人身份和社区的集合，以强大的内容为基础，可以通过任意设备进行访问的空间。

目前，微软是科技巨头中在元宇宙领域完备兼顾了B端和C端不同领域的公司。在B端，微软通过打造企业元宇宙技术堆栈，提供一系列数据基础设施、数据分析工具、人工智能、机器学习、办公应用等产品，为后疫情时代企业组织结构的变动及生产效率的提升助力；在C端，微软在游戏内容、游戏社区、云游戏及硬件上实现了全方位覆盖。微软有实力支持多个元宇宙平台，以及由内容、商业和应用组成的生态系统。

生态布局与优势分析

微软的企业元宇宙是建立在微软智能云（Intelligent Cloud）

和智能边缘（Intelligent Edge）的基础上，通过数字孪生技术建立的虚拟数字世界，当物理世界和数字世界同步后，软件技术就可以运用于该模型，现实世界和数字世界的资产、数据、人物关系可以实现交互，用数字世界来指导现实世界发展。微软企业元宇宙技术堆栈主要构成包括以下几个部分。

- 微软智能云和智能边缘：企业元宇宙的底层架构、数据分析和人工智能的基础。
- Azure IoT：连接物理世界设备，无缝同步数据。
- Azure Digital Twins：为任何复杂的物理世界进行可视化建模，生成数字模型。
- Azure Maps：对物理世界设备、资产进行定位，生成位置信息。
- Azure Synapse：提供数据分析服务，提升数据库和数据分析系统效率。
- Azure AI：提供突破性数据洞察能力。
- Azure Project Bonsai：以低代码方式实现机器学习，提升机器学习效率，创建可以学习和进化的智能自治系统。
- Microsoft Power Platform：包括 Power BI、Power Apps、Power Automate 和 Power Virtual Agents 一组产品，用于开发和构建复杂的业务解决方案，分析和绘制数据，实现业务流程自动化或构建虚拟客服机器人等。
- Microsoft Mesh & Hololens：提供混合现实体验的平台和硬件。

微软的企业元宇宙不仅仅是简单的数字孪生，它所代表的是企业端更加彻底的数字化和自动化，用技术释放生产力红利，具备以下两个方面的竞争优势。

一是一体化解决方案。微软包含从基础层到应用层的所有工具，可以为企业元宇宙提供算力和算法能力，特别是Microsoft365

作为办公场景的入门级应用，是整个企业元宇宙解决方案的流量来源；企业数据可以在不同工具之间顺畅流动，提升数据收集、分析和预测的效率。微软具备多年积累的通用解决方案和业务场景，能有效降低企业的入场门槛，并实现快速部署。

二是多年积累的数据。微软过去在办公场景的数据积累，叠加未来通过一整套元宇宙技术堆栈持续获得的数据，可以为算力和算法提供燃料，助力人工智能和机器学习的发展。

微软收购动视暴雪，以游戏切入的消费元宇宙，补足了其游戏 3C［Content（内容）、Community（社区）和 Cloud（云）］战略中关键的内容短板和游戏设备中移动端的短板，让微软成为巨头中 3C 布局最完善的公司。收购后，动视暴雪未来的产品需要掌握 AI、机器学习、数据分析、专有云和网络安全等领域的技术，微软都可以很好地弥补这些软硬件技术上的劣势。微软原有 23 个游戏工作室，加上动视暴雪的 5 个业务单元（Activision Publishing、Blizzard Entertainment、King、Major League Gaming、Activision Blizzard Studios），微软的游戏内容版图将涵盖所有主流游戏品类。

通信业的霸主——高通

从通信领域切入的关键供应商

高通在移动通信技术领域拥有许多至关重要的专利，在半导体产品领域深耕多年。高通从 XR 领域切入元宇宙这个下一代计算平台赛道，并表达了将成为元宇宙等领域领头羊的决心。高通的芯片融合了 AI、5G 和 XR 技术，抢占新一代硬件布局机会，为引领元宇宙基础硬件发展打下基础。

元宇宙需要大量的数据传输、交换，需要优秀的网络和射频前端，这些领域都是高通的老本行。从 2015 年起，高通公司发布骁龙 820、骁龙 XR1、骁龙 XR2 等芯片，在 VR/AR 终端芯片市场具有领先地位。同时，公司开发出骁龙 XR1 平台、骁龙 XR2 5G 平台和 Spaces XR 平台支持 XR 技术开发者，实现广泛应用。业界已经有超过 50 款搭载高通骁龙平台的 VR 和 AR 终端，Meta 和微软的 XR 终端产品都用了骁龙的芯片。骁龙 XR2 平台被《时代》杂志评为"2021 年最佳发明"。

生态布局与优势分析

高通在固定无线接入（FWA）、Wi-Fi 接入点演进和 5G 接入网基础设施等方面具有领先优势，可以满足元宇宙强大的通信需求。Wi-Fi7 技术可以推进产品的无线化，促进元宇宙加速成型。高通旗下的 Wi-Fi7 技术可以支持一系列的服务，包括扩展现实、基于社交云的游戏、8K 视频流以及同步视频会议。此外，目前全球超过 30 家终端厂商正在使用高通 5G FWA 解决方案，高通的 5G 接入网平台可使能效提升 50%。

高通在元宇宙的 XR 终端布局多年，主要从标准、芯片、软件与算法、参考设计和生态系统五个层面支撑整个 XR 产业的发展。

- 标准。高通于 2018 年在 3GPP 提出《5G 中的扩展现实技术研究》[TS 26.928 Study on Extended Reality（XR）in 5G] 研究课题，从 XR 的定义、核心技术能力、核心用例和使用场景、客户端和网络端架构、API（应用程序接口）和媒体格式等方面提出这些服务的关键性能指标和质量体验要求，最终对 3GPP XR 标准化方向做出总结。

- 芯片。从最早 2016 年的骁龙 820，到后续的骁龙 835、骁龙 845 及高通专用 XR1、旗舰级 XR2 芯片，聚焦 XR 设备发展瓶颈，提出 Wi-Fi 解决方案，降低时延、缩小尺寸都奠定了高通在 XR 领域的巨大优势。

- 软件与算法。高通在 AI 算法、多路并行摄像头、屏幕高刷等方面全面赋能 XR 终端，同时依托其通信优势，将 XR 与 5G 等新技术连接，拓宽 XR 发展边界，提升用户交互体验，这也是高通骁龙 XR 平台成为市场主流平台的优势之一。

- 参考设计。通过推出对应芯片的 XR/VR 产品参考设计，为产业界树立标杆，解决其生产效率和成本问题，促进产品大规模落地。2022 年，微软和高通将共同开发基于骁龙芯片的 AR 眼镜，加大对微软 Mesh 和高通骁龙 Spaces 两大 AR 开发平台的支持，供消费者和企业使用元宇宙应用，共同推动微软元宇宙生态系统的建设。
- 生态系统。2022 年 3 月高通设立 1 亿美元的骁龙元宇宙（Snapdragon Metaverse）基金，将投资于研究 XR 体验、AR 和人工智能技术的公司，为游戏、健康和保健、媒体、娱乐等 XR 开发者生态系统提供资金、教育和企业合作机会。高通自有骁龙 Spaces XR 开发者平台可以帮助开发者、创作者和公司更轻松地创建身临其境的三维内容，高通与 Meta、微软、Snap、联想等大企业在此领域有着深入的合作。

打造工程师元宇宙的英伟达

算力硬件领跑者

英伟达最早于 2019 年正式提出英伟达 Omniverse，在 CES 2022（2022 年消费电子展）上，英伟达宣布向全球数百万个人创作者和艺术家提供 Omniverse 的免费版本。英伟达创始人黄仁勋认为，Omniverse 是"工程师的元宇宙"，该平台集合了英伟达过去 20 多年在 AI、HPC（高性能计算）与图形各方面的技术、算法、标准，是创建元宇宙数字化虚拟空间的技术平台，也是一个专为元宇宙创作者、设计师、研究人员和工程师打造的技术底座。黄仁勋描绘的未来元宇宙业务"三步走"的战略如下。

第一步，虚拟化，创建一个协作开发引擎 Omniverse，用来渲染高保真度的图像场景。该阶段的关键技术包括 CG 技术、RTX（光线追踪）技术，以实现虚拟人物的形象化，目前这些技术已经成熟。

第二步，逼真化，通过 AI 语言学习以及对虚拟世界物理规律性的强化，使虚拟世界场景进一步逼近真实世界体验。该阶段主要通过要素驱动虚拟数字人，关键技术是语音语义技术，正处于发展期，代表作品是 Riva（对话式 AI 应用框架）。

第三步，情感化，构造虚拟世界社会关系，打造虚拟世界情感交互。该阶段为了实现真实世界和虚拟世界的交互，采用的关键技术为 Emotion AI（情感计算或人工情感智能）开发套件，以达到数字人可以识别对方情绪的效果，预计 2023 年进入发展初期。

生态布局与优势分析

英伟达的元宇宙生态布局目标是形成一套以 Omniverse 为平台，拥有强大算力支撑和先进硬件基础的元宇宙体系。Omniverse 平台是基于 USD（通用场景描述），专注于实时仿真、数字协作的云平台，它拥有高度逼真的物理模拟引擎以及高性能渲染能力。基于此平台的应用可以实现多种场景的虚拟化。同时，英伟达在视觉传达、虚拟语音、机器学习、云端进出等关键技术环节，也开发或升级了相应的软件和硬件，搭建起强大的技术保障和关联产品体系。

英伟达在 GPU 领域优势明显，芯片产品矩阵丰富，针对游戏、PC、企业工作站、汽车等都具有针对性的应用产品。咨询研究企业 JPR 统计，截至 2021 年第三季度，英伟达占据了全球 PC GPU 20% 的市场份额，仅次于英特尔（62%）；细分市场 PC dGPU（独立图像处理器）中，英伟达占据了全球 83% 的市场份额。

元宇宙所涉及的 AI、云计算等技术均离不开底层 GPU 的支撑，借助 GPU 领域的优势，英伟达将"GPU+CPU+DPU"的产品路线升级为公司核心"三芯"战略。相比社交网络巨头、游戏巨头、软件巨头，英伟达依靠数据和合作优势，卡位元宇宙硬件最底层：GPU、AI、Omniverse。英伟达 GPU 架构历经多次变革，从最初的 Tesla 架构到最新的 Ampere 架构，Ampere 架构建立在 RTX 的强大功能之上，进一步显著提高了渲染、图形、AI 与计算工作负载的性能，使英伟达保持全球单块算力硬件领先提供商的地位。

基于 GPU 的优势，英伟达打造了适合深度学习逻辑的并行计算 AI 芯片。在庞大的数据集、复杂的模拟等应用场景，需要多个极速互连的 GPU 以及充分加速的软件堆栈，英伟达 HGX AI 超算平台是实现这种新型架构的先锋产品。

在 2022 年 8 月的 SIGGRAPH（计算机图形图像特别兴趣小组）大会上，英伟达公布了利用 AI、元宇宙和数字人变革行业的新产品和新研究，包括用于创建头像的新平台、云原生超级计算机（ACE）、英伟达 Omniverse 新版本（与 Unity、Blender 等连接）、从 2D 图像创建 3D 对象或场景的工具 Instant NeRF。云原生超级计算机融合了高性能计算的强大算力和云服务的安全性与易用性，在保障不牺牲应用性能的同时允许多用户安全共享一台超级计算机，保证每个用户应用的安全性和私密性，涵盖从对话式 AI 到 Audio2 Face 和 Audio2 Emotion 等动画工具，开发人员可以在任何公共或私有云中的任何引擎上构建、配置和部署他们的虚拟形象应用，云原生超级计算机将于 2023 年在嵌入式系统和所有主要云服务上运行。

在元宇宙的发展过程中，算力是底层基础设施，英伟达在算力上具有显著的全球领先优势，是具有核心技术和稀缺性的竞争者。加上进军元宇宙"三步走"的战略规划，未来有望形成以强大算力为基础、以 Omniverse 为平台型应用的生态格局。

国内互联网企业的追逐赛

搭上 Roblox 和 UE 快车的腾讯

全真互联网布局者

2022 年 9 月，腾讯联合埃森哲发布《全真互联白皮书》，全面呈现这一面向未来的技术体系和应用场景。全真互联是通过多种终端和形式，实现对真实世界全面感知、连接、交互的一系列技术集合与数实融合创新模式。对个人，全真互联能提供随时随地身临其境的体验；对企业和组织，全真互联让服务变得更可度量，服务质量更可优化，推动组织效能提升；对社会，全真互联能够提升资源利用效率，创新产业发展模式，提高政府治理效能，促进社会可持续发展。

全真互联以全真体验、无限连接、自由协同、数实融合为主要发展特征。人们能够对真实世界沉浸式感知和体验，产生无限连接的可能性，突破物理时间和空间限制自由协作，数字技术和实体经济也将充分融合发展。在全真互联中，孪生/视频、远程交互是核心，泛在智能、可信协议、无限算力是技术支撑。

生态布局与优势分析

腾讯在音视频、数字孪生、3D 引擎、实时渲染、边缘计算、安全、区块链等全真互联基础技术领域已经做好了储备，并建立了核心优势。通过"收购 + 自有平台流量"，腾讯的元宇宙"组合拳"在底层架构、基础设施与内容生态这三大方向开展布局。

- 底层架构。2012 年，腾讯以 3.3 亿美元收购英佩游戏 40% 的股份，英佩游戏旗下的虚幻引擎 Unreal Engine 是全球两大游戏引擎之一，帮助开发者渲染虚拟世界。

- 基础设施。腾讯云布局全场景 IDC，目前已构建起包括一体机柜、T-MDC[①]、T-Block[②]、客制化 IDC、腾讯智维、培训与认证、咨询等在内的 IDC 产品家族，以全场景 IDC 服务生态满足客户的多样化需求。此外，还布局了云游戏相关的多个平台，包括端游/主机方向的云游戏服务平台 START，云游戏技术中台 GameMatrix，为腾讯游戏内部业务提供移动云游戏技术支持的"腾讯即玩"等。
- 内容生态。目前，腾讯已形成以社交为核心的生态体系，助力布局全真互联网。围绕 IP，打造长短视频、电影、音乐、体育、阅读、游戏等众多内容，形成内容生态，成为国内用户规模最大的 PGC 内容平台。除自主研发的游戏外，腾讯还通过全球化的投资和收购，成为全球最大的游戏公司。腾讯和 Roblox 成立合资公司，专注于教授编码基础知识、游戏设计、数字公民和创业技能。通过多方收购和投资，腾讯在各类型游戏领域均占据领先地位，形成庞大的游戏产品矩阵。

目前，腾讯已经有了一批全真互联成功案例。

- 凭借腾讯 20 多年积累的音视频通信能力，腾讯会议用户数超过 3 亿人，服务覆盖全球超过 220 个国家和地区，是当前中国广泛使用的云视频会议产品。
- 腾讯与宝钢股份合作，探索利用分布式云、AIoT、数字孪生等技术，打造 1∶1 还原的全息 3D 裸眼效果"数字工厂"，帮助专家、工程师在数字世界直接监控实际的生产线和设

[①] 腾讯模块化数据中心，简称 T-MDC，腾讯第三代数据中心。
[②] 腾讯积木，简称 T-Block，腾讯第四代数据中心。

备，推动生产线的生产管理，实现故障回溯、实时监控和工艺改进。
- 在金融行业，越来越多的银行通过腾讯音视频、AI、大数据等技术打造全真金融服务场景，在线办理业务，极大地便利了偏远山区居民、外出务工人员以及行动不便群体。

从社交到内容布局的字节跳动

内生外延并举布局元宇宙

字节跳动是海外 Meta、国内腾讯最主要的竞争对手，其旗下产品包括抖音、西瓜视频、今日头条、TikTok 等，其短视频内容崛起势头迅猛，对原有流媒体内容形态、图文交互的互动方式形成降维打击。

字节跳动以社交与娱乐为切入口，基于短视频流量优势在海内外市场同步发力，投资和并购了多家元宇宙产业链相关企业，从硬件及操作系统（收购 Pico）、底层架构（投资代码乾坤、维境视讯）、内容与场景（短视频、游戏、VR 社交）这三大组件发力着力布局元宇宙，其投资元宇宙产业链企业的深度在国内仅次于腾讯。

生态布局与优势分析

字节跳动以社交与娱乐为切入口，基于短视频流量优势在海内外市场同步发力，角力腾讯、效仿 Meta，硬件加内容 All in 的打法，在硬件芯片和整机设备、软件基础设施、VR/AR 基础技术研究、内容生产与运营等方面基本形成了全方位的元宇宙布局。

- 硬件芯片。2021 年 10 月，字节跳动投资光舟半导体，致力于光波导、光引擎、光学模组、微纳半导体等方面的研究。字节跳动投资的硬件科技公司还包括：AI 芯片设计公司希姆计算，GPU 芯片设计独角兽摩尔线程，提供"芯片标准产品及芯片设计、芯片解决方案"等一站式专业服务的润石科技，提供 RISC-V 高端核心处理器解决方案的睿思芯科，数据中心网络芯片和云网络解决方案提供商云脉芯联等。

- 整机设备。2021 年 8 月，字节跳动以 90 亿元价格收购国内领先的 VR 设备厂商 Pico，补齐整机设备板块。同时 Pico 还带来了包括 VR 运动健身、VR 视频、VR 娱乐和 VR 创造四大场景的 VR 内容。2022 年 Pico 发布的最新 Pico 4 全系产品搭载高通骁龙 XR2 芯片，采用了 Pancake 折叠光路设计，不含绑带和电池的重量相当于一罐可乐，视觉上是 4K+ 超视感屏和 105 度超大视角的画面，另外还有 HyperSense 震感手柄，支持裸手交互，更具沉浸感。

- 软件基础设施。主要集中在 3D 渲染引擎和扫描重建技术领域。2021 年，字节跳动战略投资了代码乾坤，其自研的物理引擎"重启世界"填补了我国在数字模拟领域的空白。"重启世界"允许普通玩家使用所见即所得的编辑模式，降低了用户进入门槛；玩家可以在"重启世界"中自行设计内容，并发布至互动平台，实现跨平台角色互通。此外，字节跳动还投资了端到端直播方案提供商维境视讯，该公司致力于 VR 视频采集、拼接、编码及传输软硬件解决方案，通过机器视觉采集空间数据，数据上传至云端经过算法处理后，再进行特征点识别、三维结构重建、图像拼接、纹理匹配等一系列自动处理和调整后，最终生成空间 3D 实景数据。

- VR/AR 基础技术研究。字节跳动在 VR/AR 领域进行了长期的研发投入，在人机交互系统、环境理解等方面收获许多技术成果。旗下的抖音在 2017 年就推出了 VR 社交、

AR扫一扫、AR互动、AR滤镜等功能。此外，字节跳动在自然语言处理、机器学习、计算机图形、增强现实、数据挖掘、语音和音频基础技术等领域也持续开展探索。
- 内容生产与运营。字节跳动拥有国内乃至全世界最先进的内容生产与运营平台，在内容方面形成庞大的产品矩阵，包括抖音、今日头条、西瓜视频、TikTok、飞书、火山引擎等，产品涵盖C端到B端，覆盖直播、电商和广告等领域，用户已覆盖150多个国家和地区，多达十亿。在运营方面，抖音依靠"AI+内容"的中台，奠定国民型App底座。此外，抖音还基于内容，在直播、广告、电商等领域进行货币化，刺激创作者创作更多内容，建立了元宇宙的内容生产反馈体系。

从电商切入的阿里巴巴

云计算巨头与电商应用碰撞的火花

阿里巴巴从电商起家，基于打造电商场景扩大客户规模和适应更新迭代的需求，成长为一家拥有先进科技的公司。阿里巴巴对前沿科技很重视，每年投入科研资金高达千亿元，在云计算、电商等领域打下的基础，使得阿里巴巴在元宇宙产业方面具有良好的先发优势。

目前阿里巴巴已经申请注册了"阿里元宇宙""淘宝元宇宙""钉钉元宇宙""METAMEETING""METALEARNING""元宇宙DINGTALK"等多项商标。从2016年开始的元宇宙布局版图如表7-6所示。

表7-6 阿里巴巴元宇宙布局版图

时间	事件
2016年2月	参与Magic Leap的融资
2016年11月	淘宝VR购物正式上线

续表

时间	事件
2021年8月	注册杭州数典科技有限公司，布局VR硬件
2021年9月	云游戏事业部成立"元镜"新品牌
2021年9月	虚拟数字人AYAYI成为天猫超级品牌日数字主理人
2021年9月	针对元宇宙的企业级应用，提供从渲染、串流到编码的一整套视觉计算解决方案
2021年10月	达摩院成立XR实验室
2021年12月	"元镜生生"科技公司成立

资料来源：作者根据本章参考文献［9］的部分内容进行整理。

生态布局与优势分析

整体来看，阿里巴巴布局元宇宙有三个核心方向：一是基于云计算底层技术积累，拓展其走向元宇宙方向的解决方案，如云游戏等；二是基于电商场景的体验优化，如VR购物、VR硬件以及虚拟数字人营销；三是布局区块链产品蚂蚁链。

阿里云成立于2009年，起初的发展是为了满足阿里巴巴集团自身庞大复杂的涵盖支付、物流的核心商业业务的需求，由王坚带领团队开创了自主研发的超大规模通用计算操作系统"飞天"，满足了零售业务对算力的需求。2014年以后，阿里云服务开始提供对外服务，并启动全球布局，目前已能够为用户提供以云为核心的软硬件技术体系，以"飞天"操作系统为核心，覆盖从自研芯片、服务器等硬件到"阿里灵杰"大数据+AI软件及"云钉一体"的应用层的综合体系。

- 以云为基础的硬件体系。阿里云自研"倚天""含光""玄铁"系列芯片、"磐久"服务器系列，以及更清洁高效能的数据中心。
- 以云为基础的软件体系。包括"飞天"云操作系统、面向"磐久"服务器的"龙蜥"操作系统、自研数据库 PolarDB、集大数据+AI 一体化的平台"阿里灵杰"等。
- 以云为基础的应用体系。"云钉一体"战略，依托钉钉向上渗透至 PaaS（平台即服务）、SaaS 层。据钉钉官网显示，钉钉服务 5 亿用户，覆盖 1 900 万个组织。

针对元宇宙的企业级应用，阿里云还提供了从渲染、串流到编码的一整套视觉计算解决方案。其中，亚洲最大的 GPU 集群、自研编码技术与视频增强技术等是阿里云的独特优势。目前，阿里云已经成为全球第三、中国第一的云计算服务商，行业竞争地位突出。

在云计算底层技术领域，阿里巴巴还发布了全新品牌"元镜"，将其定义为面向云游戏时代的研运一体化服务平台，致力于提供云游戏时代的底层基础设施。阿里巴巴达摩院 XR 实验室，主攻三维建模和全息技术研发。元镜生生（北京）科技有限公司主营软件开发、计算机系统服务、演出经纪、互联网信息等。

早在 2016 年，阿里巴巴就推出淘宝 VR 购物"Buy+"计划，利用计算机图形系统和辅助传感器，生成可交互的三维购物环境，用户可以直接与虚拟世界中的人和物进行交互，甚至可以将现实生活中的场景虚拟化，使其成为一个可以互动的商品。受限于当时 VR 硬件普及率太低，"Buy+"并未形成真正的扩大推广。2021 年，阿里巴巴携手虚拟数字人 AYAYI 开展营销推广，聘请 AYAYI 为天猫超级品牌日数字主理人，未来 AYAYI 还将解锁 NFT 艺术家、数字策展人、潮牌主理人等身份。

阿里旗下的蚂蚁集团前瞻性地布局区块链底层技术，并推出"始于区块、链接产业"的蚂蚁链，致力于"让数字时代没有信任难题"。目前蚂蚁链已实现多种场景的应用，包括正品溯源、区块链跨境汇款、区块链 BaaS 服务平台、区块链版权服务平台"鹊凿"、IP 商业平台等。此外，在数字藏品领域，蚂蚁旗下"鲸探"也是国内领先的数字藏品平台。

百度"希壤"

打造元宇宙基础设施平台

2021年,百度凭借其在人工智能、云计算等领域的基础优势强势进军元宇宙。百度布局元宇宙的基本逻辑是,做元宇宙的基础设施,为元宇宙创新提供平台。2021年12月,百度正式发布元宇宙产品"希壤",是首个国产元宇宙新基建型产品。目前,已有来自20多个核心行业的上百个生态合作伙伴加入"希壤"元宇宙世界的建设当中,成为国内最为开放和繁荣的国产元宇宙生态。

百度对于元宇宙所需要的区块链、云计算、地图、导航、三维重建等已有了一定的积累,加上多年来在人工智能上的投入,非常适合做元宇宙的基础平台(见表7-7)。

表7-7 百度元宇宙布局版图

时间	事件	产业领域
2016年	发布百度大脑,对外开放AI核心技术,推出飞桨深度学习平台	AI
2017年	推出DuerOS对话式人工智能系统	AI
2018年8月	发布超级链(XuperChain)	区块链
2021年6月	发布百度VR2.0全景架构,拥有VR创作和VR交互两大平台	VR
2021年8月	昆仑第二代芯片实现量产	芯片
2021年11月	推出无人车出行服务平台"萝卜快跑"	消费应用
2021年12月	首个元宇宙产品"希壤"	创作与社交平台
2021年12月	智能数字人平台"百度智能云曦灵"	数字人
2022年1月	百度超级链上线首个数字藏品平台	区块链应用

资料来源:作者根据本章参考文献[1]、[9]和百度官网公开资讯整理而成。

生态布局与优势分析

百度是中国人工智能技术布局最领先的企业之一，以百度大脑为底层技术核心引擎，在飞桨深度学习平台、百度昆仑芯片、DuerOS平台与智能硬件的加持下，百度目前已经形成了全方位的人工智能技术体系，虽然其游戏基因较低，企业规模同腾讯、字节跳动、阿里巴巴等有一定的差距，但未来可以以雄厚的人工智能技术体系为基石，构筑元宇宙基础设施平台的护城河。

在百度看来，AI技术不仅是驱动数字世界持续运营的底层基石，也贯穿了元宇宙从设计、研发、构建、运营，再到体验的各个环节。无论是元宇宙中"人"的沟通、交互，还是场景的打造，都离不开智能语音、视觉、自然语言理解等AI技术。百度在元宇宙领域的布局有如下几个方面。

- 人工智能。百度是全球为数不多的提供AI芯片、软件架构和应用程序等全栈AI技术的公司之一，曾被国际机构评为全球四大AI公司之一。百度飞桨深度学习平台是最广泛使用的全球三大AI开源平台之一。目前百度已经形成了全方位的人工智能生态体系，以百度大脑为底层技术核心引擎，在飞桨深度学习平台、百度昆仑芯片、DuerOS平台与智能硬件的加持下，不断深化AI赋能云服务，以百度智能云为载体，加速AI在各行业的商业化。百度在AI领域的技术积累有望延伸至更丰富的元宇宙应用场景中。
- 交互硬件。目前有百度VR和爱奇艺奇遇系列VR两个硬件入口，面向企业端，助力产业数字化升级；面向消费者端，提供影音及游戏等娱乐体验。爱奇艺VR眼镜先后推出了奇遇1、奇遇2、奇遇2S、奇遇2Pro、奇遇3等多款深受中国用户喜爱的VR一体机产品，并创造了诸如全球首款4K VR一体机、独家定制iQUT观影标准、全球首个

5G+8K VR 直播、国内首个计算机视觉（CV）、头手 6DoF（6 自由度）VR 交互技术等技术突破。目前，在百度 VR 硬件市场上公开销售的百度 VR 自研及生态合作硬件有面向 3D 拍摄的 AI 拍系列硬件（AI 拍 TL-50、三维秀 TL-20、三维秀 FC-30、三维成像智能摄录系统 VRMAKER-40、发光转盘 TL-46）和 VR 头显（百度 VR 一体机）。

- 软件与内容。百度的 VR 创作中心是一个创作 3D 环物、3D 模型、全景图、全景视频、景深漫游等 VR 内容的编辑工具，可生成能在手机、VR 头显上体验的 3D 化、交互式、沉浸式的虚拟现实内容。百度面向开发者提供开发者套件 VR suite，内含开发工具集 SDK、展示 SDK、Cloud VR、深度算法等，从而降低开发者的 VR 内容制作门槛，提高内容制作质量。"百度智能云曦灵"是一个集数字人生产、内容创作、业务配置服务为一体的平台级产品。"希壤"是百度首个元宇宙产品，致力于打造元宇宙虚拟创作体验与社交空间。

网易"瑶台"

扎根游戏和自研引擎的储备者

2022 年 3 月，网易凭借在元宇宙全产业链上的技术及产品布局，业内领先的内容创意和 IP 运营能力，正式宣布成为首家能够为客户提供"长效全景"元宇宙营销解决方案的互联网公司。"长效"是建立在技术、产品、内容之上的极具成长性的数字营销生态，"全景"是基于元宇宙中的"人、货、场"三大营销触点做多维布局，最终连接而成的全面营销能力。

网易从游戏细分领域入手，开展了 AR、VR、虚拟数字人、区块链、云游戏等元宇宙技术布局。目前，网易已有"瑶台"沉浸式活动系统、虚拟数字人、星球区块链等元宇宙概念产品落地，并投资多家虚拟数字人领域创新公司，以推动从前端研发到终端商业场景应用的元宇宙全链路探索。网易"瑶台"已拥有十余种活动场景和近百款个性服饰，做到对现实会议场景的深度模拟。具体而言，网易元宇宙布局版图如表7-8所示。

表7-8 网易元宇宙布局版图

时间	事件
2016年	投资VR流媒体直播公司NextVR
2017年	投资VR设备厂商AxonVR
2017年	成立伏羲实验室，聚焦AI技术在游戏中的体验提升
2021年	投资5家虚拟数字人相关公司

资料来源：作者根据本章参考文献［9］和网易官网公开资讯整理而成。

生态布局与优势分析

在生态布局上，网易在游戏、自研引擎上积累多年，能力较为突出，在游戏产品上有加速进场能力，同时自研引擎也有望成为长期稳定发展的保障。在应用层面，网易"瑶台"作为早期产品试水，亦有一定的实际应用场景，有望在未来进一步发展。

- 自研引擎。3D引擎是元宇宙的核心技术，也是游戏行业最重要的底层运行技术，游戏产品的渲染效果、运行效率、开发流程、开发效率等多个关键因素都和引擎息息相关。在商业3D引擎市场上，虽然Unity和Unreal Engine呈现了实质性的双寡头格局，但网易很早便开始布局自研引擎，形成了NeoX和Messiah的双自研引擎格局，虽然目前仅供网易内部项目使用，但是在该领域中长期积累布局的网易也具有较强的市场占位能力。
- AI技术。网易云信自研的AI音视频引擎，支持单、双声道，音频采样率16~48 kHz（千赫兹），码率最高支持128 Kbps

立体声高清音质；在视频通话中，支持 1 080 P[①] 高清画质。还有自研的音频 3A 算法处理和 AI 音频降噪算法，避免通话中可能存在的噪声问题，帮助用户消除通话中的回声和啸叫，并对嘈杂人声、键盘声等非稳态噪声进行定向降噪，从而保障"瑶台"用户享受纯净的通话与互动体验。此外，伏羲智能捏脸系统利用深度神经网络，对人脸特征精确提取和表达，再通过游戏引擎微处理，建立人脸和捏脸参数之间精确的数学模型，有效地解决手动捏脸耗时、工序烦琐的问题。

- 游戏。网易在游戏行业深耕多年，目前在运营游戏产品超过 100 款，以 MMO（大型多人在线）、卡牌等品类见长，在 3D 游戏领域有较长时间的积累。游戏行业在 3D 数字资产制作、运营等方面具有领先性。网易在游戏行业，特别是 3D 游戏领域的积累，有助于其在元宇宙的发展中实现"跑得比谁都快"。

- 元宇宙应用。网易"瑶台"从人工智能和科技创新的方向打造全新的线上活动模式，提供具有活动氛围感和沉浸式的在线会议、个性化虚拟形象定制、精美 3D 活动场景、支持 PC 和移动端接入等功能，可应用在学术教育、商业活动、社交娱乐等场景。网易"瑶台"已经应用在网易云音乐 IPO（首次公开发行）敲钟、网易投资者沟通会等活动场景中。另外，网易也发布了一些面向应用的工具平台，"洞见"是一个 AR 内容创作管理平台，为 AR 创作者提供集全栈技术能力、可视化编辑工具、高效 AR 内容创作及分发的一站式工作流；"有灵"是虚拟数字人 SDK，包括 3D 智能捏脸、3D 动画合成、语音合成等多个模块，用户

---

① 是一种在逐行扫描下达到 1 920×1 080 分辨率的显示格式。

可以使用此软件的开发工具包制作虚拟数字人。

元宇宙产业发展建议

政府加快对元宇宙产业的导入和支持，加强对元宇宙发展监督和引导

长远来看，元宇宙产业可拓展空间巨大，但目前仍处于初级阶段，需要政策制定者保持敏锐的洞察力和方向感，对元宇宙产业发展进行引导与政策倾斜，展开相应布局。

- 加强决策研究，提高对元宇宙的理解和认知，出台产业促进政策，组织产、学、研、用、投各方面力量解决元宇宙关键共性技术问题，让元宇宙成为当地重要的产业发展方向和数字经济新引擎。
- 各地方政府可以基于自身原有的优势产业基础，找准定位，错位、特色发展，在元宇宙基础设施、核心层技术、人机交互、价值体系和应用服务等重点赛道发力，选定若干领域作为元宇宙应用推广的突破口，设立元宇宙产业基地或产业园，构建典型应用示范区，促进当地从基础研究、技术开发、产品设计、内容制作到应用服务的完整产业生态体系发展。
- 畅通人才流动和高质量的人才输入渠道，吸引企业聚集，促进元宇宙产业集群的形成。

元宇宙带来的虚实共存世界的法律、伦理问题尚未明确，元宇宙在工作、生活、民生等领域的应用范围呈现出越来越广泛的态势，因此，有必要加强对元宇宙的监督和引导。

- 加快对虚拟世界中生产、生活和经济等方面的司法探索，建立审慎包容的容错和监管机制，及时出台相关法律法规。
- 加强对元宇宙相关的资本运作、金融支付、信息安全等方面的监管和引导。一方面，加强大数据、个人隐私、金融等领域安全风险分析研判，落实市场主体法律责任。另一方面，鼓励建立行业自律组织或行业服务平台，推动行业交流及跨界协作，充分发挥行业标准规制力，强化行业自律。

产业界快速发展产业联盟，共建协同创新的产业生态

基于各地的政策支持，成立由地方政府或龙头企业主导的产业联盟。

- 充分聚合当地资源，协调产业链上下游。
- 深化对元宇宙技术特征、发展形势和行业应用的认知，科学研判元宇宙发展趋势，审慎布局产业发展方向。
- 紧扣数字化转型主线，提供各类与生产和生活密切相关的应用解决方案。

通过各级产业联盟，加强软硬件服务生态链企业的产业协同，发展数字经济新模式、新业态，共建协同创新的良性产业生态。例如，以各地主要企业为主发起成立地方元宇宙产业联盟，或者以城市集群经济区为中心打造区域产业联盟。

学术界加强元宇宙核心技术理论研究，突破技术发展瓶颈

元宇宙底层核心技术的突破离不开相关基础学科的发展，学术界应科学研判元宇宙核心技术的发展趋势，与研究界和产业界共同攻关，突破关键技术的发展瓶颈。

- 强化在核心芯片、显示器件、光学器件、传感器等核心器件方面的新材料、物理等相关学科的科研。
- 攻关动态环境建模、人机交互、光学显示、内容生成等关键基础领域的科研。
- 推进元宇宙伦理道德等领域的人文社科基础研究。

研究界夯实基础底层技术和平台研发,推进关键技术标准,构建创新生态系统

研究界应与学术界联合攻关,做好元宇宙产业的关键技术储备研究与攻关。

- 围绕基础底层技术和应用场景制定标准,加快制定统一的元宇宙数据、平台标准,出台连接元宇宙设备、产品的标识解析、数据交换、安全通信等标准。发挥标准对产业的引导和支撑作用,增强行业共识,提升行业话语权。
- 探索构建元宇宙的技术、产品和系统评价标准指标体系,重点突破 AR/VR 设备等元宇宙的关键入口终端和软件开发工具、操作系统等基础软件。
- 建设虚拟现实等新技术推广应用公共服务平台。

应用领域持续践行物理世界的数字化改造,推进人类数字化生存

无论是生产还是生活领域,将传统的应用进行 3D 版本的数字化改造,都将为元宇宙的发展注入持续的驱动力。

- 推进元宇宙在游戏、文旅、教育、工业和军事等领域的大规模应用。
- 推进国产元器件和软件的应用,保障企业在元宇宙应用的芯片、传感器、系统软件、基础软件等底层技术的前期研发成本投入。

投资界围绕高壁垒领域，保持长期持续的高强度投资

元宇宙作为开拓性和创新性的前沿领域，需要长期关注高壁垒领域，重视 XR 软硬件这个元宇宙入口级的产业链，持续关注应用和内容端的投资方向。我们认为，在元宇宙产业生态各个部分都存在高壁垒的技术领域和潜在的龙头公司。

- 基础设施层。GPU 作为算力实现的核心，将长期受益于数字经济发展对算力需求的增长，在元宇宙各类应用场景中确定性高，该行业的高壁垒性也带来了龙头公司增长的高确定性。建议关注目前 GPU 行业全球龙头公司英伟达，同时积极寻找国产 GPU 潜在龙头公司。
- 核心层。3D 引擎作为实现各类 3D 场景、渲染、实时运行的底层技术与基础工具，行业具有高技术壁垒，且龙头公司还在持续大量投入，有望在未来发展成为 3D 运行的基础工具。当前，3D 引擎应用正从游戏行业向汽车、影视、建筑等行业拓展。元宇宙中 3D 引擎行业的成长性和长期发展确定性高，建议关注当前行业的全球双寡头英佩游戏、Unity，同时关注国产引擎的发展趋势，积极寻找国产替代。
- 应用层。游戏行业盈利能力较强、能力与元宇宙契合度较高、产品落地进度靠前，目前是元宇宙产品落地的主要形态，有望在 VR/AR 等终端设备出货量提升后，持续开拓新的应用平台和应用场景。此外，人工智能与虚拟数字人等内容和服务领域的应用有望加速落地。建议关注行业领先的游戏公司，同时关注国产游戏、人工智能、数字人等技术储备雄厚的相关公司。

- 人机交互。以 XR 为代表的下一代智能交互终端，在元宇宙发展中具备极高的终局价值。在 XR 终端上，中期主要的竞争者将是当前市场上已经有密切布局、有实质性积累的科技公司，并有望带来新一代操作系统的诞生。目前，Meta 公司的 Quest 产品具有先发优势，索尼、微软及苹果拟上市的 XR 产品等亦值得关注。同时，对国内 VR/AR 终端行业的发展需要保持谨慎乐观，建议关注字节跳动 Pico、NOLO 等产品。自 XR 终端设备向上游追溯，OEM（原始设备制造商）或 ODM（原始设计制造商）、芯片、光学、显示等环节也将受益于终端设备的发展，建议关注产业链上具有明确能力布局和占位逻辑的公司。

本章小结

人类正处于一个全新时代的风口浪尖，元宇宙有望引领未来 20 年的全球科技浪潮，成为人类数字化生存路上最重要的工具，元宇宙的终局有可能是人类基于下一代科技硬件的数字化生存，3D 数字世界对物理世界的复刻和相互影响。

本章梳理了一个由基础设施层、核心层、生态应用层、人机交互和价值体系五大部分组成的元宇宙产业生态。其中，基础设施层包括通信网络、算力和新技术三个主要赛道；核心层包括虚拟世界建设、内容创作和虚拟数字人三个主要赛道；人机交互包括芯片、传感器、显示器件/光学模组、XR 终端和多模态的交互技术等几个主要赛道；价值体系包括底层链、数字货币、通证和 NFT 等赛道。对每个赛道的发展现状、现存问题和发展趋势分别给出了分析和建议。

对于国内外 10 多家切入元宇宙赛道的主要巨头和互联网公司，本章也分别基于公司发展现状和趋势，给出了其在元宇宙领域的布局和优势分析。由于各家公司的优势和生态卡位不尽相同，不同的公司有望在构筑自有护城河的同时相互错位竞争，共同繁荣元宇宙生态。

元宇宙行业仍处于"新基建"时期，由此催生了诸多具有吸引力的细分市场和赛道，长远来看，元宇宙相关产业可拓展的空间巨大，但目前仍处于初级阶段，政策制定者需要保持敏锐的洞察力和方向感，对元宇宙产业发展进行引导与政策倾斜，并协同产、学、研、用、投多方社会力量展开相应布局，共同营造良好的产业发展生态，通过以虚促实，虚实共生，最终实现人类数字化生存。

第八章
元宇宙政策分析

面对元宇宙这一互联网未来可能的发展形态，中国、美国、日本、韩国等国最初保持着对新生事物一贯的观望状态，但后续或早或晚开始入局，相关政策动向日渐清晰。各国政府在原始元宇宙空间发展过程中，大多同时扮演着"治理者""服务者""推动者"这三重角色。"治理者"角色是将元宇宙作为治理目标或手段，针对不同发展阶段的重难点进行治理；"推动者"角色是进行自上而下的总体发展规划和产业布局；"服务者"角色是为那些自下而上推动政府对元宇宙进行认知更新的企业和学术研究机构提供支持。由于政商环境和技术发展水平各异，各国政府对于元宇宙产业的推动力度和布局重点存在差异，但对待元宇宙的态度均处于绝对谨慎到绝对积极之间。

各国政府对待元宇宙的态度

　　作为全球首个在政府层面明确制定了元宇宙五年发展规划的国家，韩国与其他国家相比较为积极，将对元宇宙的未来建设上升到国家战略高度，力求占领元宇宙的技术高地，从而赢得全球话语权。美国政府相对中立，鼓励投资与监管并行，虽未提出明确的元宇宙建设纲要性文件，但在积极出台法案支持元宇宙底层技术研究的同时，也关注数据安全、个人隐私、数据鸿沟等相关风险。欧洲对于元宇宙的态度趋向保守。一方面，欧洲目前尚未出台促进元宇宙相关产业政策发展的具体措施；另一方面，欧盟在数字监管领域一向采用铁腕策略，倾向于超前关注元宇宙带来的各项风险与立法监管相关问题。中国政府对元宇宙的态度倾向为理智与积极并存，呈现出中央政府理智监管、地方政府争先布局的场面，但目前还比较缺乏国家战略层面的讨论和中长期规划。

美国政府整体上支持元宇宙发展，鼓励投资与监管并行

美国是全球数字基础技术较为领先的国家，也是元宇宙各种基础技术的发源地。其在 XR、AI、云计算等元宇宙关键底层技术研发和内容层面占据较大优势，在芯片领域的优势绝对凸显，在元宇宙多领域扮演着技术先行者和主导者角色。

在企业层面，美国的科技巨头在元宇宙的布局与推动方面较为激进，先行探路，在取得一定成果后，反向引导政府增强对元宇宙的认知，为后续赢得政府的支持塑造有利环境。如 Facebook 首席执行官扎克伯格直接将公司高调改名为"Meta"，旗帜鲜明地转型为一家元宇宙公司。在 Meta 的强力示范下，多家科技企业投身元宇宙，引发了新一轮的资本投入和学界、业界讨论。这些科技巨头显然拥有更大的野心，它们积极与美国联邦政府、合作伙伴和专家进行洽谈协商，试图为元宇宙这一数字经济新入口建立数字协议和行业标准。

在政府层面，美国鼓励推动与监管并行。一方面，美国政府积极发布法案推动元宇宙相关技术发展。2021 年 1 月，美国第 117 届国会制定了一系列促进元宇宙相关技术发展的政策（见表 8-1），如《21 世纪就业法案》提出建立独立的联邦技术研究所，并提供联邦资助以支持区块链、通信、VR 和 AR 等特定技术领域的研究。《2021 年美国创新与竞争法案》提出将先进通信技术与沉浸式技术作为关键技术和重点领域之一，用以提升美国在全球经济的竞争优势和领导地位。

表 8-1　美国第 117 届国会元宇宙相关技术立法工作总结

法案	名称	相关规定
H.R.4461	《21 世纪就业法案》	该法案将设立一个独立的联邦技术研究所，并提供联邦资助以支持区块链、通信、VR 和 AR 等特定技术领域的研究
S.1260 and H.R.4521	《2021 年美国创新与竞争法案》	法案将"先进通信技术和沉浸式技术"列为"最初的关键技术重点领域"之一。根据法案，提高这些领域的能力是"增强美国在全球经济中的竞争优势和领导地位"的途径之一。该法案还要求提交一份报告，说明联邦在这些领域的投资是否能提升美国国内的制造能力、带来新的就业机会
H.R.4609	《2021 年国家标准与技术研究院（NIST）未来法案》	该法案将责成美国国家标准与技术研究院、国家电信和信息管理局（NTIA）、国家科学基金会（NSF）和其他适当的联邦机构协商，在人工智能系统等领域开展"高级通信研究"，以实现物联网网络和沉浸式技术等
S.2918 and H.R.5439	《儿童互联网设计和安全法案》	该法案将规范针对 16 岁以下个人的在线平台的行为和实践，包括平台提供 AR 和 VR 体验的行为和做法
H.R.6796	《2022 年数字服务监管和安全法案》	该法案将指示联邦贸易委员会（FTC）发布有关覆盖平台（包括提供 AR 和 VR 服务的平台）内容审核的法规

资料来源：CRS 对立法信息的分析，网址为 http://www.congress.gov。

2021 年 12 月，共和党众议员帕特里克·麦克亨利在美国国会听证会上提出"如何确保 Web3.0 革命发生在美国"这一问题。该问题在某种程度上可以代表美国政府对 Web3.0 及元宇宙的态度，即在监管框架之内牢牢把握住技术创新的主动权。2022 年 4 月，拜登政府联合 61 个国家和地区发布《未来互联网宣言》，该宣言旨在应对"数字威权主义"带来的威胁，打造开放免费、可靠安全的互联网。未来或将开发一个类似的政策框架指导元宇宙的开发。

另一方面，美国政府对于数据安全风险、产业风险和经济风险等元宇宙潜在风险仍保持警惕。2021 年 10 月，美国两党参议员提出《政府对人工智能数据的所有权和监督法案》，要求将人工智能系统所涉及的数据纳入监管体系之中，并要求联邦政府建立人工智能工作组，确保后续收集的生物识别数据能被合理、合规地使用。这一新规传递出美国国会在数字化渗透和数据安全方面的谨慎态度。2022年6月，两党参议员联合发布《负责任金融创新法案》，明确了数字资产的监管框架。同年8月，美国国会研究服务局（CRS）发布报告《元宇宙：概念和国会应考虑的问题》，介绍了元宇宙相关概念、关键技术和重点企业布局，并指出当下元宇宙在内容控制、隐私保护、市场垄断和数字鸿沟这四个方面所面临的风险。

欧洲持续关注立法与监管，对元宇宙的态度开始缓和

近几年，欧盟在数字监管领域的监管力度不断强化，试图通过立法尽可能全面地将科技服务提供商纳入监管。同样地，欧盟也意识到元宇宙带来了诸多特殊的法律问题，在现行法律框架下无法对元宇宙进行有效监管。因此，欧盟开始了对元宇宙的法律规范进行探索。欧盟委员会在2022年通过了《数字服务法案》《数字市场法案》《加密资产市场监督法案》等一系列法案，典型措施包括增加用户透明度、保护隐私安全、强化反垄断措施等。2023年，欧洲议会或针对元宇宙领域做出更多立法动作。这些立法预示着，在其他国家和地区加快技术研发和产业应用时，欧盟将目光聚焦在未来元宇宙监管和治理方面的问题，试图在治理和规则制定上早早积累，从而占据先发优势，以保护欧洲内部市场。

Web2.0时代，尽管欧洲科技业的综合竞争力尚可，但并未诞生跨国科技巨头。欧洲在5G网络普及与发展方面也明显滞后于其他强国。官方和社会对于欧洲在数字化和互联网方面的落后也有所反思，逐渐表现出急切的追随感。欧盟委员会把数字化建设作为优先施政目标，计划斥资1 500亿欧元用于数字领域。为2030年之前实现欧盟在数字化和互联网方面追赶、超越强国的目标，欧盟委员会于2021年9月公布《通向数字十年之路》提案，该提案确定了2030年数字化目标落地的具体安排，在21世纪20年代这"数字十年"中，将基于与成员国的年度合作机制建立治理框架，以完成在数字底层技术、数字基础设施、企业和公共服务数字化领域的各项目标。

目前，欧洲企业已经认识到，乘上这波科技革命浪潮、抢夺数字时代话语权的必要性，此时必须主动拥抱元宇宙带来的机遇和挑战。因此，欧盟对元宇宙的谨慎态度开始缓和，也开始逐步探索人工智能、区块链、大数据等底层技术的标准与规范。2021年1月，欧盟启动了第九期研发框架计划"欧洲地平线（2021—2027年）"，鼓励研究扩展现实、人工智能、大数据等数字技术。2022年9月，在呈递给欧洲议会的"欧盟现状"意向书中，欧洲议会提出将"包括元宇宙在内的虚拟世界"作为2023年的关键决策领域之一。上述立法行为或可解读为欧盟开始重视欧洲在元宇宙的国际话语权建构，试图领导元宇宙标准的制定，并让欧洲公司在元宇宙竞争中获得一定的优势。

日本背靠内容产业，力争成为元宇宙发达国家

日本的ACG（动画、漫画与游戏的英文首字母缩写）产业在全球领先，这使其在元宇宙发展所需的IP资源方面具有独到优势，加之日本一直高度重视VR产业发展，在VR技术方面也具有较好基础。在政策方面，日本政府一直高度重视数字及相关产业，对于元宇宙的技术推进和民众普及均有较大热情。

2021年7月，日本经济产业省发布了《关于虚拟空间行业未来可能性与课题的调查报告》，将元宇宙定义为"在一个特定的虚拟空间内，各领域的生产者向消费者提供各种服务和内容"。该报

告认为，一方面，应降低 VR 设备的价格和体验门槛，不要使之成为富人的游戏，要让一般消费者也能用得起，并开发高质量的 VR 内容留住用户；另一方面，政府还应防范和解决现有法律在虚拟空间内的适应性问题，并由此制定行业标准和指导方针，向全球输出此类规范。这些建议表明日本政府在对元宇宙行业进行布局时，主要着眼于降低新兴概念和新兴产品的体验门槛，在普通民众中推广元宇宙理念，同时通过超前的风险感知和政策制定来规范元宇宙的未来建设，以期在全球虚拟空间行业中占据主导地位，使日本成为元宇宙发达国家。

2021 年 11 月，加密资产兑换平台 FXcoin 成立"一般社团法人日本元宇宙协会"，相关团体将配合日本金融厅等行政机关，为日本元宇宙企业的市场活动提前铺好道路。目前，其成员包括 FXcoin、CoinBest 等日本虚拟货币兑换平台和 Ginco 等涵盖电子钱包业务的企业。后期，其他互联网金融公司和游戏公司会被陆续邀请加入。

2022 年 4 月，日本成立面向应用推进研究和规则完善的"元宇宙推进协议会"，力争未来在生活和商务领域普及元宇宙应用。

2022 年 9 月，根据日本科技信息门户网站 Itmedia 的报道，日本 2021 年新设立的政府机构"数字厅"宣布将召开"Web3.0 研究会"。同年 10 月，日本首相岸田文雄在临时国会会议上进行了政策演讲，其中提到将大力推动元宇宙和 NFT 等 Web3.0 服务的使用，"扩大 Web3.0 服务的使用"被视为"数字化转型投资"的重大目标之一。这意味着对于基于区块链发展而来的 NFT 这一新技术，日本持有鼓励创新、开放积极的监管态度。

韩国政府发布五年计划，大力推动元宇宙发展

在韩国，元宇宙发展具有良好的基础。韩国于 20 世纪 90 年

代末期提出"文化立国"政策，为韩国文化产业发展营造了积极氛围。如今，韩国文化产业已经成熟化、工业化，"韩流"在世界范围内的影响力不容小觑。韩国政府在面对元宇宙时几乎延续了较为积极的支持政策。目前，与其他发达国家相比，韩国在元宇宙产业方面的政策体系更为完善。

韩国发布了元宇宙中长期计划，高度重视数字经济及文化产业发展。2021年7月，韩国政府在公布的"数字新政2.0"（Digital New Deal 2.0）中表示，将元宇宙、大数据与人工智能等并列为发展5G产业的重点项目。数字化投资将重点关注网络连接虚拟平台，并进一步促进区块链和云计算技术的发展。2021年11月，韩国首尔市政府发布《元宇宙首尔五年计划》，计划从2022年起分"起步""扩张""完成"三个阶段，做出一系列动作以推动韩国跻身全球元宇宙市场的五大主要国家行列。在政府业务领域方面，计划打造与民生息息相关的、覆盖多方面的元宇宙行政服务生态；在人才引培方面，计划培养40 000名元宇宙领域的专家作为人力资源储备。2022年1月，韩国政府发布了《元宇宙新产业先导战略》，旨在大力推动元宇宙产业发展，计划未来五年成为世界第五大虚拟市场。2022年9月，据韩国媒体《每日经济》的报道，韩国执政党国民力量党首席发言人许垠娥提议制定《元宇宙产业促进法》，为促进元宇宙产业的各项政策奠定基础。该法案通过韩国总理下属的"元宇宙政策审议委员会"审议了关于启用和促进元宇宙的政策，并要求科学与信息通信技术部部长每3年制定启用元宇宙的基本计划。此外，通过对从现有服务切换到元宇宙的优秀企业进行奖励，保障从事元宇宙相关领域的人员申请监管改进的权利，保护元宇宙用户的个人信息。

韩国政府还成立了元宇宙协会，开始与高新技术企业建立广泛合作。2021年5月，韩国信息通信产业振兴院联合25个机构（韩国电子通信研究院、韩国移动产业联合会等）和企业（LG集团、韩国广播公司、SK集团等）成立"元宇宙联盟"。此举旨在通过政府和企业的合作，使元宇宙这个未来的社交平台不会面临巨头垄断，从而成为真正的开放型元宇宙平台。此后，韩国还成立了一个元宇宙产业的新联盟，此联盟将联合承担元宇宙开发项目，并建立相关咨询小组，以共享元宇宙发展趋势、技术创新、伦理道德和文化等方面的相关信息。

韩国政府也提供了大量资金支持元宇宙产业。2022年2月，韩国政府表示，为促进元宇宙项目发展，将由韩国科学与信息通信技术部牵头提供2 237亿韩元（约1.867亿美元），以创建一个广泛的元宇宙生态系统。2022年，韩国财政部预算发布，政府计划拨出9.3万亿韩元（约74亿美元）用于加速数字转型和培育数字经济产业。其中，计划斥资2 000万美元开发元宇宙平台，并斥资2 600万美元开发数字安全相关的区块链技术。根据韩国科学与信息通信技术部的数据，2023年与元宇宙相关的重大项目的政府预算为1 954亿韩元（约1.44亿美元），比2022年增加了54亿韩元（约400万美元）。与此同时，韩国还广泛鼓励地方政府开展元宇宙项目，计划在未来五年内，将为250个智慧城市项目提供资金。

首尔市政府大力推广数字新政，并建立了元宇宙平台。2021年11月，首尔市政府宣布将建立元宇宙平台，市长吴世勋在"首尔愿景2030"中提出将首尔打造为未来之城的美好愿景。这一元宇宙政务平台名为"元宇宙首尔"。首尔市政府表示，"元宇宙首尔"将逐步提供政务、娱乐、企业、教育等方面的虚拟服务。到2023年，韩国将建成一个虚拟的综合行政中心，市民的数字分身可以在虚拟空间中进行业务咨询、业务办理、投诉等。到2026年全面运行时，这一元宇宙政务平台将承载各种公共功能，其中包括虚拟市长办公室以及为商业部门服务的空间、金融技术孵化器及公共投资组织。韩国政府还积极探索了元宇宙多领域融合场景。在智慧旅游方面，韩国政府敲定《旅游产业复苏及再跃进方案》，方案中提到要构建"韩国旅游宇宙平台"，通过在虚拟世界设置热门景点、人气影视剧取景地等方式，推动构建智慧旅游与实际旅游的"双轮体系"，从而进一步驱动经济复苏。

从韩国对元宇宙产业的布局与积极投入中不难看出，韩国希望借助元宇宙这一巨大的新兴契机，推动国家的技术创新和应用创新的决心。在过去20年的互联网发展过程中，中国是美国之外从互联网发展中获益最大的国家之一。韩国有可能寄望于在元宇宙这一波浪潮中抢得先机，赢得竞争优势。

中国中央层面定调理性积极，各地政府争先布局

对于产业化发展尚在萌芽期的元宇宙，我国政府作为重要推手，对元宇宙的态度倾向为理性积极，但国家战略角度的讨论和中长期规划还相对缺乏。中央在支持一系列数字技术和创新应用推广的同时，注重对NFT、虚拟货币等元宇宙概念炒作严加监管。而地方政府自发探索元宇宙产业，争先布局元宇宙，呈现出以城市为发力点的趋势。

在国家层面，2021年12月，中央纪委国家监委曾在文章《元宇宙如何改写人类社会生活》中表示："要理性看待元宇宙带来的新一轮技术革命和对社会的影响，不低估5~10年的机会，也不高估1~2年的演进变化。"在中关村大数据产业联盟副秘书长颜阳的印象中，中国政府对发展元宇宙比先前布局区块链的态度更开放，布局更迅速。这是由于新兴产业长期以来的发展和积淀为政府带来了底气。颜阳表示："元宇宙并不属于一个全新的技术，而是把以前的存量技术做了解构之后进行了重构。"

2022年1月，工信部在中小企业发展情况发布会上明确提出，要在我国培育一批进军元宇宙、区块链、人工智能等新兴领域的创新型中小企业。2022年全国两会期间，多位全国政协委员带来了

元宇宙产业相关的提案。全国人大代表孔发龙提议要加快在国家层面研究制定"元宇宙"产业发展规划，成立国家级"元宇宙"研发机构。

为避免"元宇宙"成为只停留在概念层面的无源之水、无本之木，2022年11月，工信部、教育部等五部门联合签发了《虚拟现实与行业应用融合发展行动计划（2022—2026年）》，中心思想就是要搞好AR、MR这些底层关键技术，提出了到2026年的发展目标，计划在虚拟现实领域整体呈现出创新能力显著增强、产业生态持续完善、融合应用成效凸显的特点，具体表现为：三维化、虚实融合沉浸影音关键技术重点突破，新一代适人化虚拟现实终端产品不断丰富，产业生态进一步完善，虚拟现实在经济社会重要行业领域实现规模化应用，形成若干具有较强国际竞争力的骨干企业和产业集群，打造技术、产品、服务和应用共同繁荣的产业发展格局。此外，五部门对未来五年虚拟现实与行业应用融合发展的重点任务进行了详细部署。虽然该计划并未明确提及"元宇宙"这一概念，但虚拟现实是发展元宇宙的底层关键技术，该计划也关注了虚拟现实与各场景的融合应用，这正是元宇宙从概念走向现实的必由之路。

我国元宇宙的发展特征不仅由相关技术发展情况决定，还受到产业发展特质、法律、特殊国情等的影响。由于中西方国情和法律的差异，元宇宙在我国有不同于欧美的特定发展方式和路径。在发展模式方面，我国的元宇宙发展模式依托于实体经济，这与西方国家最早提出的构建与现实世界对立的虚拟空间相悖。在法律法规方面，区块链、数字资产等元宇宙要素在我国发展的合规性和风险性值得引起重要关注，去中心化所导致的监管缺失、数字货币对法定货币的冲击等问题值得深思。事实上，我国主流媒体一直高度关注元宇宙概念投机和炒作问题。2021年11月，《经济日报》发表《热炒"元宇宙"概念股不可取》一文，提醒个人投资者应理性对待红极一时的"元宇宙"概念股。同时,"人民日报评论"微信公众号发文《万物皆可元宇宙》,提醒民众应理性看待当前的元宇宙热潮。2022年2月,银保监会发布《关于防范以"元宇宙"名义进行非法集资的风险提示》,公开点名以元宇宙名义进行非法集资的"四宗罪",提醒民众密切关注元宇宙风险。中国移动通信联合会元宇宙产业委员会官网随后发布《元宇宙产业自律公约》,该公约秉持并传递了银保监会风险提示的相关精神,强调要坚决抵制与元宇宙相关的资本炒作和非法金融活动。

中国政府元宇宙发展规划

近年来,我国大力开展"上云、用数、赋智"行动,聚焦技术的研发攻关和落地应用、推广产业链协同转型、构建全局产业发展的生态体系等。而元宇宙这一爆火概念恰好与我国近年来推进的数字化转型方向高度重合,是数字经济发展的重要增长点。

党的二十大报告指出,要深入实施科教兴国战略、人才强国战略、创新驱动发展战略,开辟发展新领域新赛道,不断塑造发展新动能新优势。同时提出要加快建设数字中国,加快发展数字经济,促进数字经济和实体经济深度融合。而元宇宙作为具备社会体系和经济体系的虚拟世界,是我国数字经济发展的新领域新赛道,集中体现了通过科技创新为我国经济发展塑造新动能新优势,对于加快经济社会数字化转型有重大意义。新增政策应鼓励元宇宙在各领域、各场景的广泛应用,支持发展一批元宇宙领域的新技术、新业务、新模式。

2022年11月7日,国务院新闻办公室发布了《携手构建网络空间命运共同体》白皮书,针对网络空间发展治理、安全合作等方面提出了一个新议题,即"构建更加紧密的网络空间命运共同体的中国主张"。这一中国主张与元宇宙整体的发展主张和趋势一以贯之，都是要建立一个开放包容、互联互通、共治共享的网络空间。2022年11月9日，国家主席习近平向2022年世界互联网大会乌镇峰会致贺信，再一次强调了要"加快构建网络空间命运共同体，为世界和平发展和人类文明进步贡献智慧和力量"。

总体来看，无论是国家层面发出的积极信号，还是各地方政府的快速布局，针对元宇宙相关产业的政策设计已开始有序推进。各地政府纷纷出台元宇宙相关政策，截至2022年11月，全国已有11省（自治区、直辖市）、15市地方政府相继发布元宇宙建设规划，分别是北京、上海、重庆、浙江、河南、山东、江西、贵州、黑龙江、安徽、西藏11省（自治区、直辖市），以及广州、深圳、成都、沈阳、武汉、杭州、南京、长沙、厦门、合肥、南昌、无锡、海口、三亚、保定15市。综合各地政策来看，各地政府在推动元宇宙产业落地的发展路径中存在两种思路：一是将元宇宙视为颇具潜力的新兴产业，借其进入数字经济腾飞的快车道；二是将元宇宙作为赋能实体经济的新兴技术，大力推动城市数字化转型以及数实融合。具体而言，各地政府出台了一些关于元宇宙的总体规划和专项政策，聚焦场景应用、技术研发、资金保障、人才引培、政企合作等方面，从而全面提速元宇宙产业发展。

上海领头元宇宙赛道，重视产业联盟协同效应

上海作为国内最早耕耘元宇宙赛道的领头羊，在政策层面积极引导，为元宇宙产业提供了优良的新基建环境。

2021年12月，上海市委经济工作会议指出要"引导企业加紧研究未来虚拟世界与现实社会相交互的重要平台，适时布局切入"。这是上海市首次在官方会议上提及元宇宙相关内容。元宇宙同样被写入了随后印发的《上海市电子信息制造业发展"十四五"规划》，规划提出要提高与元宇宙底层核心技术相关的研发能力，聚焦行业

布局与应用。

2022年1月，上海市经济和信息化委员会召开会议谋划2022年产业和信息化工作，强调要加快布局数字经济新赛道，紧扣城市数字化转型，踏上元宇宙数实融合新道路。2022年6月，上海再度发力元宇宙新赛道，颁布《上海市培育"元宇宙"新赛道行动方案（2022—2025年）》(简称《行动方案》)。在具体任务方面，《行动方案》提出了四大主要任务，分别为产业高地建设行动、数字业态升级行动、模式融合赋能行动和创新生态培育行动。同时，还划定了"元宇宙"关键技术突破工程、数字IP市场培育工程等八大重点工程；在资金规模方面，预计到2025年，元宇宙产业规模突破3 500亿元，软件和信息服务业规模超过1.5万亿元、电子信息制造业规模突破5 500亿元；在领军企业方面，要打造10家以上具有国际竞争力的创新型头部企业和"链主企业"，100家以上掌握核心技术、高能级高成长的"专精特新"企业。此外，上海还将推出"漕河泾元创未来"等元宇宙领域特色园区。

北京抢占发展先机，推动元宇宙产业落地

北京拥有大量重点院校、科研院所和科技创新型企业，在"人才梯队"和"资源禀赋"方面高度密集，这对于探索元宇宙的新趋势具有较大优势。近年来，北京循序渐进地推动元宇宙项目切实落地，已经从制定总体性指导方针到推出具体的行动计划。与其他一线城市不同，北京更加聚焦于产业型元宇宙建设而非战略顶层设计。通过各项优惠政策引进元宇宙企业、构建元宇宙产业群，从而产生虹吸效应反哺自身，实现从"给市场、给机会、给资金"向"产业自循环"的转变。

2022年3月，北京市通州区人民政府办公室印发《关于加快北京城市副中心元宇宙创新引领发展的若干措施》，提出要建设元

宇宙产业建设区，打造一批元宇宙示范应用项目，支持一批元宇宙应用场景建设，打造一支覆盖元宇宙产业的基金，并对元宇宙相关企业进行财政补贴。5个月后，北京市通州区人民政府等四部门联合印发《北京城市副中心元宇宙创新发展行动计划（2022—2024年）》，提出打造以通州张家湾元宇宙创新中心为核心的"1+N"产业空间，打造以文旅内容为特色的元宇宙应用示范区，着力培育数字设计、数字人、混合现实、数字艺术四大产业链。2022年10月，北京市发改委、住建委发布《关于征集2023年市重点工程的通知》，将元宇宙等数字经济项目作为重点征集方向。

粤港澳大湾区紧跟其后，积极发布利好政策

2022年4月，广州市黄埔区、广州开发区举行元宇宙创新发展新闻发布会，正式发布《广州市黄埔区、广州开发区促进元宇宙创新发展办法》（简称《办法》）。由于该《办法》共有10条内容，因此也被称为"元宇宙10条"。该《办法》是粤港澳大湾区首个元宇宙专项扶持政策，聚焦数字孪生、人机交互、AR/VR/MR等多个领域，推动元宇宙底层技术、管理模式、商业模式的规模化应用，培育产业新业态。同期，大湾区在广州天河区成立了首个区域性"粤港澳元宇宙智库"，首批智库专家由15名粤港澳三地知名学者组成，他们将合力为区域元宇宙发展贡献智慧力量。

香港地区也展开了独特的元宇宙叙事，正式加入角逐全球虚拟资产中心之列。2022年10月，在"香港金融科技周2022"上，香港特区政府财经事务及库务局（简称香港财库局）发布《有关香港虚拟资产发展的政策宣言》（简称《宣言》），该《宣言》阐明了特区政府就在香港发展具有活力的虚拟资产行业和生态系统的政策立场、方针和未来展望。未来，香港将开展三个试验计划，分别是NFT发行、绿色债券代币化，以及推出衔接法定货币和虚拟资产的数码港元。香港特区政府现正全力为香港虚拟资产行业创造良好发展空间，以促进其可持续、负责任地发展。这一新叙事意味着香港特区政府已意识到，虚拟资产的发展对于香港在数字经济领域再创新辉煌的战略意义。

武汉、河南势头正盛，中西部省份你追我赶

中部地区主要城市武汉、合肥已有投资动作，而郑州迎头赶上踏进了全国元宇宙产业建设竞赛的门槛。各省发展元宇宙的方向包括整体产业建设和发展相关底层技术，政策内容涵盖了产业园区建设、人才引进、知识产权保护、财政支持等多个维度。河南省成为继上海市之后，全国第二个从省级层面印发元宇宙专项行动计划的地区。2022年9月，河南省人民政府办公厅印发《河南省元宇宙产业发展行动计划（2022—2025年）》，预计到2025年，全省将建成10个左右国内一流的元宇宙技术研究和创新平台，初步建立开放协同的元宇宙技术创新体系；建成1个元宇宙核心园区、3~5个特色园区，培育10家具有核心竞争力的元宇宙骨干企业等；在工业制造、文化旅游、公共服务、社会治理、社交娱乐、教育、医疗等领域打造100个元宇宙示范应用场景，加速培育元宇宙发展生态体系。

中西部省份呈现出你追我赶的激烈趋势。2022年7月，在全球数字经济大会拉萨峰会上，宣布正式成立西藏元宇宙研究院，并系统制定了《西藏元宇宙建设方案》。2022年11月，2022西部元宇宙大会在成都高新区举办，在大会上成立了成都高新区数字经济与元宇宙科创联盟，标志着四川省对元宇宙产业的前瞻布局迈入新阶段。

中美元宇宙的叙事差异

中美是真实世界中前两大经济体，也必将成为元宇宙发展中极具示范意义、产生广泛深远影响的国家。作为一种超越了技术本身的技术社会综合体，元宇宙必然会受到不同国家的文化传统、社会认知模式、经济和技术基础、监管模式等多方面的影响，将导致各国元宇宙的发展路径、技术路线甚至基本叙事方面都会存在较大差异。深入比较中美两国在元宇宙发展中的种种差异，对于厘清元宇宙的内涵、特征和未来走向有很大帮助。

中美元宇宙的认知差异，根源在于文化差异

美国的传统文化根植于欧洲的基督教文化，还吸收了文艺复兴这一思想解放运动所带来的人文精神和创新意识。《圣经》《神曲》在某种意义上代表了西方世界在传统视角中对超越现实的广阔宇宙的认知，即带有神性的世界和真实世界是多元且独立的。作为一个具有多元文化的移民国家，美国在二战之后迅速崛起，在科技、文化等领域积聚起巨大优势。以美国为代表的主流科幻文化在此后进入爆发期，对超越现实世界的宇宙的认知也随之进化。处于黄金时期的世界科幻"三巨头"——艾萨克·阿西莫夫、阿瑟·克拉克、罗伯特·海因莱因，以及后来的新浪潮科幻作家弗诺·文奇等人是"雨果奖""星云奖"的常客。他们贡献了大量超现实世界的作品，提供了关于超现实世界的种种假设和运作模式的设想，构建了极具想象力和冲击力的科幻场景。曾书写新锐历史类著作《人类简史：从动物到上帝》的尤瓦尔·赫拉利，在其另一部作品《未来简史：从智人到智神》中提到，科技的发展使智人本身发展到了智神，在一定程度上勾勒出了元宇宙的场景。从文化根源上看，美国对元宇宙的认知具有神性基因，能够构建一个具有神性的元宇宙世界，使

得普通人类获得类似神的能力，可以摆脱物理世界的枷锁，不受物理规则的限制，并获得极大的自由。然而，无论是科幻小说、科幻电影、网络游戏，抑或是 Meta 公司对元宇宙的认知，都仅强调平行且有别于现实世界的虚拟空间。虚拟世界和真实世界在一定程度上是分离的。

中国的传统文化强调"天人合一"，儒、道、释等诸家各有阐述。一方面强调人与自然、世界的和谐相处，另一方面阐释了人性和神性的和谐统一。在古代玄幻作品中，天地人三界互动、融合的场景尤为多见，超现实世界作为现实世界的一个组成部分，现实世界成为超现实世界的基础。中国传统文化还强调实用性，科技发展以实用经验和技术的总结传承为主，《天工开物》《齐民要术》《本草纲目》等书籍将对现实世界的关怀放在第一位，聚焦于实用技术的总结和改善。著名科幻作家刘慈欣对于元宇宙提出了"星辰大海还是虚拟现实"的疑问，本质上就是对现实世界的终极探索和关怀。这种以人为本、以现实世界为出发点的文化特性也反映在对元宇宙的认知上，认为元宇宙是虚实结合的，"元宇宙"的认知方式是"离身认知"和"具身认知"，以及两者相结合的数字孪生的"分身认知"的综合体（曾军，2022）。马化腾的"全真互联网"图景则将虚拟世界和真实世界予以统一，表明元宇宙是真实世界的自然延伸和拓展。

美国元宇宙产业关注基础技术创新和软硬件开发，中国更集中于应用层面

从元宇宙发展的关注点来看，由于中美对元宇宙的理解不尽相同，两国在与元宇宙相关的产业投资、产业结构等方面也存在较大差异。

美国的数字经济占 GDP 的比重在 65% 左右，产业数字化在数

字经济中的占比高达86.5%，在全球各国中处于领先地位，已经有了比较好的产业环境和技术创新环境。在元宇宙的发展中，美国侧重芯片、AI、引擎、云计算等基础技术研发，以及XR、操作系统等软硬件的产业布局。美国几大科技巨头在元宇宙底层技术研发和应用方面持续发力。2021年，Meta的VR设备出货量达1120万台，同比增长92.1%，其中Oculus Quest2占比约为78%。同年，Meta的VR业务部门Reality Labs实现收入22.7亿美元，在经营亏损101.9亿美元的情况下还持续加码VR社交平台Horizon。微软在2021年推出Mesh for Microsoft Teams，将在微软现有的Team功能（线上会议）之上加入名为Mesh的混合现实功能。微软还围绕元宇宙推出了新产品Dynamics 365 Connected Spaces，允许用户造访虚拟重现的现实商店与场景，能够通过人工智能驱动的模型和观察数据，在零售商店、工厂车间等任何空间进行交互。此外，微软在云计算基础设施、B端的XR头显、Xbox以及关联的内容生产等方面都构建了元宇宙领域的优势。英佩游戏作为全球领先的3D引擎技术提供商和游戏开发公司，其开发的虚幻引擎拥有超过750万用户，占有全球商用游戏引擎80%的市场份额，并被用来制作《PUBG》等顶级游戏与《蝙蝠侠》等电影。而元宇宙的概念发源地Roblox公司从游戏出发，现已将产品扩展到经济体系多方面，但自2021年下半年开始，Roblox面临收入增速下滑、欧美用户增长停滞的局面。此外，美国企业在元宇宙相关的计算存储芯片、人工智能、操作系统等核心技术方面相较于中国企业有较大的领先优势。单词metaverse中的meta有"超、超越"等含义，可以理解为在现有技术基础上的超越和创新。整体来看，美国的元宇宙发展紧紧围绕meta（超越）的本质，在基础技术创新、软硬件开发等方面具有一定的先发优势。

中国在元宇宙发展道路中更侧重"元宇宙"中的"宇宙"，也就是和现实世界相关的应用创新。具体而言，NFT和数字人等应用领域是中国元宇宙的发力重点，中国在信息基础设施方面也具有较大的优势。在中国，NFT作为元宇宙经济体系的重要组成部分，目前的应用主要集中在数字藏品、游戏道具、IP和数字身份等方面，阿里巴巴的"鲸探"和腾讯的"幻核"是NFT交易平台中的佼佼者。为规避投机、炒作和洗钱风险，我国政策明确不支持NFT二次交易。数字人在智能客服、虚拟主持人、数字导购等方面有较多应用。工业运营商（数字工厂）、商业元宇宙（导购、虚拟商场）、办公元宇宙（虚拟会场）、城市元宇宙（数字地标、数字景点）等应用场景也在不断涌现。此外，中国在元宇宙发展的信息基础设施方面，尤其是5G等基础网络方面相较于美国有较大的优势。在云计算方面，以阿里云为代表的中国云商的市场份额也在高速增长。整体来看，中国的元宇宙发展延续了传统文化中对现实世界的关注，更注重元宇宙的应用技术和应用场景。

美国谨慎监管与鼓励投资并行，中国监管更聚焦于安全和稳定

从行业监管的实践来看，中美对元宇宙的监管态度、监管重点和监管模式也不尽相同。

美国的监管遵从传统的监管体系和模式，对元宇宙的发展采取了鼓励投资和审慎监管并行的态度。从目前的监管主体来看，美国没有独立的专业监管机构，其监管职能主要由现有部门或机构来承担。在国家层面，美国联邦贸易委员会和司法部对反垄断、泄露用户数据、舆情等方面拥有独立调查权，外国投资审查委员会则主要负责有关国家安全的外商投资交易的审查。美国国会众议院司法委员会还设立了反垄断小组，同政府相关职能部门一起执行反垄断职能。地方州政府层面，主要承担对企业提出反垄断、用户隐私保护等调查的职能。在监管重点方面，美国对元宇宙相关企业的监管更

侧重于保障经济和政治控制权的稳定、市场秩序的公平竞争，以及用户的隐私保护等方面。如前所述，2022年美国国会研究服务局发布了《元宇宙：概念和国会应考虑的问题》的报告，对当下元宇宙在内容控制、隐私保护、市场垄断和数字鸿沟这四个方面所面临的风险给出提示。从监管模式来看，美国采取的是"在发展中监管"的模式，鼓励科技公司进行积极探索，在探索中不断加深政府部门对元宇宙的认知，而美国政府则可以针对发展中所产生的问题提出关切监管，深入研究并形成监管法案。

中国的监管体系更多地要承担确保国家安全、技术自主可控等要求，监管模式相较而言更为刚性。一方面，在具体监管措施方面，通过冻结新网络游戏批准、禁止虚拟资产二次交易、禁止比特币等代币交易的措施，对涉及金融安全、可能引起投资风险的领域画出严格禁止的红线。另一方面，在监管的思想方向上提出防止"脱实向虚"、防止资本无序扩张、防止未成年人沉迷网络等要求。在这样的监管模式和要求之下，中国的元宇宙发展更侧重于对实体经济、现实世界的优化改造，使得工业元宇宙、城市元宇宙、文旅元宇宙等垂直元宇宙的概念和实践更为丰富。

美国的整体元宇宙，中国的主权元宇宙

从对宇宙发展的态度来看，美国的元宇宙发展更强调整体性，Meta等科技巨头基于目前的业务布局力图建立能够覆盖全球的元宇宙。这也是源于美国在过去若干年秉持的科技发展路线，也就是依托于政府、企业、资本和盟友等多重力量的结合，通过政府主导科技发展、重视基础研究、重视科技人才、促进科技成果转化等方式，借助技术出口管制、投资审查、限制进入市场等手段，一步步建立起相应的科技霸权。这种发展思路在PC互联网、移动互联网的发展中已经多次得到验证。然而，美国这种"技术—金融—市场"三

轮驱动的模式，在元宇宙发展中可能会遇到亚洲国家、欧盟的抵制。例如，韩国制定了"数字新政2.0"计划，帮助韩国在新兴领域维持领先地位；日本政府鼓励电信运营商参与并主导元宇宙发展，目标是在元宇宙领域实现全球领先；欧盟则更多从法律规范、技术规范等角度确立自身在元宇宙发展中的地位。

随着中美竞争的不断深入，中国的元宇宙发展必然更加重视数字主权、国家主权安全。"要统筹发展和安全""信息安全就是国家安全"，这些治理原则和精神实践，从中国对区块链的严厉管制态度中可见一斑。未来，元宇宙时代大概率会建立起以真实主权国家为边界的世界，元宇宙的基础设施、数字资产和运行规则等必然与真实的国家主权建立起密切联系。网络空间主权与国家安全密切相关，数字世界的国家主权必然会成为未来的关注重点，元宇宙的竞争将成为各个国家主权的竞争。

元宇宙的发展和治理

元宇宙是一个动态发展的概念，政治风险、经济风险、产业风险、群体风险和安全风险等仍存在于元宇宙的发展各阶段。因此，应牢固树立规划先行意识，避免先"建设"后"治理"，在我国政府的监管和引导下发展元宇宙。

要提前规划和布局元宇宙的治理规则，确保在发展伊始便树立起正确的发展原则。一是要建立起内在控制与外在控制相结合的元宇宙规则架构。内在控制规则在元宇宙中占据支配地位，当出现失灵状况时，需要外在控制规则的特殊干预。二是要努力统筹好元宇宙稳健发展与国家、人民安全的关系，为国际监管提供中国治理方案，培育具有中国特色的、自主可控的元宇宙产业生态。三是要构建治理生态体系，在不同的治理阶段采用不同的治理模式。在初级阶段，要着眼于法律法规、行业自治、伦理道德、税收政策等方面，着重建立入场规则；在中级阶段，要注意经济、技术、生理、心理等各领域的风险把控；在高级阶段，要关注人机关系平衡，探究在虚实共生的世界，人类与机器谁将占据主导位置，以及人机关系平衡过程中产生的伦理与自由问题。

防范主权和意识冲击，打造特色"元宇宙中国"

元宇宙这一前沿技术集合体会对一国乃至多国的政治、经济和社会安全带来潜移默化的影响。在元宇宙发展的高级阶段，可能会存在国家主权解构风险和意识形态冲击风险。大量社会成员可能会产生泛娱乐主义倾向，认为真实劳动参与、物理社会建设、国家政治制度等不再重要，中华民族伟大复兴历史进程会缺少后辈来建设和推动，我国的政治进程安全和文化安全将受到极大威胁。此外，元宇宙对我国网络主权的冲击也值得关注。在未来，"我国元宇宙"与"域外元宇宙"之间的竞争加剧，各种非法组织和相关人员对我国虎视眈眈，必然会伺机而动。中国现代国际关系研究院发布的《元宇宙与国家安全》报告指出，元宇宙在国家安全领域的意义主要体现在技术霸权、技术安全、技术变革这三个维度，政府监管将面临更大、更直接的社会阻力，元宇宙的良性发展不仅需要匹配必要的引导与监管，还要统筹发展与安全。

因此，要抢占元宇宙发展的重大发展机遇，必须大力推动中国特色元宇宙的创新发展。在制度层面，应坚持中国特色社会主义制度。中国特色社会主义制度是我国取得今日成就的根本性制度保障，因此，中国发展元宇宙仍要坚定不移地坚持社会主义方向，通过政治建设使国家权力能够有效地管理元宇宙空间。在维护我国自身主权和安全利益的基本前提下，加速构建稳定可靠、安全开放的元宇宙，保持域内、域外的正常交流与竞争，严厉打击非法组织和相关人员活动。在意识层面,应让中华民族共同体意识浸润元宇宙，将中华五千年璀璨文化、民族英勇奋斗史、百年红色党史等素材纳入元宇宙整体设计之中，使用者通过沉浸式体验，可以深化对宏大国家、民族历史的认识，从而坚定"四个自信"，激发奋进力量。

建立虚拟经济规则体系，加强经济活动监管

随着元宇宙的不断发展，虚拟经济需要依靠虚拟货币运行。元宇宙中去中心化的特点，使游离于监管体系之外的虚拟货币容易受到各类攻击，可能会对现实世界国家的经济安全构成巨大冲击。而经济安全又是保障国家安全的重中之重，因此，实体国家须处理好现实货币与虚拟货币的关系。目前，包括我国在内的世界多数国家并不承认虚拟货币。国家需要掌握货币体系的主导权，否则虚拟货币和实体货币体系都将被他国牵制。美国综合性战略研究机构兰德公司发布的研究报告《虚拟货币对国家安全的影响》指出，不法分子可以通过发行虚拟货币提升其政治和经济实力。

因此，应该通过风险提示使民众深刻认识虚拟货币及相关业务活动的本质属性，杜绝以元宇宙及虚拟货币的名义直接或变相从事赌博、非法集资、诈骗、传销、洗钱等非法金融活动及其他违法犯罪活动。同时，加强经济活动监管，防范虚拟货币交易炒作风险，建立健全用户身份资质审核机制，构建完善的风险防范体系。依法合规开展数字资产创设、发行等相关活动，积极推动数据相关要素、产品开发流通利用，构建健康、规范的元宇宙经济体系。

警惕网络数据安全风险，提前精准布局防控

数据是驱动元宇宙向前发展的关键，因而数据安全风险和网络安全风险也成为掣肘元宇宙发展的重要因素。保护网络与数据安全，就是保护元宇宙产业的生命线。构建元宇宙数据安全保障体系，织好数据安全防护网,要依靠技术和监管"两条腿走路"。

从技术角度来看,区块链、分布式身份和隐私计算等技术是防范数据泄露风险的第一道防线。依托区块链、隐私保护等一系列安全治理技术构建元宇宙安全底座,实现以数字身份为中心,持续认证、智能分析、动态授权的零信任安全模式。

从监管角度来看,元宇宙技术在尚未成熟的阶段存在巨大安全隐患,在向前突破的过程中需要制定标准予以指引。因此,应在法律层面总结提炼目前网络发展过程中的治理经验,开展元宇宙前瞻性立法研究,确保监管措施"软""硬"并行,筑起规避数字安全风险的第二道防线。在外部监管方面,要建立和完善元宇宙安全制度体系以提供制度保障。政府及相关机构要明确制定一系列政策法规和技术标准予以规范。通过明确细化《网络安全法》《数据安全法》等网络治理领域法律的延伸运用,为元宇宙发展划清红线、指明方向。在内部监管方面,各元宇宙平台要积极完善社区规范、服务条款告知等规则。

严防伦理道德失范,构建多元治理格局

面对元宇宙带来的伦理道德风险和挑战,应着眼于人性来寻找解决路径。元宇宙道德的生成,需要国家、社会、平台运营者、参与者共同参与。在现实社会生活中,制定完善的社会规则,培育人们良好的规则意识和健全人格,降低人们在元宇宙社会中滥用自由而引起道德失范的可能性。面对元宇宙对传统道德伦理的挑战,可以立足于传统伦理道德来培养元宇宙道德,通过协调既有道德与元宇宙道德之间的关系,使元宇宙道德发展成为信息社会当中更高水平的道德。特别要注意的是,在元宇宙伦理道德建设的过程中,应使之充分吸收人类现有伦理道德精神的共识和伦理道德运行机制的优秀成果。

在元宇宙中，行业协会以及参与研发、设计、建造元宇宙的每一名技术人员都是参与治理的生力军。技术人员在研发、设计元宇宙的相关软件时，其开发设计本身就要树立起规则意识，通过代码输入等方式把元宇宙中社区、场景等一系列内部规则内嵌进去，由元宇宙内部规则先自行解决道德失范相关问题。由此，充分发挥行业自治的最大效应，从源头上避免作恶思想。

此外，为应对"元宇宙弃民""数字鸿沟"现象，要鼓励用户积极参与虚拟劳动，提供各种有利条件将尽可能多的公民纳入元宇宙系统中，将元宇宙设施视为基础公共设施建设的一部分。元宇宙技术应用的目的是，为人类无止境的科技探索与进步赋能，促进人类的身心一体、全方位、多层次的健康发展，提升人类的幸福感、获得感和安全感，因此，要提前预防过度沉浸式体验可能造成的沉迷。

本章小结

目前，各国政府对于元宇宙的态度处于绝对谨慎到绝对积极之间，以中国、韩国和欧洲为例，韩国最积极，欧洲最谨慎，而中国处于积极和谨慎之间，表现为理智与积极并存，政策整体呈现出中央政府理智监管、地方政府争先发力的局面。从2021年开始，我国各地方政府针对元宇宙相关产业的政策设计已有序推进，出台了一些关于元宇宙的总体规划和专项政策，聚焦场景应用、技术研发、资金保障、人才引培等方面，全面提速元宇宙产业发展。中美两国在元宇宙基本叙事方面存在较大差异，包括认知和文化差异、关注焦点差异、监管模式差异和整体态度差异这四大差异。针对元宇宙可能带来的风险，要提前规划和布局元宇宙的治理规则制定，建立起元宇宙规则架构，因时制宜地构建治理生态体系，培育具有中国特色的自主可控的元宇宙产业生态。

第九章
面向未来

一千个人心中有一千个元宇宙。

这是好事，也是坏事。

好的一面是，这里还存在巨大的创造空间，大家都在积极探索，恰如20世纪90年代的互联网，我们可以享受未知领域带来的广阔机遇；坏的一面是，投机和过度包装总是这个未知领域最早兴起的行当。

我们从元宇宙的前世谈到今生，从元宇宙的内涵讲到外延，沿着技术图谱漫步元宇宙的产业走廊，透过天马行空的应用去探索元宇宙的雏形，从世界各国的政策导向尝试把握元宇宙的发展脉搏。而我们的最终目的只有一个：拨开迷雾，向着真正的元宇宙迈进。

我们认为，元宇宙是下一代互联网的主要发展方向，将对下一轮数字经济产生深刻影响。

面向未来，那个终极的元宇宙形态究竟如何？它什么时候到来？是如同《失控玩家》中可自由穿梭、拥有现实文明等级和独立经济体系、高度沉浸的虚拟宇宙，还是如同《黑客帝国》中靠AI和人类意识创造存在的Matrix代码空间，又或是如《边缘世界》中已经真假难分、模糊了现实与虚拟边界的人类未来生存空间？在技术、制度、产业链等一系列融合升级和跃迁后，我们定会逐渐接近那个终将到达的奇点。

元宇宙是下一代互联网的主要发展方向

Web3.0，提供新型、分布式数字生产关系

站在今天看元宇宙的价值，就如同站在 1999 年思考互联网将带来的价值。我们认为，以去中心化、数据平权、价值共享为核心的 Web3.0 将成为适应元宇宙数字生产关系的商业模式。

随着当前互联网发展中所面临的用户隐私、数据垄断等问题的日益凸显，Web3.0 在业内呼之欲出并已形成趋势。Web3.0 是一组全新的互联网应用协议及程序，旨在通过技术手段让互联网用户真正拥有数据和内容的所有权，将身份、内容和数据的控制权从少数几家互联网科技寡头手中返还给用户。业内通常把互联网的发展分为三个阶段。

Web1.0 阶段，以雅虎、搜狐、新浪等门户网站为代表，其核心特征是只读（Read-Only），是基于信息共享的门户经济，用户通过访问静态网页进行内容消费。

Web2.0 阶段，以 Facebook、微信、美团等互联网应用和移动互联网 App 为代表，其核心特征是读写（Read+Write），是基于服务共享的平台经济，用户在封闭的生态系统中实现信息交互，用户既是内容的消费者又是内容的创造者（见图 9–1）。

Web3.0 阶段，以 Mirror、*Axie Infinity*、StepN 等去中心化互联网应用为代表，其核心特征是读写＋拥有（Read+Write+Own），是基于价值共享的个人经济，通过建立开放且去中心化的数字所有权，用户是内容的消费者、创造者、拥有者、受益者。据 2022 年 Gartner 发布的技术成熟度曲线分析报告，当前 Web3.0 恰如 20 世纪 90 年代互联网 Web1.0 所处的阶段：技术体系逐渐成形，已越

过第一波创新高峰期。互联网产业的每一轮发展都为数字经济提供了充足的动力,以去中心化、数据平权、价值共建共享为特征的Web3.0创新正在全球蓬勃发展,推动着规模化、公平、开放的互联网新经济,将为全球数字经济提供超过100万亿美元的新空间(全球知名投资机构Folius Ventures预测),也将为元宇宙数字社会提供新型生产关系。

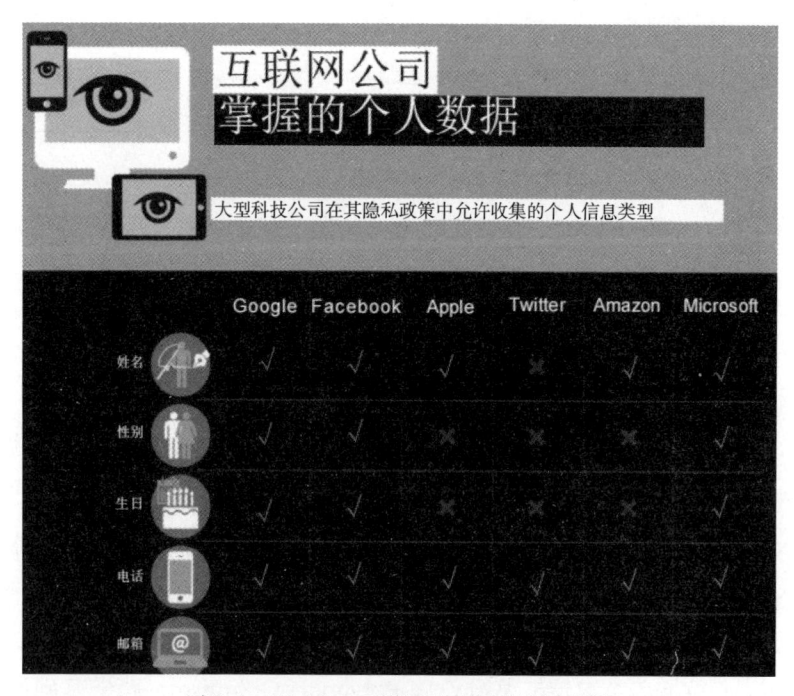

图9-1　Web2.0互联网巨鲸垄断的用户数据

资料来源:pcmag,作者Angela Moscaritolo,https://www.entrepreneur.com/business-news/what-does-big-tech-know-about-you-basically-everything/327513。

从商业模式角度看,新的生产关系表现为一种"去中心化的模因经济"。人类不只是生物基因的载体,还是思想基因和文化基因,即模因的载体。互联网本身就是模因传播的超导体。

以去中心化、数据平权、价值共建共享为特征的Web3.0,推动了真正的规模化、公平、开放的"模因经济"。正如Web1.0是PC互联网时代的商业模式，Web2.0是移动互联网时代的商业模式，Web3.0将成为元宇宙数字社会的商业模式（见图9-2）。

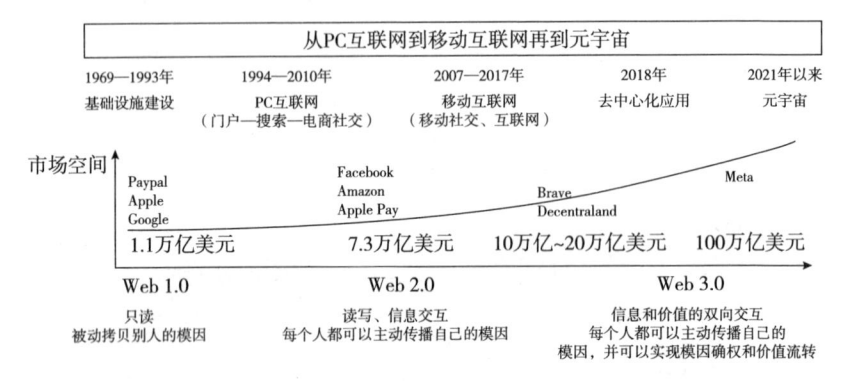

从PC互联网到移动互联网再到元宇宙				
1969—1993年 基础设施建设	1994—2010年 PC互联网（门户—搜索—电商社交）	2007—2017年 移动互联网（移动社交、互联网）	2018年 去中心化应用	2021年以来 元宇宙
Paypal Apple Google 1.1万亿美元	Facebook Amazon Apple Pay 7.3万亿美元	Brave Decentraland 10万亿~20万亿美元		Meta 100万亿美元
Web 1.0 只读 被动拷贝别人的模因	Web 2.0 读写、信息交互 每个人都可以主动传播自己的模因		Web 3.0 信息和价值的双向交互 每个人都可以主动传播自己的模因，并可以实现模因确权和价值流转	

图9-2　从Web1.0到Web3.0的商业模式特征及市场空间测算

资料来源：市场空间数据根据Capital IQ（标普智汇数据库）统计的上市互联网企业市值整理。

从核心技术栈来看，Web3.0带来的去中心化生产关系是由其背后的技术架构决定的。Web3.0技术可以辐射整个互联网TCP/IP协议栈，从物理层、传输层、IP层到应用层都可被Web3.0改写。业内通常把Web3.0技术堆栈划分为基础设施、协议用例和接入开发三层。基础设施层的典型创新平台包括底层公链基础设施Ethereum、Solana、Aptos，二层链基础设施Polygon、Optimism，跨链基础设施Polkadot、Cosmos，分布式存储基础设施IPFS、Arweave，去中心化无线接入网络Helium等。协议用例层的典型创新技术包括域名服务ENS、索引服务The Graph、预言机服务ChainLink、安全服务Certik、社交服务CyberConnect等。接入开发层的典型创新工具包括钱包工具MetaMask、节点工具Alchemy与Infura、智能合约语言Solidity与Move、开发工具OpenZeppelin等。

相比于元宇宙，Web3.0可能距离我们更近。同时，作为针对当前互联网Web2.0存在的各种弊病所开出的一剂药方，Web3.0集中解决了互联网数字产权、数字资产交易的问题，打破了Web2.0巨头对于数据信息的垄断控制（见图9-3）。

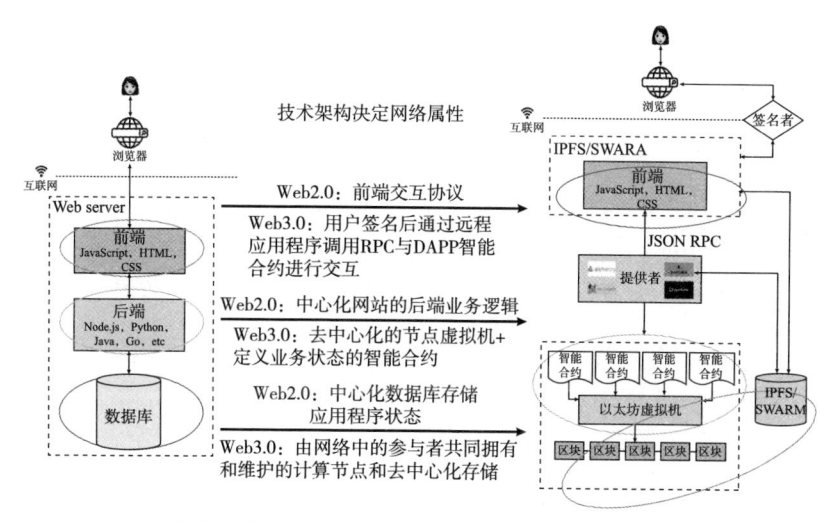

图9-3 Web2.0与Web3.0模式下互联网应用架构对比

资料来源：根据a16z报告《从架构角度深入解析Web 3.0与Web 2.0应用区别》整理绘制，https://www.preethikasireddy.com/post/the-architecture-of-a-web-3-0-application。

元宇宙，互联网的终极形态

尚恩·普里在《什么是元宇宙？》（*What's metaverse?*）中提到，人们在物理世界花的时间，被电视的出现削弱到了85%，被电脑的出现削弱到了70%，被手机的出现削弱到了50%。未来，当真正的元宇宙出现，也许它将成为人类数字生存的空间，也许有更多人会选择工作、生活在虚拟世界中。如英佩游戏的首席执行官蒂姆·斯威尼所说："未来，所有人都可以在元宇宙中创造、分享，并从中获利。"虚拟世界和现实世界能够实现联动，人们可以把自己的身份、数字资产从一个虚拟世界带到另一个虚拟世界或者从虚拟时空带到物理时空。一切金融、商业、娱乐等活动都可以与物理世界进行无缝对接。

要做到这一点，元宇宙必须拥有一套完整、可行的社会运行逻辑，具备满足这样大规模、分布式交易需求的经济制度。不同于当前互联网的运行模式，未来虚拟空间不应该只由一家公司控制，用户的虚拟化身可以自由地在不同世界之间穿梭，每个人都需要拥有通用的地址、身份、资产钱包。因此，元宇宙需要构建一个基于社区标准和协议的去中心化运行逻辑，实现数字产权的保护和数字资产的价值交换。而这将需要依靠建立在区块链之上的Web3.0来支持。换言之，Web3.0将为元宇宙提供新型生产关系，它是未来虚拟社会的运行基石。

目前很多Web3.0的明星应用，为未来元宇宙社会的经济体系提供了设计参考。

比如，社交领域的Web3.0应用——Mirror。有人说，它是一个Web3.0版本的"博客"，要为内容创作经济带来一场革命——让内容真正属于创作者。

如果你也是Web3.0或者区块链DAPP（去中心化应用）领域的发烧友或者极客，那么你会发现，最近你获取到的第一手项目信息、专业分析报告常常来自一个带有"mirror.xyz"的链接。点开这个链接，除了和目前的公众号、博客类似的文章页面，在底部总会多出几行信息。它们是去中心化存储平台Arweave上的"交易ID""贡献者以太坊地址""内容摘要"。有一些文章的上方还出现了筹款的标志。mirror.xyz由Web3.0领域知名投资公司a16z的合伙人丹尼斯·纳扎罗夫于2020年12月推出，定位为首个去中心化的写作平台。不同于传统的微博、Twitter、微信公众号一类内容创作平台，在这里，你的创作内容会从存储在各大互联网公司的数据库中，变为存储在完全去中心化的区块链网络里。Mirror选择的去中心化存储平台是Web3.0底层协议领域的另一个明星项

元宇宙导论

目——Arweave，它支持去中心化、永久地存储数据。用户可以通过自己的数字钱包链接到 Mirror 平台，即相当于拥有进入 Mirror 平台的账户，而不用重复进行注册。使用钱包账户进入后，你就可以在 Mirror 上设计自己的用户名、头像，添加订阅标签，链接到 Twitter，等等。如果你是一个公众号平台运营达人，对这里的操作一定不会感到陌生。当你开始在这里写作并发布内容时，你会使用自己的钱包密钥签名。这样，你创作的内容就会被打上独一无二、仅属于你的印记，它将永久存储在区块链存储网络 Arweave 的节点上（见图 9-4）。任何私自复制、转载的内容都会被轻而易举地贴上"赝品"的标签。换言之，你创作的内容成为你设计发行的一款 NFT。

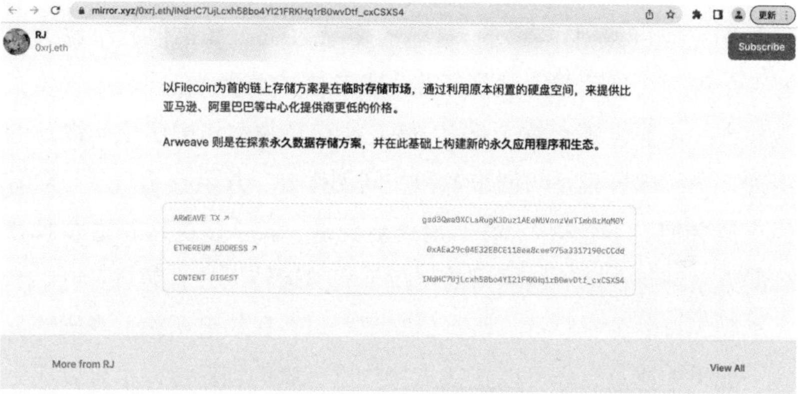

图 9-4　Mirror 平台文章《Arweave（AR）整理》尾部标记了链上信息

资料来源：https://mirror.xyz/0xrj.eth/INdHC7UjLcxh58bo4YI21FRKHq1rB0wvDtf_cxCSXS4。

当然，你也可以通过发布作品获得收益。如果有人愿意为你的内容付费，费用将直接进入你的钱包，绝不必担心被中间平台大量抽成。每一次对内容的修改也都需要经过创作者的密钥签名才能完成，所有操作信息都会公开记录在区块链上。Mirror 创作者经济中更加创新的一点，是它的众筹模式。假设一个自由撰稿人想在

Mirror 上写一本网络小说，预计要耗时 2 个月完成。在创作之前，他可以选择使用 Mirror 的众筹功能，提前获得支撑他在 2 个月内完成小说的费用。创作者需要发布项目名称，概述故事简介，设定一个众筹款项的上限，以及发布治理方案（想象一个众筹项目就是一个小型的 DAO 组织，创作者要为其设计 token（代币）的后续分配方案，类似公司创办初期，设计可拆分的股权分配方案。比如，创作者要设计 token 名称、代号、个人预留的份额百分比、分配给后期参与众筹的人们的份额百分比）。通过众筹进度条，创作者可以了解众筹进展，如果在限定时间内没有达到众筹上限，那么筹集的款项会退回参与用户的账户。

在 2 个月的写作时间里，这个自由撰稿人也可以选择邀请别人共同创作，并按照一定比例，把自己的收益分给共同创作方。在作品创作完成后，创作者发布自己的作品 NFT。如果他的小说大受好评，得到大量读者的付费打赏，或者被一家影视公司看中要购买版权去拍电影。那么这个作品 NFT 的交易收益将按照最初设计的治理方案，部分收益归创作者和共同创作方，其余收益归参与众筹的支持者们。不管这个 NFT 最终被交易、转手多少次，这个收益分配方案都将在区块链网络的支持下完美运转下去。参与者可以永久享受各自的分成收益，所有信息都可以在区块链网络上查询到。

如果你愿意，你可以花钱支持自己喜欢的创作者，也可以成为他们的投资方，共享知识变现带来的收益。当前，整个过程中，没有任何中心化的第三方会来瓜分这块蛋糕。

在这种真正去中心化的创作模式下，Mirror 平台展现了 Web3.0 提供的基于所有权的价值变现模式。不同于当前 Web2.0 提供的基于用户流量的变现模式，Web3.0 的世界希望真正帮助创作者实现内容的多元变现，这将成为未来元宇宙的数字生产关系的雏形。

元宇宙作为一个不间断运行的未来虚拟社会，它的建设极大地依赖于用户的创作。虚拟世界的一草一木、一砖一瓦都需要用户的数字创造。没有任何中心化的企业能够承担如此庞大的建模、渲染、内容制作、运营等工作。如果有，那它将成为这个帝国未来的绝对统治者。这绝不是元宇宙世界发展的方向，我们要寻找的互联网的下一站，必定比现阶段更为公平、公开、透明、自由。良好的底层经济模型，是让这个虚拟社会正常运转的前提。

所以，元宇宙的叙事方式应当是，在区块链、加密技术、分布式存储等底层技术成熟后，我们先进入 Web3.0 阶段，在此基础上，结合未来信息基础设施、AI、数字孪生、XR 的技术发展和成熟，配合与之相适应的监管策略、产业生态，最终形成理想的元宇宙形态。

元宇宙是数字经济的下一波浪潮

数字经济的上一个 10 年

过去 10 年，数字经济在全球经济发展中的占比日益增长，已成为各国经济的重要组成部分。根据经济合作与发展组织（OECD）的统计，2018 年中国数字经济约占 GDP 的 6%，而美国约为 7%。我国信息产业研发支出占 GDP 的比重为 0.27%，美国为 0.94%。从使用维度看，国内用户网购行为占比为 81.6%，高于美国 7.8 个百分点。伴随移动互联网的飞速发展和互联网应用的快速成熟，我国的数字化渗透率已高于美国，但在硬科技研发和投入上仍有提升空间。根据中国信息通信研究院的统计，2020 年，中国数字经济规模达到 39.2 万亿元，占 GDP 的 38.6%，数字经济已成为当前我国最具活力、最具创新力、辐射最广泛的经济形态，是国民经济持续稳定增长的关键动力。

回顾 10 多年前，2012 年，随着年初以"4G 照进现实"为主题的世界移动通信大会的召开，移动互联网的大幕正式开启。2012年底，全球智能手机用户超过10亿，手机网民数量超越了PC端网民，手机端的红利充分释放，移动互联网生态蔚为壮观。

2012年，腾讯微信的商业价值开始显现，正如凭借QQ（即时通信软件）在互联网时代睥睨天下一样，微信打通了腾讯纵横移动互联网时代的任督二脉。2012年，微信的用户量已经达到了2.7亿，2013年1月初就轻松突破了3亿。同时，各大互联网公司开始扎堆做手机，从腾讯手机ROM、360特供手机到阿里云手机，国内科技巨头开始加速抢占移动互联网终端入口。优酷和土豆合并，成为当年拥有最庞大用户群体、最丰富视频内容、最强大流量变现能力的视频平台。

2012年，淘宝"双11"购物节总销售额突破191亿元，相当于当时全国人民人均消费了13.94元，相当于中国4亿网民人均消费了47.75元。这标志着中国电子商务从新兴商业模式正式走向成熟，引发巨大产业变革，也造就了10年间中国经济的巨大推动力。而新的发展机遇也带来了新的问题。新一轮电商大战在京东、苏宁、国美、当当等企业间展开，这场混战以国家发展改革委和商务部出手规范电商定价乱象而告终。

2012年，面对国际做空机构日益猖獗的狙击行动，在境外上市的中概股数量大幅减少，私有化退市数量大幅增加。盛大集团、阿里巴巴分别从纳斯达克、港交所退市。而另一部分新兴移动互联网领域企业却开始走上上市之路。3月，折扣电商网站唯品会登陆纽交所；11月，雷军担任董事长的欢聚时代在纳斯达克上市。新一拨高质量企业的全球亮相，为更多中国企业赴美上市"破冰"。2013年，时任美国副总统拜登与中国签署了《执法合作谅解备忘录》协议，让新一轮中概股潮流再次兴起。

2012年，团购网站之间的"外卖百团大战"以美团成为幸存者结束，这场战争为普通百姓普及了O2O（线上到线下）及其背后的互联网流量红利模式,而中国庞大的人口基数成为这一红利的最好承接。美团首席执行官王兴在饭否的同事张一鸣,在这一年创办了日后的互联网巨鲸新秀——今日头条。

这些新兴互联网产品、独角兽企业在2012年如雨后春笋般涌现,在改变游戏玩法的同时,更极大地影响了国民衣食住行的方方面面,颠覆了IT产业格局。全球IT产业在此剧烈变革下,呈现出更明显的消费化、移动化、云化和服务化趋势。O2O、共享经济、互联网金融、新零售、新消费、社区团购、区块链等新概念、新风口、新产业链、新平台轮番涌现。抛开产业泡沫,从背后深层发展逻辑来看,数字经济在这10多年呈现出几个新特征,即带来新触点、升级新实体、创造新数智、涌现新个体、聚焦新世代。

带来新触点,即企业与用户之间的沟通方式产生了变化。随着消费方式全面数字化,触点范围不断延展,线上线下打通。直播、二维码、小程序、快闪店等成为新触点。用户可能因为一篇微博种草文、一段微信小视频、一次直播,快速认识产品或品牌,引流到变现的时间从几天缩短到几分钟。这些数字化后的触点,都能够统一管理、可评估、可量化。

升级新实体,即传统实体企业在数字化浪潮下必须考虑可行的升级之路。在错失PC互联网时代后,进入新发展阶段,产业互联网逐渐登上中心舞台,新实体企业渐渐出现。传统实体行业聚焦主业,立足自身发展需求,进行数字化、科技化升级转型。实体企业开始注入互联网基因,互联网企业也开始植入实体经济发展元素,彼此助力,形成产业链、供应链生态,让"互联网+"的发展模式能够行稳致远。

创造新数智,即运用大数据、云计算、物联网、人工智能、区块链、移动互联网等新技术,开启数字化、智能化革命。数字经济的上一个10年里,这些蓄势多年、逐渐崭露头角的新技术,对产业结构、经济结构产生了重大变革性影响。宏观上,这些技术改变了生产方式，极大地提升了社会生产力；微观上，这些技术改变了企业组织和管理模式。这些加速发展的新兴技术彼此融合，在产业全链条上进行创新改造，实现智能、快速、敏捷的企业生产流程。同时，通过与新的商业模式彼此作用，重构了行业价值链。

涌现新个体，即个体IP借助数字化技术、渠道和商业模式开始释放能量。过去的10年，是超级个体IP崛起的10年。互联网带宽的变化、数字技术的加持、数字化价值链的形成造就了一大批自媒体从业者、网红、头部主播、知识IP等，如Papi酱、李佳琦、张大奕、何同学、罗振宇、罗翔，他们的个人影响力甚至超过了官方媒体，个人的价值创造力也堪比上市公司。数字化时代，个人与组织间的关系、数字内容的生产传播和变现模式都成为新的课题。

聚焦新世代，即数字经济时代造就了一批个性多元、与互联网产业共同成长起来的年轻人。我们通常将1995—2009年出生的一代人定义为Z世代。这批年轻人在互联网高速发展的环境下长大，在数字世界中投入的时间和纵横的广度与宽度甚至远远超越现实世界。他们个性多元，习惯于在科技和消费浪潮中定制自己的新世界，因此也极大推动了新品类、新产业的出现。他们是新技术的探索者，是新需求的创造者，是直播、VR游戏、短视频等新应用的核心用户。新世代也在影响和改变着产业演进趋势，他们本身也是数字经济趋势的重要组成部分。

这五个新特征彼此影响，互为基础，互为动力，共同组成了这10多年来数字经济的大图景。

元宇宙与数字经济的未来图景

迈入20世纪的第三个10年，新的国际环境、技术变革带来了新的挑战和机遇。

中国科学院国家创新与发展战略研究会研究员、复旦大学特聘教授、重庆市原市长黄奇帆认为，当前和未来中国经济将面临五个方面的挑战。

一是外部环境不确定性加大。新冠肺炎疫情的蔓延和国际冲突的升级，深度冲击着全球经济，全球性通货膨胀愈演愈烈。在此影响下，国际经贸秩序也在经历深度调整，逆全球化趋势渐渐壮大。动荡的国际局势下，黑天鹅、灰犀牛层出不穷。

二是全要素生产率偏低。全要素生产率，指生产单位（主要为企业）作为系统中的各个要素的综合生产率。全要素生产率就是生产力，它是企业技术升级、管理模式改进、产品质量提高、企业结构升级的综合功能。全要素生产率提高就是产业升级与生产力的发展。

黄奇帆指出："自2008年以来，中国全要素生产率的增速趋于下降。目前，我国全要素生产率的增速在1.25%左右。到2035年我国基本实现现代化时，我国全要素生产率增速必须达到2.7%。如果未来15年我国GDP增速达到5%左右，2.7%就意味着它对GDP增长的贡献率要达到54%，做到这个很难。"

三是资源环境约束偏紧。黄奇帆指出，我国在成为制造业第一大国、货物贸易第一大国的同时，对天然气、石油、铁矿石等资源进口依赖度较高，迫切需要向绿色发展、低碳发展转型。

四是科技和产业革命蓬勃兴起。迈入21世纪第三个10年，新一轮科技革命和产业变革日新月异，创新活动空前活跃。黄奇帆认为，以数字产业化和产业数字化为核心内容的数字经济，以细胞免疫、基因编辑、合成生物学等技术突破和应用为代表的生物经济，以零碳、低碳技术开发和推广等为代表的绿色经济，正在重构产业链、供应链、价值链和创新链。加上不断拓展的深海、深空探测，脑机协同、人机互动、虚拟现实和增强现实等，颠覆性技术不断涌现，科技创新日益走向大融通时代，未来产业在不断更新迭代。

五是社会层面包容发展、任务繁重。例如，人口老龄化趋势日益凸显，预计在 2035 年前后，我国将进入重度老龄化社会。再如，在解决绝对贫困问题后，我们还面临大量人群的相对贫困问题，解决相对贫困问题要比解决绝对贫困更加复杂、困难，在教育、医疗、卫生、文化等领域仍然存在不少短板，推进实现共同富裕任重道远。

当新的时代机遇和新兴技术融合创新相遇，奇迹就出现了。

由一系列颠覆性前沿技术融合构建的元宇宙，本质上是对现实世界的数字化。通过物理空间与虚拟空间的实时、双向同步映射及虚实交互，元宇宙将颠覆内容生产、数据采样、交互协作、资源配置、价值创造模式，推动业务流程、生产方式重组变革。元宇宙，将是数字经济发展的新阶段，而非简单的技术组合和体验升级；元宇宙应推动实体经济的发展，而非单纯打造虚幻的数字幻境。

元宇宙的发展应以产业数字化为重心。

元宇宙通过在虚拟世界中使用物理世界的数据进行建模推演，进而指导人们在物理世界中的社会活动，降低研究试验阶段的风险和成本，加速人工智能模型训练进程，提升在线协同体验，创新未来企业组织模式，为航天探索、科学研究、工业制造、在线办公等多领域创造产业数字化新形态。元宇宙在产业数字化方面的作用具体表现为以下几个方面。

元宇宙提供用于科研测试的"高仿地球"。在物理世界中，工业制造、自动驾驶等领域的研发及测试往往投入巨大、过程复杂、周期较长。一套自动驾驶系统从设计到商用，至少需经历 180 亿千米的多场景道路测试，受物理世界安全性、专用场景单一性、测试成本等因素制约严重。元宇宙的出现，将很好地解决这一问题。英伟达推出 NVIDIA DRIVE Sim™ 元宇宙自动驾驶仿真平台，使用数字孪生虚拟出一个用于道路测试的"高仿地球"，可运行大规模、物理上精确得多的传感器仿真。自动驾驶汽车在元宇宙中设计并组装完成后，可不间断地行驶于"高仿地球"中，以快速获取全场景、高精度、海量的道路数据，轻松完成自动驾驶系统的测试和迭代，让其尽快在物理世界中投产商用。

元宇宙为人工智能创造"数字风洞"。强化学习通常需要大量数据样本"喂养"，其健壮性才能得以保障。在现实世界中如果要收集到囊括所有可能情况的海量数据，可能要花几年时间。DeepMind 和 Unity 合作开发了用于 AI 训练的虚拟环境，把训练过程转移到元宇宙的高保真虚拟世界中。该环境可同时运行 1 万个测试，通过人工合成训练数据，将采样时间缩短至几分钟；英伟达也正着手利用其推出的企业级元宇宙平台 Omniverse，建立一个地球数字孪生模型 E-2（Earth Two，地球二号），用于模拟和预测长期的气候变化。相比当前单一场景数字孪生建模，元宇宙虚拟世界建模精度更高、生命周期更长，支持断点回溯、时间扭转和时间加速，能够自主进化。未来，拥有全球数据规模的元宇宙虚拟世界将真正成为"数字风洞"，为人类开启通往人工智能未来的时空隧道。

元宇宙为 Z 世代创造在线协同新体验。新冠肺炎疫情加速了全球数字化进程，让"线上生活"成为不可逆转的发展趋势。在网络近邻度与自然地理近邻度相当的今天，互联网原住民 Z 世代对无缝衔接的线上、线下体验的追求正持续深化。在办公领域，微软发布的 Microsoft Mesh 平台已推出元宇宙在线办公环境，针对规模巨大、地域分散的团队，提供沉浸式虚拟会议、无缝协作服务；Facebook（Meta）推出配合其 Oculus Quest2 头显使用的远程办公软件 Horizon Workrooms，支持 VR 协同，能够尽可能逼真地模拟物理信息，让虚拟的远程会议更接近真实的现场会议。元宇宙正通过三维建模、AI 内容生成、虚拟现实技术，打造更加沉浸、不受限制的 3D 交互世界，为用户提供跨时空、自由协同的虚拟空间。

元宇宙的组织协同方式将向 DAO 演进。如果元宇宙仅仅是混合现实技术的升级，尚不足以支撑互联网巨头转型的愿景。通过改变生产环境，推动企业组织方式向 DAO 进化，才能为产业创造更大价值。近几轮数字化技术发展推动了互联网 Web2.0 的繁荣，也引发了数据垄断、服务不平等等问题。起源于大航海时代的金字塔型的企业组织方式，由于受法律合同约束，历经 600 年未曾有过显著变革，在数字经济时代已产生诸多不适。元宇宙的 DAO 组织方式由程序代码监督运行，而代码的事前约束使得 DAO 能在更低信任的模式下形成企业组织，用户在数字世界可更广泛地参与全球互联网协作，数据垄断得以消除，协作方能够公平地分享产业红利。YGG 就是一个典型的 DAO 组织，由数以万计且人数不断增加的游戏玩家组成，他们在玩即赚取的游戏中利用 NFT 来产生真实的现金流。YGG 不断优化其社区拥有的资产，获得最大效用，并与其代币持有者分享这些资产的利润。目前，YGG 社区中的玩家单月最高收入达 325.9 万美元。

目前，随着元宇宙相关技术正在逐步走向成熟，很多机构对元宇宙的态度开始从怀疑转向积极。彭博行业研究报告预计，元宇宙市场规模到 2024 年可能增加至 8 000 亿美元。元宇宙为技术融合产生聚变能量提供了平台。元宇宙推动颠覆性技术的持续升级，将创造新的组织方式、生产环境、协同模式，极大地丰富数据要素，充分激发数据要素价值，显著提升生产力。元宇宙虚拟空间可以作为数字经济创新成果的"沙盒基地"，带来海量新兴价值需求（如玩即拥有）。可以说，元宇宙将成为数字经济发展的新阶段。

把握机遇实现高水平科技自立自强，参与甚至引领元宇宙科技革命，是顺应全球数字经济发展、科技革命和产业变革的大势所趋，也是为应对激烈复杂的国际竞争环境所迫。

元宇宙的未来预测

自我进化的丰富内容生态是元宇宙生长的土壤

显然，我们现在还没有看到真正的"元宇宙"产品，也许在未来几年也很难看到。米哈游首席执行官蔡浩宇曾表示,希望在 2030 年建成一个"上亿人愿意生活在其中的虚拟世界"。

有人说,元宇宙的发展需要更优质的内容生态。内容其实不仅是元宇宙发展的挑战,也是困扰游戏行业十几年之久的难题。在游戏行业里,再好玩的故事线,也总会让人玩腻。在内容匮乏的年代里,我们可以在街机上反复刷《魂斗罗》,直至通关几十次。但在新内容已经极其丰富的今天,即使如 5 年前的单机游戏《塞尔达传说:旷野之息》那样精彩的故事线,也不能让玩家一刷再刷。在内容大爆炸的时代,如果没有新内容不断吸引玩家的注意力,即使是最狂热的发烧友,也不会一直沉浸在一个游戏世界中停步不前。

为了在虚拟世界中留住玩家,像《原神》《魔兽世界》这样的网络游戏选择一直更新内容。每次版本的迭代都会吸引一批老玩家回流和新玩家涌入。看似我们是在玩一个很老的游戏,但其实一直有新内容、新故事线出现。一些大制作单机游戏也试图定期更新,但受限于制作成本和难度,《塞尔达传说》的新版本直到 4 年后才勉强完成,还被很多人诟病故事线狗尾续貂。

其实,很多网络游戏之所以可以快速更新迭代,是因为很多内容是由玩家自己创造的。比如电竞类游戏,每一局都是全新的,甚至是不同玩家参与的,游戏本身只提供了一套规则和一个竞技的环境。玩家千奇百怪的出招本身就赋予了游戏新的内容体验。

不过,由规则驱动的网络游戏,如果长期没有新规则、新场景或者新人物的引入,人们还是会兴致索然。

未来,元宇宙世界想要吸引足够量级的用户,使他们花费足够长的时间在其中"生活",以使元宇宙世界成为更接近现实世界的平行空间,那么这个世界除了要有绝对沉浸式的体验,还要有极强的内容丰富度、极高的内容更新频率。同时,也要保证一个合适的开发成本。毕竟,《原神》游戏目前的开发团队已经超过 1 000 人,仍旧难以满足玩家对更新频率的要求。而在元宇宙"3D 沉浸式实时 XR"场景中，如果要实现游戏、音乐、体育、办公、商业等多元化的新内容层出不穷，恐怕将英佩游戏、腾讯、任天堂等体量的游戏公司的全部开发人员加在一起，也很难满足需求。

毫无疑问，元宇宙时代的内容必须以 Web3.0 的方式，由用户自发创作。这也是 Roblox 和 *Decentraland* 被称为元宇宙雏形的原因。

不过，Roblox 本身并不是一款 Web3.0 的应用。它依然采用中心化的运营模式。而在采用了去中心化模式且建立了数字经济体系的 *Decentraland* 中，普通用户的创作能力还是很有限的，更多用户只是在已经开发好的虚拟世界大陆上闲逛，或者靠炒作房产赚取数字货币。因此，它们的经验并不能完全照搬到元宇宙世界中。

内容创作已经不是一个新兴赛道了。以当下最为繁荣的视频内容生态来举例：在抖音这样主打短视频的平台上，普通用户生产内容很容易，通过手机视频剪辑软件就可以轻松上传 Vlog（视频博客），其中参与创作的用户已经高达上亿人，这也是为什么抖音海外版 TikTok 能够迅速席卷全球。

在 B 站这类主打"中视频"的平台上，内容创作难度略高一些，对视频质量、内容专业度要求更高。因此，平台上更多聚集了某一领域的创作极客，除了专业知识上要做精、做细，视频博主也需要使用各类剪辑工具才能做出符合受众口味的视频内容。这一赛道的创作者数量明显较少，可能只有几百万人。目前，上海已经成为这一类中视频创作者的聚集地。

像腾讯视频、爱奇艺这样的长视频平台已完全没有业余创作者的生存空间。即使这类平台上的自制视频，也需要专业演员、后期、一系列服化道等的合作。制作成本和效果不是普通创作者所能企及的。

而对于大荧幕上的工业级视频内容，除了专业的团队，高昂的成本，还需要专业的商业运作。这类视频的创作公司少之又少。

元宇宙对视频内容的质量要求其实已超过了当前工业级视频内容的水平，可以说，甚至远远超出当前最高端IMAX[①]电影的制作要求，而能够满足这种要求的创作者，可谓凤毛麟角。

面对这样的严峻挑战，未来元宇宙内容制作可能面临两种选择。

第一种选择是，将元宇宙的内容开发交给小部分拥有足够实力、足够资源的开发商和运营商。比如，由两三家内容平台运营商和30多个内容开发商来负责元宇宙世界内容开发运营。它们将负责生产专业、高质量的元宇宙内容，但更新频率可能会很慢，大概每年只提供1个空间地图供大家体验。采用基于区块链的去中心化模式进行商业运营，由区块链智能合约实现对这些开发商、运营商的最佳收益分成。

第二种选择是，设计一套低门槛的内容开发接口，实现内容开发的标准化、流水线化，让高质量内容开发变得更简单，使大量普通创作者和中小企业可以参与内容创作。比如，艺术家只负责建筑的创意，画好图纸后，由虚拟世界提供的AI建模引擎接口自动建模并转换为虚拟世界的数字产品。而海量普通创作者、中小企业也通过Web3.0去中心化的运营模式，实现内容创造、开发服务、内容交易过程中的价值交换。此时，数字代币会成为虚拟世界中的交易等价物。

事实上，计算图形学技术的发展，一直在降低内容创作的门槛。毕竟在第一代苹果电脑出现的时候，图形界面都还是一项颠覆式技术突破。当乔布斯在施乐的技术研究机构中，看到技术极客将这项超期的技术和一堆同样伟大的发明尘封在办公室里时，就当即决定将它们打包买走。到20世纪80年代，文字处理都还是一项技术飞跃，更不用说用计算机来绘图。在20世纪90年代，Meta旗下VR眼镜公司Oculus的首席技术官约翰·卡马克（人称卡神）通

[①] 一种能够放映比传统胶片更大、清晰度和分辨率更高的影片的电影放映系统。

过射线投射算法，在 PC 机性能还十分有限、仅能运行 2D 游戏的时代，创造出了一个 3D 视角游戏《德军总部 3D》。该游戏的颠覆程度不亚于让人们一下子从 480K 的马赛克世界，跳跃到 4K 高清视频世界。而现在，3D 大制作游戏已经成为市场的主流。我们是否可以大胆预测，未来元宇宙内容的开发也可以实现标准化、低门槛化、自动化，而非一项高成本的工作。

毕竟，游戏引擎领域，Unreal 和 Unity 已经有了完美实践，面向 3D 游戏内容开发，两大开发引擎巨头的竞争已经为未来元宇宙内容开发提供了基础。尽管元宇宙的内容开发门槛还不太可能在短时间内降低到人人都能胜任的小视频制作平台水平，但至少这些高性能开发引擎的出现，已经足够让各行业得以利用强大的创意工具完成创作。这使元宇宙从想象走入现实的进程又缩短了一些。

可以预测，在元宇宙发展的初期（未来 5~10 年），一些主流元宇宙平台（如 Meta）需要通过自研优质内容，提供庞大、丰富、精美的场景和素材，吸引早期玩家加入这个虚拟世界。等到这样一个元宇宙世界积累了千万甚至上亿级别用户后，第三方中小开发企业、大量普通开发者会开始自然流入。元宇宙世界中的 Web3.0 运作模式和数字代币经济体系将吸引优质的内容创作者，在这里创作、创收。一个良性的正向循环将推动着庞大的虚拟世界源源不断地自生产内容。换言之，早期的元宇宙平台开发商更像是拓荒者，他们建造了一片未开垦的大陆，设计了一套足够吸引居民的规则体系，然后随着大量用户的涌入，一起建造这片土地，整个社会机器才能开始飞速运转起来。

这个过程说起来容易，做起来很难。但从那些已经着手建造早期元宇宙的顶尖的、最具想象力的公司身上，我们有理由相信，真正的元宇宙，会比预计的更早到来。

未来元宇宙杀手级应用的预测

尽管很难,但元宇宙发展必须跳出当前发展阶段的思维局限。未来,XR技术带来的沉浸式体验,很可能会超过我们当前的想象。像恐怖设计游戏"半条命"系列的新作《半条命:Alyx》,它的游戏内容大概是10个小时,但是由于画面太过真实,玩家因为害怕常常需要几个月才通关。那种僵尸扑面而来的窒息感,以及如同射击场练枪一样的实体操作感,让人戴上头显就开始脊骨发凉。所以,不必怀疑,像这样颠覆性的体验升级,如果能够深入生活的方方面面,将极大改变我们的社交、娱乐、办公模式、商业等各个生活领域,直至颠覆这个世界。

不过,受限于硬件性能,当前的VR设备和内容体验都还有很多致命缺点,例如,VR设备太沉,携带不方便,根本不能长期佩戴,续航时间太短、Bug太多导致效果失真,让人容易头晕或出戏,内容线太单调等。最重要的是,目前的VR应用还停留在浅尝辄止的体验阶段,并没有出现类似移动互联网时代的微信那样人人都会用、人人都离不开的杀手级应用。这也让大多数购买了VR头盔设备的人,在体验完几款游戏后,就开始把设备束之高阁。

在元宇宙的产业赛道上,移动互联网时代的巨头Facebook,即如今的Meta应该是最激进的。距离扎克伯格宣布"All in元宇宙"一年后,在2022 Meta Connect大会上,Meta官宣了它在元宇宙领域的最新进展——发布新一代高端VR眼镜设备"Meta Quest Pro"。业界称之为一款不成熟的革命性产品。从苹果由引领创新的极客公司转变为一家为全世界中产提供稳定服务体验的保守数码厂商开始,已经很久没有听到过有数码产品获得这样的评价了。除了在LED屏幕上的性能提升,它在佩戴舒适性、混合现实、动作捕捉方面都进行了颠覆性升级。

扎克伯格还是非常希望将混合现实作为未来元宇宙的主要沉浸

式技术，持续深耕。从发布会看，他设想未来让用户可以在自己的电脑桌上放三块超大的虚拟屏幕办公，或者直接在一个现实物体上添加虚拟效果，比如在自己的卧室进行虚拟涂鸦，来辅助设计创意工作（见图9-5）。不过，目前的混合现实还远没有达到扎克伯格设想的成熟阶段。由于外部现实环境投影到屏幕再进行渲染存在延时，混合现实的画面看久了会非常头晕。

图9-5 Quest Pro的混合现实功能助力创业设计

资料来源：Meta官网视频，https://www.facebook.com/RealityLabs/videos/keynote/3281891035412216。

在动作捕捉方面，Quest Pro配备的手柄拥有AI定位功能。过去的VR眼镜定位是靠自身的摄像头拍下周围物体进行建模，手柄也是靠眼镜的摄像头做定位。这就导致，当手柄移除了眼镜摄像头扫描范围时，就无法精准定位了。这对很多生活场景来说是一个致命问题。想象一下当你使用VR打羽毛球的时候，根本无法拉开架势抽球，或者当你配合混合现实功能使用多块屏幕办公的时候，完全不能把鼠标移出眼镜的视线范围，甚至要一直看着鼠标才行。而手柄独立定位就解决了这一难题。

此外，动作捕捉方面，还有一个更大的亮点。以往 VR 眼镜的摄像头大致都是朝向前方的，没法录制到身体的动作。这也是早前 Meta Horizon 发布的时候，广为人们所诟病的：用户在虚拟空间中的虚拟化身都是没有手臂也没有下半身的，尤其在一些社交类场景中，这看起来十分诡异。但是，当手柄拥有了摄像头和 AI 独立定位功能后，虚拟化身就变得完整了，再配合表情捕捉等功能，用户的嬉笑怒骂都能实时展现到虚拟化身的脸上，这就让体验又多了几分沉浸感。

不过，这一代的 Quest Pro 在核心芯片方面没有明显提升，并且定价过高也是一个问题。这一代 Quest Pro 定价为 1 499 美元（超过 10 000 元），而硬件配置几乎一样的 Pico4 定价才不到 4 000 元。因而有人戏称，用同样价格去买"Sony PS4+Pico4+ 任天堂 Switch"不会更好吗？

在这次 Meta Connect 2022 大会上，扎克伯格想重点推荐的是游戏之外的两个领域：社交和办公。微软的首席执行官萨提亚·纳德拉和埃森哲的首席执行官朱莉·斯维特都参加了发布会。微软办公软件 Office 也马上会有 VR 版本。埃森哲这样的咨询公司也在大量实验基于 VR 技术的远程办公，而其中的核心 App 是 Meta 推出的 Horizon 系列。简单来说，就是我们不用再对着屏幕聊天开会了，而是可以进入一个虚拟环境中，用我们的虚拟形象跟别人一起聊天、玩游戏、开会办公等，而且还可以把位于其他手机和电脑前的人们接入虚拟环境中的虚拟屏幕上。这和现在对着电脑屏幕与别人互动是有颠覆性区别的。

从屏幕外"走到"屏幕内，最大的颠覆在于我们打破了次元壁，获得了一种明知屏幕内的世界是假的，还不由自主做出反应的代入感。面对 VR 里向你抛来的篮球，你会下意识地去接球。这样一来，所有交流互动，就拥有了情感，就会更加真切。工作中合作的效率会更高，员工也更能抵抗孤独。这些都离不开真实感极强的虚拟人物和场景。当然，今天的虚拟化身还远没有达到这样的真实感要求。

发布会上还展示了 Meta 旗下核心实验室 Reality Labs 的一些最新成果，包括脑机接口手环项目。戴上这个手环，它就会学习你做各种动作时的神经电位，从而让你能够摆脱传统的手柄，做出更自由丰富的手部动作，完成在虚拟世界中的交互。在学习了一段时间后，这个手环会进化得非常灵敏，以至于你几乎不用真的动手，只要大脑的神经信号到了，就可以实现在虚拟世界里进行操作。这样的手环产品，才是元宇宙交互的未来。解放了双手，我们甚至可以在元宇宙会议室里一边开会、一边喝咖啡。

当然，几乎与真人不差毫厘的深度数字人分身，也是未来以假乱真虚拟世界的关键元素。但其现实问题在于，制作成本太高。制作数字人分身需要用到专业的重光照设备，配合 AI 算法加人类画师手工雕刻，耗时 2~3 个月才能完成。我们在北京找了一些数字人公司制作过类似的数字人，一个数字人的报价在 30 万元以上。Reality Labs 也试图把深度人脸建模的功能做到手机上，如果能够进一步降低数字人的制作门槛，我们离元宇宙虚拟世界就又近了一步。

当然，有一些之前呼声很高的新技术产品，时隔一年后仍然没有什么水花出现。比如触感手套，这是人类可以在元宇宙里面拥有细腻触觉的希望所在。还有迈克尔·亚伯拉曾经聊过的透镜可变焦技术。我们在现实世界中体验的真实感很大程度上来自人眼的 3D 视觉，变焦是让我们在元宇宙里拥有 3D 视觉的机会所在，这将大幅提升虚拟世界的真实感。这些技术都没有在本次发布会更新，也可能是遇到了技术瓶颈。

前 Oculus 首席技术官、现任 Meta 技术顾问的约翰·卡马克可以说是扎克伯格元宇宙计划中的大反叛者。在 2021 年的发布会上，这位硅谷天才就公开表示他不看好"All in 元宇宙"的计划。在 2022 年的发布会上，尽管他以自己虚拟化身在 Horizon 中也发表了演讲，但这次演讲的内容，还是一场元宇宙吐槽大会。卡马克表示，当前 Meta 在 VR 领域的整体进展让人感到失望。不过他还是肯定了元宇宙概念产品带来的一些变革。比如在社交元宇宙 Horizon Worlds 中，大家一起听一场 Meta Connect 的演讲，确实比在乱糟糟的房间里找出笔记本观看这种传统方式好得多。但当前能支持同时在线的人数依然远远不够。这和卡马克"竞技场规模、成千上万的化身到处闲逛、几百个人同处一个完全一致的共享虚拟世界"的愿景相去甚远。他希望能在一个真正的元宇宙虚拟会场中与观众见面，每个人结束后都可以留下来再说说话。虽然这种广泛共享的虚拟世界是一个艰巨的技术挑战，但并非不可逾越。相比于吐槽，卡马克其实是对当前的元宇宙 VR 效果恨铁不成钢。他希望未来虚拟化身能够实现多个化身同时渲染；希望 VR 语音通话比电话更通畅；希望元宇宙虚拟办公能够完全替代显示屏，而不是跟当前的"在线会议＋虚拟背景"的效果相差无几，沦为鸡肋产品。

正如工业革命以来出现的电话、手机、汽车、电视等产品一样，元宇宙要实现推动下一轮产业变革的效果，就必须能拿出"人人有需求，人人会使用"的杀手级应用。而现在的 VR 游戏、初期的社交平台都只是部分人参与的小众应用，它们还远不能承担起这样的使命。

不过，Meta Connect 2022 发布会以及之前字节跳动的 Pico4 发布会，已经从一些角度勾勒出了这样一款杀手级应用的轮廓。尤其是在当前，全球新冠肺炎疫情大流行、国际局势动荡不安的背景下，未来能够点亮元宇宙之路的杀手级应用，主打的卖点应当是"解决孤独，让大家如同在现实中一样地在一起"。

从 2020 年开始，全世界的人对于自我隔离这个词早已过于熟悉。战争、病菌等因素，让人类一而再地彼此分隔。Z 世代们在互联网上花费的时间、远行的距离、遨游的广度和深度早已超越了现实世界。目前，国内"90 后"的结婚率只有 10%，同时大量年轻人在毕业后选择落脚新的城市，而非返回家乡定居。这意味着越来越多的人在这个越来越割裂的时代里选择独自生活。那么，有没有可能，我们可以随时随地和父母面对面坐着聊会儿天、吃顿饭，就像在家里那样；有没有可能轻松地召集天南海北的大学室友一起打个牌、"开个黑"（组队玩游戏），就像曾经在宿舍里那样；有没有可能跟远在地球另一端的老友相约到卡塔尔卢塞尔体育馆一起看世界杯，再在球赛结束后跟兴奋的球迷们一块去小酒馆喝杯啤酒、畅聊一番；或者我们一起逛街购物、一起去看马里亚纳海沟、一起头脑风暴、一起设计未来的月球车，都可以。关键是，我要真切地感受到，我们就在彼此面前。"在一起"，就是元宇宙的杀手级应用。

无论是能展现情绪的表情传感器，还是能增强感受维度的触觉手套；无论是能够捕捉身体动作的手柄，还是脑机接口、深度数字人以及混合现实，其实都是让人在虚拟世界中可以更好地表达自己，都是指向让我们能够沉浸式地"在一起"这个最终目标。当然，我们距离这个目标的实现，还有很长的路要走。因为，与人在一起，这本该是我们人类作为群居动物最直接的感受。也因此，这是很难被欺骗的感受。也许未来，只有当我们在虚拟世界中看到一位久未谋面的好友，情不自禁地上前拥抱的时候，才能算接近了真正的元宇宙。

本章小结

未来10年，符合普通用户想象的元宇宙产品形态可能会是这样的：有着"人人有需求，人人会使用"的丰富应用载体；有着超越3A游戏画面的精美虚拟世界建模空间，有的空间也许会走赛博朋克风，有的会走像素风；用户可以便捷地使用多种终端（手机、PC、未来AR设备），以不同的虚拟形象选择穿梭在这些世界之间，但会使用同一套账号地址体系、同一个身份，数字资产和个人数据安全地掌握在个人账户中，通过建立在区块链网络之上的 Web3.0 协议模式，实现去中心化的数字资产交易、分布式的自组织方式。基于底层通信技术、算法云构建的新型基础设施，AIGC 的能力将得到充分释放。围绕人物角色开展的动作捕捉、面部表情生成等，围绕空间场景开展的场景生成、资产导入等，围绕基础建设开展的渲染、建模等，以及围绕人机交互开展的语义理解、智能决策等，将为元宇宙虚拟世界提供更多沉浸感、逼真感，使元宇宙真正成为人类未来数字化的生存空间。

《三体》作者刘慈欣曾说："人类的面前有两条路，一条向外，通往星辰大海；一条向内，通往数字空间。"当两条原本平行的路出现交会点时，那或许就是元宇宙。

第一章　缘　起

[1]　刁新彧.叙事与互动的交替：MMORPG 类游戏与电影的融合模式研究［D］.重庆大学，2016.

[2]　王玉王.虚拟现实：真实感与想象力［J］.广州大学学报（社会科学版），2020，19（1）：35-41.

[3]　宁蔚然.虚拟现实技术对电影形态及创作的影响研究［D］.西南大学，2016.

[4]　郑红莲.《黑客帝国》系列中的隐喻多样性分析［J］.电影文学，2010（6）：111-112.

[5]　李月白，江晓原.钱学森与 20 世纪 80 年代的人工智能热［J］.西安交通大学学报（社会科学版），2019，39（6）：24-29.

[6]　任倩.基于虚拟现实的机器人编程系统研究［D］.哈尔滨工业大学，2005.

[7]　颜榜.庄子"真人"思想研究［D］.山东师范大学，2017.

[8]　马晓苗.从物质思维到信息思维：互联网时代产品创新模式——以小米公司为例［J］.科技进步与对策，2017，34（10）：19-26.

[9]　鄂大伟，郭士正.计算机与信息处理技术［M］.北京：高等教育出版社，2001.

[10]　朱钰婷.威廉·吉布森赛博朋克小说中的科技伦理研究［D］.武汉大

学,2019.

[11] 吕朝龚.罗素的哲学观[J].学理论,2009(19):7-8.

[12] 陈鹏.区块链技术发展现状及面临的挑战[J].理论导报,2019(10):23-25.

[13] 中国教育网.《纲要》:加快下一代互联网大规模部署和商用[J].中国教育网络,2016(8):14.

[14] 蒋玥."5G+工业互联网"推动融合创新应用[J].中国电信业,2020(8):22-25.

[15] MFC金属板材成形之家.开启元宇宙的时代[EB/OL].(2022-05-09).https://www.sohu.com/a/545257577_99905556.

第二章 认知与争议

[1] 艾媒网.元宇宙行业分析:近七成网民担心元宇宙容易让人沉迷虚拟世界[EB/OL].(2022-02-09).https://www.iimedia.cn/c1061/84310.html.

[2] 邢杰,赵国栋,徐远重,等.《元宇宙通证》[M].北京:中译出版社,2021:40-45.

[3] 宋婧.元宇宙的流派之争[N].中国电子报,2022-07-12(005).

[4] 田宝玉,杨洁,贺志强,等.信息论基础(第二版)[M].北京:人民邮电出版社,2016:21-24.

[5] 罗敬.信息即媒介:赛博空间中的媒介研究[J].科技传播,2020,12(17):91-92.

[6] 李保艳,刘永谋.元宇宙的本质、面临的风险与应对之策[J].科学·经济·社会,2022,40(1):15-26.

[7] 胡乐乐.元宇宙与意识形态、国家安全:技术、挑战、治理[J].云南民族大学学报(哲学社会科学版),2022,39(5).

[8] BOJIC L. Metaverse Through the Prism of Power and Addiction: What Will Happen When the Virtual World Becomes More Attractive Than Reality?[J]. European Journal of Futures Research, 2022, 10(1).

[9] ZHANG X L, CHEN Y C, HU L L, et al.The Metaverse in Education:

Definition, Framework, Features, Potential Applications, Challenges, and Future Research Topics［J］. Frontiers in Psychology, 2022（13）.

［10］ BALE A S, GHORPADE N, HASHIM M F, et al.A Comprehensive Study on Metaverse and Its Impacts on Humans［J］. Advances in Human-Computer Interaction, 2022.

第三章　元宇宙技术概论

［1］　邢杰，赵国栋，徐远重，等.元宇宙通证［M］.北京：中译出版社，2021：1–432.

［2］　颜阳.元宇宙科技产业党政干部学习详解［M］.北京：中共中央党校出版社出版，2021.

［3］　叶毓睿，李安民，李晖，等.元宇宙十大技术［M］.北京：中译出版社，2022.

［4］　王文喜，周芳，万月亮，等.元宇宙技术综述［J］.工程科学学报，2022，44（4）：744–756.

［5］　弗朗斯·约翰松.美第奇效应［M］.北京：商务印书馆，2006.

第四章　元宇宙基础设施

［1］　李正茂.云网融合：算力时代的数字信息基础设施［M］.北京：中信出版社，2022.

［2］　中国电信.云网融合2030技术白皮书［R］.2020.

［3］　雷波，马小婷，李聪，等.云网融合中的网络基础设施演进探讨［J］.信息通信技术与政策，2022，48（11）：8–17.

［4］　周辉.依法应对元宇宙发展中的风险挑战［N］.光明日报，2022-04-02.

［5］　曹秀莲.元宇宙发展现状调研与安全风险研究［J］.中国信息安全，2022（6）：90–93.

［6］　鲁俊群.谨防"元宇宙热"的风险隐患　促进元宇宙产业健康可持续

发展［EB/OL］.（2022-03-25）. http://www.cssn.cn/zx/bwyc/202203/t20220325_5400581.shtml.

［7］ 陈千凌. 元宇宙时代,我们的隐私何处安放？［EB/OL］.（2022-05-03）. https://mp.weixin.qq.com/s/c0CjqxI6g6TVqDlbYaqNUw.

［8］ 高承实. 元宇宙系统呼唤新的安全哲学［J］. 张江评论, 2022（2）: 26-28.

第五章　元宇宙核心能力

［1］ GRIEVES M. Product Lifecycle Management: Driving the Next Generation of Lean Thinking［M］. New York: McGraw Hill, 2006.

［2］ TÖNJES R. 3D reconstruction of objects from aerial images using a GIS［J］. International Archives of Photogrammetry and Remote Sensing, 1997, 32（Part 3）: 140-147.

［3］ SCHÖNBERGER J L, ZHENG E, FRAHM J M, et al. Pixelwise view selection for unstructured multi-view stereo［C］//European conference on computer vision. Springer, Cham, 2016: 501-518.

［4］ RIVERS A, DURAND F, IGARASHI T. 3D modeling with silhouettes［J］. ACM Transactions on Graphics, 2010: 1-8.

［5］ KARRAS T, LAINE S, AITTALA M, et al. Analyzing and improving the image quality of stylegan［C］//Proceedings of the IEEE/CVF conference on computer vision and pattern recognition. 2020: 8110-8119.

［6］ CHANG A, SAVVA M, MANNING C D. Learning spatial knowledge for text to 3D scene generation［C］//Proceedings of the 2014 conference on empirical methods in natural language processing（EMNLP）. 2014: 2028-2038.

［7］ RADFORD A, KIM J W, HALLACY C, et al. Learning transferable visual models from natural language supervision［C］//International Conference on Machine Learning. PMLR, 2021: 8748-8763.

［8］ GOODFELLOW I, POUGET-ABADIE J, MIRZA M, et al. Generative adversarial networks [J]. Communications of the ACM, 2020, 63 (11): 139-144.

[9] YANG L, ZHANG Z, SONG Y, et al. Diffusion models: A comprehensive survey of methods and applications [J]. arXiv preprint arXiv: 2209.00796, 2022.

[10] YU Z, YOON J S, LEE I K, et al. Humbi: A large multiview dataset of human body expressions [C]//Proceedings of the IEEE/CVF Conference on Computer Vision and Pattern Recognition. 2020: 2990-3000.

[11] XIU Y, YANG J, TZIONAS D, et al. Icon: Implicit clothed humans obtained from normals [C]//2022 IEEE/CVF Conference on Computer Vision and Pattern Recognition (CVPR). IEEE, 2022: 13286-13296.

[12] D'EON E, LUEBKE D. Advanced Techniques for Realistic Real-Time Skin Rendering [J]. Gpu Gems Chapter, 2007.

[13] D'EON E, FRANCOIS G, HILL M, et al. An energy-conserving hair reflectance model [C]//Computer Graphics Forum. Oxford, UK: Blackwell Publishing Ltd, 2011, 30 (4): 1181-1187.

[14] GAO Q H, WAN T R, TANG W, et al. A stable and accurate markerless augmented reality registration method [C]//2017 International Conference on Cyberworlds (CW). IEEE, 2017: 41-47.

[15] ZHAN T, YIN K, XIONG J, et al. Augmented reality and virtual reality displays: perspectives and challenges [J]. Iscience, 2020, 23 (8): 101397.

[16] HE Z, SUI X, JIN G, et al. Progress in virtual reality and augmented reality based on holographic display [J]. Applied optics, 2019, 58 (5): A74-A81.

[17] WOLPAW J R, BIRBAUMER N, HEETDERKS W J, et al. Brain-computer interface technology: a review of the first international meeting [J]. IEEE transactions on rehabilitation engineering, 2000, 8 (2): 164-173.

[18] REED S, ZOLNA K, PARISOTTO E, et al. A generalist agent [J].

arXiv preprint arXiv：2205.06175，2022.

［19］FEI N，LU Z，Gao Y，et al. Towards artificial general intelligence via a multimodal foundation model［J］. Nature Communications，2022，13（1）：1–13.

［20］GAO J，SHEN T，WANG Z，et al. GET3D：A Generative Model of High Quality 3D Textured Shapes Learned from Images［J］. arXiv preprint arXiv：2209.11163，2022.

［21］POOLE B，JAIN A，BARRON J T，et al. Dreamfusion：Text-to-3d using 2d diffusion［J］. arXiv preprint arXiv：2209.14988，2022.

［22］TANCIK M，CASSER V，YAN X，et al. Block-nerf：Scalable large scene neural view synthesis［C］//Proceedings of the IEEE/CVF Conference on Computer Vision and Pattern Recognition，2022：8248–8258.

［23］袁勇，倪晓春，曾帅，等. 区块链共识算法的发展现状与展望［J］. 自动化学报，2018，44（11）：2011–2022.

［24］YANG Q，ZHAO Y，HUANG H，et al. Fusing Blockchain and AI With Metaverse：A Survey［J］. IEEE Open Journal of the Computer Society，2022（3）：122–136.

［25］NAKAMOTO S.Bitcoin：A peer-to-peer electronic cash system［EB/OL］. https://bitcoin.org/bitcoin.pdf.

［26］郑磊，蒋榕烽. 区块链+时代：从区块链1.0到3.0［M］. 北京：化学工业出版社，2018：1–240.

［27］BUTERIN V. 以太坊白皮书［EB/OL］. https://ethereum.org/zh/whitepaper/.

第六章　元宇宙应用视图

［1］HACKL C. Future visions for a 5G world［EB/OL］. https://www.nokia.com/networks/insights/5g-visions/cathy-hackl/.

［2］涂彦平. 工业元宇宙：展望智能制造的未来形态［J］. 中国外资，2022（4）：2.

［3］孙进平. 计算机辅助设计的现状与发展［J］. 北京城市学院学报，2003.

[4] TAO F, Zhang H, Liu A, et al. Digital twin in industry: State-of-the-art [J]. IEEE Transactions on industrial informatics, 2018, 15 (4): 2405-2415.

[5] 柯娟. 浅析商业综合体的集约性和综合性 [J]. 中华建设, 2022 (8): 82-83.

[6] 卞一峰. 第四代商业综合体设计的探索与研究 [J]. 房地产导刊, 2013 (26): 264-264.

[7] 卢梦侨. 智能型商业综合体设计研究 [D]. 哈尔滨工业大学, 2018.

[8] 高子萱, 周欣, 穆海苗. 互联网时代商业综合体发展策略研究 [J]. 商场现代化, 2017 (20): 16-18.

[9] 王海龙, 李阳春, 李欲晓. 元宇宙发展演变及安全风险研究 [J]. 网络与信息安全学报, 2022, 8 (2): 132-138.

第七章 元宇宙产业生态

[1] 许英博, 陈俊云, 李雷, 等. 中信证券科技行业元宇宙深度报告: 元宇宙, 引领未来20年科技发展浪潮 [R]. 2022.

[2] 中国电子信息产业发展研究院, 江苏省通信学会. 元宇宙产业链生态白皮书 [R]. 2022.

[3] 龚才春. 中国元宇宙白皮书 [R]. 2022.

[4] 德勤. 消费元宇宙开启下一个消费时代: 重塑消费生活体验、激活数字经济系统 [R]. 2022.

[5] 头豹研究院. 2022年中国元宇宙白皮书: 从元宇宙宏观、底层技术、应用场景角度, 看中国元宇宙发展趋势与机遇 [R]. 2022.

[6] Fastdata极数. 元宇宙报告2022——Hello Metaverse [R]. 2022.

[7] 中国平安证券研究所. 元宇宙系列报告 (一): 连接虚拟与现实, 下一代互联网前瞻 [R]. 2022.

[8] 华泰证券. 元宇宙引领游戏, 社交, 电商应用变革 [R]. 2022.

[9] 民生证券. 2030年的元宇宙产业 [R]. 2022.

[10] IMT-2030 (6G) 推进组. 6G总体愿景与潜在关键技术白皮书 [R]. 2021.

[11] 中国电信有限公司.6G愿景与技术白皮书[R].2022.

[12] 赛迪智库.6G概念及愿景白皮书[R].2020.

[13] Samsung. 6G - The Next Hyper-Connected Experience for All[R]. 2020.

[14] 新浪VR&企查查大数据研究院.2022元宇宙年中投融资报告[R].2022.

[15] 新华社.经济分析报告（第1195期）[R].2022.

第八章　元宇宙政策分析

[1] 徐磊，赵扬.元宇宙的隐私保护——技术与监管[R].中金研究院，2022.

[2] 新媒沈阳团队.元宇宙发展研究报告（3.0版）[R].清华大学新闻与传播学院元宇宙文化实验室，2022.

[3] 李峥，李默，张岚舒，等.元宇宙与国家安全[R].中国现代国际关系研究院，2021.

[4] BARON J, O'MAHONY A, et al. National Security Implications of Virtual Currency[R]. RAND Corporation, 2015.

[5] 翟崑.元宇宙与数字时代的国家战略创新[J].人民论坛，2022（7）：26-29.

[6] 大文.国会态度逆转，美国需要什么样的加密市场监管框架[EB/OL].（2021-12-09）.https://baijiahao.baidu.com/s?id=1718663793665302488&wfr=spider&for=pc.

[7] 龚才春.中国元宇宙白皮书[R].北京信息产业协会，2022.

[8] 澎湃新闻.美国国会关注元宇宙：如何抓住机遇和应对风险？[EB/OL].（2022-09-20）.https://baijiahao.baidu.com/s?id=1744462950958752733&wfr=spider&for=pc.

[9] 陈义.多地超前布局元宇宙，密集政策促元宇宙产业发展[N].通信信息报，2022-10-12.

[10] 任彦.欧洲人对元宇宙一脸茫然，西方专家：中国已成全球数字经济引领者[N].环球时报，2022-01-15.

[11] 赵良毕,岳铮.元宇宙行业分析:内容与技术不断夯实,元宇宙进程加速推进[R].中国银河证券,2022.

[12] 链上产业区块链研究院,中国物流与采购联合会区块链应用分会.2022中国元宇宙政策分析报告[R].链上产业区块链研究院,2022.

[13] 巴曙松.合力破解监管科技难题[N].中国银行保险报,2022-07-06.

[14] 郑磊,郑扬洋.元宇宙发展状况与风险分析[EB/OL].(2022-03-14).https://www.worldmetaverseconference.com/news/hynews/62.html.

[15] 高瑞东.美国科技霸权的三板斧:"技术—金融—市场"[R].光大证券研究所,2022.

[16] 彭思雨.元宇宙产业投融资活跃[N].中国证券报,2022-10-18.

[17] 黄亚玲.从欧美实践看对大型科技企业的监管[N].证券时报,2022-04-08.

[18] 郑瑜.多地"竞速"元宇宙 核心应用落地仍待时日[N].中国经营报,2022-07-04.

[19] 曾军."元宇宙"的发展阶段及文化特征[J].华东师范大学学报:哲学社会科学版,2022(4):98-105,177,178.

[20] 张钦昱.元宇宙的规则之治[J].东方法学,2022(2):4-19.

[21] 鲁俊群.把握顶层设计是做好元宇宙发展与治理的关键[EB/OL].(2022-06-07).http://dgh.tcc2017.org.cn/article/item-639.html.

[22] 焦娟.全球视角下的元宇宙竞争——中美日韩元宇宙发展与布局各有千秋[R].安信证券股份有限公司,2021.

[23] 郭戎,张俊芳,等.对中美科技创新资源配置模式的比较与认识——基于美国智库主要观点的辨析[J].世界科技研究与发展,2022.

[24] 冯昊青.网络虚拟社会道德构建的理论探讨[J].湖南人文科技学院学报,2006(1):22-25.

[25] 韩亚峰,李峥.元宇宙愿景之国外视点[J].中国中小企业,2022(1):23-24.

[26] 中国日报社广东记者站.广州黄埔区出台粤港澳大湾区首个"元宇宙10条"[EB/OL].(2022-04-07).https://baijiahao.baidu.com/s?id=1729416736262710022&wfr=spider&for=pc.

[27] DICK E. Public Policy for the Metaverse: Key Takeaways from the 2021 AR/VR Policy Conference[R]. Information Technology & Innovation

Foundation, 2021.

[28] RODRIGUEZ S.Facebook Changes Company Name to Meta［EB/OL］.（2021-10-29）https://www.nbcconnecticut.com/news/business/money-report/facebook-changes-company-name-to-meta/2625264/.

[29] LEESA-NGUANSUK S.Industry Urged to Embrace Metaverse［EB/OL］.（2022-01-06）. https://www.bangkokpost.com/tech/2242691/industry-urged-to-embrace-metaverse.

[30] HERRMAN J, BROWNING K.Are We in the Metaverse Yet?［EB/OL］.（2021-10-29）. https://www.nytimes.com/2021/07/10/style/metaverse-virtual-worlds.html.

[31] D'ANASTASIO C.The Metaverse Is Simply Big Tech, But Bigger［EB/OL］.（2021-11-04）. https://www.wired.com/story/big-tech-metaverse-internet-consolidation-business/.

[32] Congressional Research Service. The Metaverse：Concepts and Issues for Congress［R］. CRS Report，2022.

第九章　面向未来

[1] MOSCARITOLO A. What Does Big Tech Know about You? Basically Everything［EB/OL］.（2019-02-05）. https://www.entrepreneur.com/business-news/what-does-big-tech-know-about-you-basically-everything/327513.

[2] 《径山报告》课题组. 走向"十四五"：中国经济金融新格局［M］. 北京：中信出版社，2021.

[3] Folius Ventures.Web3 Thematic：We are Now Past 0 to 1, 1 to N is Next［EB/OL］.（2021-08-25）. https://docsend.com/view/9x4a3reuvvfmawzj.

[4] KASIREDDY P. The Architecture of a Web 3.0 Application［EB/OL］.（2021-09-22）. https://www.preethikasireddy.com/post/the-architecture-of-a-web-3-0-application.